中 小 学 心 理 健 康 教 育 书 系

顾问 ◎ 林崇德　　主编 ◎ 俞国良

流动儿童
心理健康教育

董 妍 ◎ 著

开明出版社

图书在版编目(CIP)数据

流动儿童心理健康教育/董妍著. -北京：开明出版社，2021.9
(中小学心理健康教育书系)
ISBN 978-7-5131-4784-2

Ⅰ.①流… Ⅱ.①董… Ⅲ.①流动人口—儿童—心理健康—健康教育—中小学—教学参考资料 Ⅳ.①G444

中国版本图书馆 CIP 数据核字(2018)第 301496 号

出　版　人：陈滨滨　　**项目组组长**：沈　伟
项目组副组长：范　英　　**项目执行人**：王　桢

责 任 编 辑：张薇薇　程刚　赵梦思

LIUDONG ERTONG XINLI JIANKANG JIAOYU
流动儿童心理健康教育

作　　者：董　妍
出　　版：开明出版社（北京海淀区西三环北路 25 号　邮编：100089）
印　　刷：中教科（保定）印刷股份有限公司
开　　本：710×1000　1/16
印　　张：16. 25
字　　数：250 千字
版　　次：2021 年 9 月第 1 版
印　　次：2021 年 9 月第 1 次印刷
定　　价：50.80 元
联系电话：010-88569135
网　　址：www.kaimingpress.com

寄 语

亲爱的朋友们：

心理健康，特别是中小学教师和学生的心理健康，看似是只和个体相关的私事，实则是关乎家庭幸福、社会和谐，乃至国家和民族安定繁荣的大事。我们衷心地希望，每一个参与中小学教育事业的教师和家长，都积极主动地关注自我和孩子们的心理健康，树立科学的心理健康教育理念，掌握有效的心理健康教育方法，培养德智体美劳全面发展的社会主义建设者和接班人。

林崇德

总　序

这是一个新时代，也是一个复杂多变的时代，中小学生在见证世界缤纷色彩的同时，也在承受巨大的心理压力。显然，我们正处在社会转型与社会心理变迁不断加速的特殊历史时期。时代发展变化，要求中小学心理健康教育不断进行自我更新。自教育部颁布《中小学心理健康教育指导纲要(2012 年修订)》(以下简称《纲要》)以来，各地中小学在制度、课程、师资队伍和心理辅导室建设等方面的成就有目共睹，已成为全面推进素质教育新的突破点和着力点，为加强和完善中小学德育工作做出了独特贡献。这里，我们着重讨论新时代我国中小学心理健康教育的现状和特点、立场与方法，以及所关注的问题、趋势与对策。旨在优化和创新中小学心理健康教育理念、思路、方法和措施，使之能更好地为中小学生乃至社会经济的可持续发展服务。

现状——据原卫生部、世界卫生组织估计，我国 17 岁以下未成年人中有各类学习、情绪、行为障碍者 3000 多万人，而且人数在不断增加。我们编制的《中小学生心理健康量表》测查也表明，小学生有心理行为问题的占 10%左右，初中生占 15%左右，高中生约为 20%。可见，中小学生心理健康状况不容乐观。

为了有效把握现状，我们以中部地区两个地级市的城市和农村 11027 名中小学生为研究对象，发放调查问卷。结果表明，我国中部地区中小学心理健康教育的普及率和教育效果有较大改善。但整体来看，农村中小学心理健康教育相对落后；中学生心理健康教育滞后于小学生，初中阶段尤甚。与五年前相比，中小学心理健康教育的发展和进步主要表现在以下几个方面：第一，教育对象开始面向全体学生，教育内容符合《纲要》的基本要求；第二，随着教育行政部门、学校领导和教师对心理健康教育的重视，家长和学生的态度也发生了积极改变，无论在城市还是农村中小学，都取得了良好的教育成效；第三，随着《纲要》的颁布和中小学校的重视，心理健康教育专职和兼职教师开始增加，心理健康教育已得到广泛普及，正在逐步走向深化和进一步规范发展。虽然发展势头很好，但还存在一些问题亟待解决：首先，城市与农村心理健康教育发展不平衡，农村中小学心理健康教育相对落后，而农村高中又是“重灾区”；其次，有的农村中小学心理健康教育内容不符合实际需要，缺乏针对性和实效性；再次，初中、高中阶段的心理健康教育相对薄弱，从调查数据看，城市中学心理健康教育与小学存在差距，农村更甚；最后，中小学心理健康教师专业化程度有待提高。

为了有效掌握中小学心理健康教育师资队伍的现状，我们课题组也进行了专题调研。我们采取分层随机抽样的方法，选取了山西、河南两省某地级市发放中小学心理健康教育专兼职教师有效问卷 584 份，学校管理者有效问卷 209 份，结果如下。第一，心理健康教育已得到大多数中小学校的重视。90% 以上学校开展了卓有成效的心理健康教育工作，大多数中小学心理健康教育专兼职教师，都能感受到学校领导对他们工作的支持。第二，中小学心理健康教育师资队伍的人员构成复杂，专业化水平有待提高。大部分专职教师有担任其他课程的经历，兼职教师中德育课教师和班主任居多。教师们对自己的工作效果感到满意的同时，也表现出强烈的求知欲，希望参加专业培训、提高专业技能。第三，学校管理者在选择心理健康教育教师时非常重视他们的专业背景、学历学位、相关资格认证、授课技能、从业时间与经验及人格等因素，他们对本校心理健康教育专兼职教师和心理健康教育工作表示满意。

特点——中小学心理健康教育的特点可以从不同角度进行梳理，仁者见仁、智者见智。

从心理健康教育的目标与主要内容看，已明确把目标定位在提高全体学生的心理健康水平，促进他们的积极心理品质等方面，内容重点包括认识自我、学会学习、人际交往、情绪调适、生活和社会适应等。同时，根据不同年龄阶段学生的身心发展特点，设置了小学、初中和高中分阶段的具体教育内容。这样的设置操作性强，不仅符合中小学生的成长与发展实际，同时也体现了从心理健康教育向心理健康服务转变，从问题导向向积极心理促进的世界心理健康发展潮流。从心理健康教育的途径和方法看，各地中小学正在将心理健康教育贯穿于教育教学全过程、开展多种形式的专题教育、建立心理辅导室、密切联系家长共同实施心理健康教育，以及充分利用校外资源等。目前，在中小学具体教育实践中，心理健康课程与专题讲座是心理健康教育最常用的方式；心理辅导室作为心理健康教育的重要环节，承载着开展心理辅导、筛查与转介、课程咨询、家校整合等功能；在日常教育教学与班主任工作、社会实践活动以及家庭教育中，开始全面渗透心理健康教育。从心理健康教育的组织实施看，从管理、教师、教材、研究几个层面，已构建了我国中小学心理健康教育的组织实施体系；从目前学校教育管理和实践效果看，政策与立法已成为我国政府推动和规范中小学心理健康教育发展的主要手段，而心理健康教育教师队伍建设，则成为中小学心理健康教育有效实施的重要保障。

立场——新时代中小学心理健康教育一定要提高站位，即站在时代的制高点上。社会转型，即经由传统型社会向现代型社会快速转变就是新时代的重要特征，就是时代的制高点。目前，人们快节奏的生活方式，大强度的竞争压力，高目标的成就动机，使个体心理健康问题及其引发的社会矛盾、冲突日益突显，导致个体心理、社会心理处于一种无序状态。当下人民的需要从物质文化转变为美好生活，而美好生活需要自尊自信、理性平和、积极向上的社会心态。社会心态成为社会矛盾的“晴雨表和指示器”，而心理健康则是人民“美好生活”的社会心理面向。因此，在社会心理服务大框架下讨论与实践心理健康教育、心理健康服务，这是中小学心理健康教育应持的基本立场；心理健康教育是心理健康服务的基础，心理健康服务是社会心理服务的核心，这是中小学心理健康教育的方法论基础。

从中小学心理健康教育与服务的对象看，其重点是个体与群体，与社会心理服务的对象重合；从中小学心理健康教育与服务的目标看，旨在提高全体中小学生的心理素质与心理健康水平，与社会心理服务的目标有异曲同工之妙。即根据中小学生身心特点开展心理健康教育活动，关注和满足他们的心理发展需要，提升其心理调适能力和社会适应能力，培养其积极乐观、健康向上的心理品质和自尊、自信、自强、自立的个性特征，尤其关注留守、流动儿童心理健康，为经受校园欺凌和校园暴力、家庭暴力和性侵犯的中小学生提供及时的心理创伤干预，促进其身心可持续发展。这充分体现了由心理健康服务向社会心理服务延伸，使心理健康服务成为为社会心理服务打基础、夯地基的“基础工程”。

方法与措施——新时代以社会心理服务建设为背景，中小学心理健康教育工作在组织实施、机制建设、领导管理等方面必须进行调整和改变。

从心理健康教育的类型与途径看，心理健康服务是社会心理服务的具体化，这决定了中小学心理健康教育工作在组织实施中要有全局观、整体观。无论是全面开展心理健康促进与教育，还是积极推动心理辅导和心理咨询服务，重视心理危机干预和心理援助工作，都可以视为社会心理服务的组成部分，都是为了在中小学生中倡导健康生活方式，使他们有意识地培养积极心态、学会调适心理困扰和心理压力、提升心理健康素养，进而培育良好社会心态，营造健康向上的社会心理氛围。

从心理健康教育的方式、方法看，心理健康服务是社会心理服务的“压舱石”，这决定了中小学心理健康教育工作在机制建设中要有体系观、系统观。各地中小学要建立健全地区、学校、年级、班级、小组等各级心理健康服务体系，加强心理健康师资队伍建设，拓展心理健康服务领域和范围，为社会心理危机干预和疏导机制“劈山开路”，为进一步开展社会心理服务工作奠定基础。

从社会心理服务的途径、方法看，社会心理服务包括微环境、中环境和宏环境系统，对应着个体、人际、群体层面的社会心理服务，这决定了中小学心理健康教育工作在领导管理中要有生活观、生态观。教育即生活，生活即环境。微环境是学生直接接触到的生活环境，健全的社会心理服务能够帮助学生在面临这些微环境系统中出现的问题时，舒缓负性情绪发展积极情绪，并提供专业的帮助与辅导；中环境系统是两个或多个环境之间的相互作用与联系，它对学生来说，就是家校互动，为人际层面的社会心态培育扫清障碍；宏环境系统包括特定的文化、亚文化或其他更广泛的社会背景，社会心理服务体现在扶助和引导处境不良学生、低社会经济地位学生群体，对不良生活事件进行预警、疏导等。这些都能够有效调整相应学生群体的社会心态，为培养目标群体的良好社会心理打下坚实基础。

一句话，全面推进和深化中小学心理健康教育工作，必须树立“大心理健康教育观”。其实质就是新时代中国特色的心理健康教育体制观，即对符合中国国情与富有中国特色的心理健康教育体制的认识、理解和判断。其方向是坚持心理健康教育是德育与思想政治教育工作的重要组成部分，任务是提高全体师生的心理健康意识，理念是全面强化心理健康教育向心理健康服务的转变、问题导向向积极心理品质促进的转变，方法是大胆探索心理健康教育的新路径和新方式。

趋势与对策——我国中小学心理健康教育的未来发展应重点关注以下问题：第一，从心理健康教育向心理健康教育与服务并重，着力提供优质心理健康服务；第二，由侧重于中小学生心理行为问题的矫正，向重视全体学生心理健康的促进与心理行为问题的预防转变；第三，着力构建中小学生健康成长的生态系统；第四，加强中小学心理健康教育教师队伍的建设，强调以实证为基础的教育干预，重视教育效果的评估与反馈。

目前，中小学心理健康正从教育模式向服务模式转变，这种转变是历史的必然，也是学校心理健康教育发展的必然。近年来，随着积极心理学的悄然兴起和蓬勃发展，学校心理服务的对象逐渐扩展到全体学生，强调面向健康的大多数学生进行心理健康教育，提高全体学生的心理健康素质，以预防和促进发展为导向。服务模式相对于教育模式，主要强调的是视角不同。教育模式有一个内隐假设，即教育者根据预设的内容和目标，有计划有步骤地对教育对象实施影响，有“强人所难”“居高临下”之嫌；服务模式则重视以学生自身的发展性需要为出发点，充分发挥学生的主动性和积极性，根据他们的心理发展规律和成长需要，提供相应的心理健康服务，即强调提供适合学生发展需要的心理健康教育。目前，我国学校心理健康教育正处在从教育模式逐渐向服务模式转变的过程中。

特别需要指出的是，中小学心理健康教育工作开展得如何，很大程度上取决于是否拥有一支素质精良的教师队伍。一方面，在今后的工作中，教育行政部门应规范心理健康教育教师的职称评聘、岗位设置、工作量计算等相关制度，制定有针对性的绩效考核方案，并明确薪酬与绩效考核的关系以及职称晋升的途径，激发心理健康教育专兼职教师的工作热情。另一方面，国家教师教育政策应向心理健康教育专业倾斜，通过诸如减免学费、提供奖学金等手段，鼓励青年才俊投身该专业。为此，我们郑重呼吁：有关部门应确定中小学心理健康教育教师的职责，以及从事该项工作的基本条件和资质；

确定专兼职教师的能力标准，包括教师心理健康的标准和教师心理健康的教育能力标准；确定专兼职教师的工作标准，包括工作内容、工作流程和工作途径方法等；对资格认证进行试点工作，确定认证标准、认证机构和认证方式；编制中小学心理健康教育基础培训和提高培训方案，对无专业背景的心理健康教育教师进行基础培训，对有专业背景的心理健康教育教师进行提高培训；定期对培训效果进行质量评估；定期开展对心理健康教育师资队伍建设的调查。

对于未来中小学心理健康教育而言，加强现代学校心理辅导制度建设是核心，编制具有中国本土特色的中小学生心理健康素质指标是基础，从实施心理健康教育走向心理健康服务并建立服务体系是途径，提供适合中小学生发展需要的心理辅导与心理健康服务是关键。

前　言

随着我国改革开放和经济社会的发展，从20世纪80年代开始，我国大量人口离开户籍地，由农村向城镇、由经济欠发达地区向发达地区流动，形成了规模庞大的流动人群。流动人口的数量从1982年的1 000多万增长到2008年的2亿。随着举家迁徙人数增加，流动儿童的数量也在急剧增长，目前我国流动儿童已经达到1 834万。这些流动儿童正处于身心发展的关键时期，他们的身心健康问题直接关系到他们个人的成长与未来劳动者的素质。然而，我国多位学者的研究都表明，他们在随父母迁移过程中，面临着学习环境的变化、生活习惯的改变、价值观念的适应等问题。这些突如其来的问题往往会给这些儿童带来一定的心理冲击，容易使他们出现心理问题。为了提高流动儿童的心理健康水平，学校、家庭和社会应共同努力为流动儿童创造一个良好的心理和物理生活环境，使其尽快融入城市生活之中。

《流动儿童心理健康教育》一书具有如下特色：

1. 注重准确性和科学性。为了保证对流动儿童心理问题描述得准确无误，让读者对流动儿童有全面准确的认识，作者在撰写本书过程中查阅和引用了大量文献。这样做就是为了保证我们不要误读流动儿童，不要戴着有色眼镜看待流动儿童，以求客观公正真实地看待流动儿童，公平对待流动儿童。

2. 可读性强。书中并没有介绍晦涩、空洞的理论，而是深入浅出地结合具体案例介绍了流动儿童的一些心理问题，以及如何在学校、家庭、社会中有效开展流动儿童心理健康教育。同时，本书中引用了很多来自流动儿童、流动儿童父母以及流动儿童教师的访谈资料，介绍了学校开展流动儿童心理健康教育和心理辅导的真实案例，这进一步增加了本书的可读性。

3. 实用性强。为了提高开展流动儿童心理健康教育工作的实效性，本书从学校、家庭视角介绍了开展流动儿童心理健康教育工作的原则、目标、内容以及实施的具体途径和方法，非常具有可操作性。同时，在本书最后一章还介绍了流动儿童为了维护和促进自身的心理健康，可以采取的具体措施。可以说，本书从个人、家庭、学校和社会四个方面给出了促进流动儿童心理健康的一些可操作的方法。因此，本书对于开展流动儿童心理健康教育非常具有实用价值。

本书除我本人撰写的内容外，惠州学院的王晓平副教授撰写了第五章，中国人民大学的于晓琪博士撰写了第七章，深圳道尔顿新华公学的侯鑫阳老师撰写了第八章和第十章。在书稿的撰写过程中，我们也参考了诸多学者的研究成果，由于篇幅所限，未能一一列出参考文献，这里一并表示感谢。这里也特别感谢开明出版社和王桢编辑，能够为流动儿童的心理健康教育策划和出版这样一本指导性的书籍。

流动儿童的心理健康教育工作是一项系统工程，需要全社会的人共同为之付出努力。我们期盼这些流动的花朵能够得到更多的阳光和雨露，也能够在同一片蓝天下吐露芬芳！

董妍

2021 年 7 月

目 录

第 1 章

社会变迁与流动儿童的发展

每个人都生活在特定的社会环境当中，个人的命运总是与社会的发展息息相关。从 1978 年我国实行改革开放的政策以来，大量人口离开户籍地，由农村向城镇、由经济欠发达地区向发达地区流动，形成了规模庞大的流动人群。在这一群体中，流动儿童的数量已经高达上千万。徐鑫的父母就是从安徽到上海打工的流动人口，他们为了方便工作，一直把徐鑫放在老家，与爷爷奶奶共同生活。直到 6 岁，父母才把他接到了上海。他会适应新的生活吗？一个外地儿童如何融入繁华的大都市呢？他是否会因为有乡音而受到同伴的嘲笑？他是否会因为没有当地户籍无法进入公立学校？家庭和学校又会对他的身心发展有哪些影响呢？带着这些问题，让我们一起来关注社会变迁对流动儿童发展的影响。

社会发展与流动儿童

改革开放以来的四十年，我国经济发展呈现出了快速增长的趋势，工业化进程不断加快。伴随着我国经济和社会的发展与变化，从 20 世纪 80 年代开始，大批农村人口开始离开户籍所在地向城镇和发达地区流动，欠发达地区的城镇人口向经济发展迅速的地区流动，形成了规模庞大的流动人群。流动人口是指人户分离人口中扣除市辖区内人户分离人口后的人口。2010 年，第六次人口普查数据显示，大陆 31 个省、自治区、直辖市的流动人口达到 2.21 亿人，占总人口的 16.53%。到 2015 年，流动人口规模已经达到 2.47 亿人。当前，全国人口中 18%为流动人口，在北京、上海、广州和深圳等地区，流动人口占比四成以上。

近年来，我国社会经济发展也出现了一些新变化，比如产业转移和产业结构发生了变化，国家对未来全国的城镇体系规划和户籍制度改革做出了全面规划。虽然，在上述背景因素的影响下，流动人口规模增长有所放缓，然而，参照国际一般经验，我国城镇化率的增长还有一定的潜力，流动人口的数量还有可能继续扩大。

一、流动儿童的出现

改革开放初期，我国流动人口往往是以个人外出打工供养整个家庭为主。由于工作环境条件艰苦、工资收入水平不高，这些流动人口往往只能自己一年回家一两趟，然后又匆匆忙忙踏上返程的路。随着城市务工条件的成熟，以及外出流动人口工资收入水平的增多，进城务工人员逐渐由单身闯天下的模式过渡到夫妻两个双双外出务工的模式，同时，也有相当一部分流动人口开始举家迁移。2014 年国家卫计委流动人口动态监测数据显示，近九成的已婚新婚新生代流动人口是夫妻双方一起流动，而携带孩子一起举家流动的占 61%。流动人口“家庭化”的出现，不仅跟流动人口的物质条件水平的改善密不可分，也与城镇与农村、小城镇与大城市的教育情况不同，以及流动人口的家庭教育观点更新等有关。特别是近期，城—城流动人口进入活跃期，考虑到教育水平和教学方式的不同，流动人口更愿意让自己的孩子随自己流动到大城市，接受更加现代化的教育。

流动儿童一般是指年龄在 0~17 周岁之间的流动人口。流动儿童是伴随着流动家庭的出现而出现的，他们有可能出生在农村，后随父母迁移到其他城镇，也有可能他们一开始就出生在父母务工的城市，但是并没有出生所在城市的户口。

二、流动儿童的数量与规模

随着流动人口规模和数量的不断增长，流动儿童的数量也在增多。国家卫计委流动人口动态监测数据显示，2010 年，我国 0~17 岁流动儿童的数量占流动人口的 12.08%，规模达到 4 659 万人；2014 年这一比例提升到了 23.64%，规模增长到 5 981 万人。由此可见，流动儿童的数量已经相当庞大，他们的受教育情况和身心健康发展与其他儿童一样，关系到祖国的未来和发展。

从流动儿童的地域分布上看，逐步在往东南沿海地区集中。但是，由于在非义务教育阶段，流动儿童的受教育途径受到一些限制，因此，在这些地区 14 岁以上、17 岁以下的流动儿童数量会有所减少。

三、国家对流动儿童教育政策的演变

从中华人民共和国成立到今天，国家制定并颁布了众多关于农民、外来务工者及外来务工人员子女的法规。其中户籍制度对外来务工人员子女的教育影响的研究最为深刻。国家对外来务工人员子女的教育态度、政策转变，是和国家对外来务工的政策转变紧密联系在一起的。国家对外来务工的政策基本上可以分为五个阶段：严禁农民流动（1978—1983 年）；允许农民流动（1984—1987 年）；控制农民流动（1988—1991 年）；引导农民流动（1992—1998 年）；放开并支持农民流动（1999 年至今）。相应地，国家在对外来务工人员子女的教育政策上也基本采取了同样的态度，由以前的“取缔”和“限制”到“默认”，再到“关心”和“扶持”，逐步形成了以鼓励人口流动、提倡公办学校接受外来务工人员子女为主，办好外来务工子弟学校为辅的政策。

20 世纪 80 年代中期是政策的空白期。这段时期，国家在政策上对农民流动的限制虽有所松动，但总体而言，农民的流动还是受到严格控制和约束的。因此，在流动的过程中，主要以个体流动为主，随同父母进城的儿童数量十分有限，大部分外来务工人员子女就学问题基本在其户籍所在地解决。所以这一时期外来务工人员子女的教育没有形成一种社会问题，国家政策和措施上也很少涉及关于外来务工人员子女就学方面的内容。

自1992年社会主义市场经济体制建立，国家对外来务工的管理政策由“控制盲目流动”转向“鼓励和引导有序的流动”。进城务工农民数量再度爆发式增长，“举家迁徙”的趋势明显，子女随迁人数急剧增加。但由于缺乏相关教育政策的有效保障，外来务工人员子女教育问题日趋突出。1995年，教育部将研究解决流动人口子女教育问题列入当年的议事日程。1996年4月，原国家教委印发《城镇流动人口中适龄儿童少年就学办法（试行）》，在京、沪等省市进行试点。1998年3月，原国家教委、公安部联合制定了《流动儿童少年就学暂行办法》（简称《办法》），规定流动人口子女户口所在地无监护条件的可在流入地入学。这些措施表明国家已经承认外来务工人员子女可以在城市就读，并开始着手解决外来务工人员子女的教育问题。

面对由于政策限制所产生的儿童转学、辍学等问题，国家逐步进行了政策上的调整。2001年国务院做出了《国务院关于基础教育改革与发展的决定》（简称《决定》）。《决定》强调：“要重视解决流动人口子女接受义务教育问题，以流入地区政府管理为主，以全日制公办中小学为主，采取多种形式，依法保障流动人口子女接受义务教育的权利。”这是国务院首次明确指出流入地政府是解决流动人口子女接受教育问题的主要责任人，改变了以往流入地与流出地相互推诿的现象。

2003年9月，国务院办公厅转发教育部等部门《关于进一步做好进城务工就业农民子女义务教育工作的意见》（以下简称《意见》）。《意见》明确提出了具体目标——“使进城务工就业农民子女受教育环境得到明显改善，九年义务教育普及程度达到当地水平”，并全面部署了进城外来务工人员子女接受义务教育的工作，建立了“进城务工就业农民工子女全面接受义务教育保证制度和机制”，做出了外来务工人员子女与城市学生上学收费“一视同仁”，学习及活动“一视同仁”的规定，加强了对以接收进城务工就业农民子女为主的社会力量所办学校的扶持和管理。《意见》的出台表明了国家在保障儿童受教育权、保证受教育质量和对贫困外来务工人员子女受教育的经济援助等方面所做出的努力。

2005年5月25日，《教育部关于进一步推进义务教育均衡发展的若干意见》中第五部分“落实各项政策，切实保障弱势群体学生接受义务教育”中第13条规定：“要以公办学校为主，认真做好进城务工农民子女义务教育工作，切实落实收费‘一视同仁’的政策。要加强对以接受进城务工农民子女为主的民办学校的扶持和管理。地方各级教育行政部门和学校要有针对性地采取措施，及时解决进城务工农民托留在农村的‘留守儿童’在思想、生活等方面存在的问题和困难。”

2006年3月，国务院颁发了《国务院关于解决农民工问题的若干意见》，提出将流动儿童义务教育纳入当地教育发展规划，列入教育经费预算，按照实际在校人数拨付公用经费，城市公办学校对流动儿童接受义务教育要与当地学生在收费、管理等方面同等对待，不得违反国家规定向流动儿童加收借读费及其他任何费用等。此次在教育经费问题上国家所表现出的明确态度和公平理念，表明了我国教育政策的不断进步。2006年6月，十届全国人大常委会第22次会议通过了《中华人民共和国义务教育法（修订案）》，其中第二章第十二条明确规定：“父母或者其他法定监护人在非户籍所在地工作或者居住的适龄儿童、少年，在其父母或者其他法定监护人工作或者居住地接受义务教育的，当地人民政府应当为其提供平等接受义务教育的条件。”这标志着政府以法律的形式，将解决流动儿童平等接受义务教育问题推向了一个新的阶段。流动儿童平等接受义务教育成了一个有法律保障和指导的政府行为。

2010年《国家中长期教育改革和发展规划纲要（2010—2020年）》规定流动儿童的入学问题“坚持以输入地政府管理为主、以全日制公办中小学为主，确保进城务工人员随迁子女平等接受义务教育，研究制定进城务工人员随迁子女接受义务教育后在当地参加升学考试的办法”。这一政策的颁布，重申并强调了“两为主”的政策。2011年9月，教育部办公厅发布《教育部办公厅关于做好2011年秋季开学进城务工人员随迁子女义务教育就学工作的通知》。2012年9月，《国务院关于深入推进义务教育均衡发展的意见》中提出，在公办学校不能满足需要的情况下，可采取政府购买服务等方式保障进城务工人员随迁子女在依法举办的民办学校接受义务教育。在这一政策颁布后，上海等地很快采取了这种模式的教育。从2013年开始，各省市逐渐开放随迁子女的异地高考政策，到2015年，异地高考人数达到7万人。

2014年3月，我国针对流动儿童的教育政策又发生了一些变化，提出了从“两为主”到“两纳入”的政策转变，即将常住人口纳入区域教育发展规划、将随迁子女教育纳入财政保障范围。这一转变集中体现在，中共中央、国务院印发了《国家新型城镇化规划（2014—2020年）》，提出保障随迁子女平等享有受教育权利的政策目标，要求“将农民工随迁子女义务教育纳入各级政府教育发展规划和财政保障范畴，合理规划学校布局，科学核定教师编制，足额拨付教育经费，保障农民工随迁子女以公办学校为主接受义务教育”。据报道，到2014年底，我国随迁子女在公办学校就学的比例已经达到80%。政府购买的民办学校学位数量也在不断增加，2014年达到了124.6万个。

近年来，随着我国户籍制度改革的进一步深化，2014年7月国务院印发了《国务院关于进一步推进户籍制度改革的意见》，确立了不同城市梯度开放户籍制度的政策。即全面放开建制镇和小城市落户限制；有序放开中等城市落户限制；合理确定大城市落户条件；严格控制特大城市人口规模。这些政策在一定条件下，使特大城市流动儿童的入学机会受到一定影响。比如，各地实行的积分入学、积分入户的居住证制度，主要面向高学历的优势群体，低学历、低收入的农民工阶层无法惠及。由于农民工随迁子女有些不能及时拿到居住证，2018年上海再次出现了由于生源不足，关闭打工子弟学校的现象。

纵观流动儿童教育政策的演变过程，可以说，让流动儿童接受“平等教育”的政策理念已经成为新时期众多政策文本指导思想的核心内容。政策的新理念凸显了国家对弱势群体——进城流动儿童教育问题的关注，同时也体现出国家政策导向在不断地向着弱势补偿和人性关怀的方向转变。

四、“流动”给流动儿童带来的积极效应

人口流动归根到底是社会发展的需要，在这一过程中，不仅流动儿童

的家庭可以提高一些经济收入，物质生活更加丰富，而且从本质上看，还有利于提高人口素质。流动儿童随父母来到城市后，他们的生活观念、行为方式和行为习惯都可能会发生明显变化。城市的教育环境、人文环境、知识环境都比农村优越，因此在适应城市生活的过程中，无论是儿童还是家长都会使自身素质不断提高。从总体和长远来看，“流动”给儿童的发展的确带来了很多积极的社会效应。

首先，城市给流动儿童的发展提供了良好的教育条件和人文科技环境。虽然还有相当一部分儿童在打工子弟学校就读，但是即便是这些学生和他们的家长大多也认为，现在所在学校的老师要比原来学校的老师更负责，教学方法更得当。另外，城市的人文环境和科技环境都比农村好，可以让流动儿童养成更良好的行为习惯和卫生习惯，感受更多的高科技。丰富多彩的学校生活不仅开阔了流动儿童的视野，也吸引着他们继续留在城市中。

其次，城市生活改变了家长的教育观念，为儿童发展提供了更多的社会支持。很多家长到城市后挣的钱多了，眼界开阔了，对孩子的期望也提高了。到城市后，家长更加认识到受教育、上学是改变下一代命运的必由之路。因此，一些家长不仅重视孩子在学校的教育，也开始重视家庭教育，尽力为孩子提供好的学习条件。学校中的家长会和家长学校也给流动儿童的家长提供了一些教育的知识，给家长之间的交流提供了机会，这些都有利于家长教育观念的转变和家庭教育水平的提高。

最后，家长将儿童带在身边，有利于儿童得到家长更好的监护。这非常有利于双方亲情的交流。很多研究都表明，隔代抚养可能给孩子的发展带来不利的影响。而将孩子带在身边，则有利于了解孩子的心理和行为变化，有利于给予孩子更多的关心和照顾。

五、流动儿童遇到的社会问题

在流动儿童中，有相当一部分是在年龄较小时来到父母身边的，或者就出生在当地，他们从小就目睹了父母工作的艰辛和自己与城市人所处生活环境的不同。如果在成长过程中过早感受到社会的不公与歧视，这些社会因素极易使这些流动儿童心理失衡，甚至产生反社会情绪，铤而走险走上犯罪道路。然而，在现实生活中，流动儿童还会经常遇到一些特有的社会问题，比如，社会歧视问题、受教育公平问题等，需要社会各界共同关注和解决。

（一）社会歧视问题

公平一直是我国社会和公众关注的主题，但是流动儿童有时却会遭受一些社会排斥和不公平待遇。比如，有流动儿童认为自己受到了三点不公平待遇：一是上学受到户口限制问题，“你若是北京当地人上学根本就无所顾虑，你要是外地人，找个好学校上就特别麻烦，我觉得这就不公平”；二是与城里人生活条件差距较大的问题，“你看人家住得又宽又亮，我们住的是随时都可能漏雨的房子，饮食也不同，他们早上可能是一杯热牛奶和面包，我们要是忙了早上根本就吃不上饭”；三是外地人很难找到工作的问题，“我妈妈有时候也说，现在凭力气干活都找不着，大街上贴的广告好像工作很多，但有时候你会被骗，凭力气干活还没有人要，最不公平的就是这个”。

怀着对大城市无限美好的憧憬，流动儿童与父母来到了城镇或大城市，但是，在现实生活中，流动儿童经常会受到各种排斥。例如，由于一些流动儿童的经济状况差，因此会被排除在社会主流的消费方式之外；由于一些流动儿童普通话不好，很难交到流入地的知心朋友；由于流动儿童已有的文化价值观、行为规范与流入地不同，有可能与流入地儿童的文化价值观和行为规范发生冲突；由于流动儿童没有户籍，可能会在入学和升学方面存在困难；等等。流动儿童在日常生活中，有时也会受到来自老师、同学以及同学家长的歧视，甚至有时候是一些讥讽和嘲笑。很多城市儿童拒绝和流动儿童交朋友、玩游戏，通常采用冷漠和拒绝的态度对待流动儿童。当然，流动儿童感知到的歧视存在一定的个体差异。一般情况下，男童感知到的歧视要高于女童，公立学校流动儿童感知到的歧视要少于打工子弟学校的流动儿童。遭到排斥和歧视的流动儿童往往会感到：“有的老师、同学看不起我们，他们有钱，我们没钱，他们是城里人，我们是乡下人。”有调查发现，75%的流动儿童在日常生活中感到被嘲笑和讽刺，这种歧视知觉影响了其对城市和城市人口的认同，并对他们与城市同伴群体的交往和认识产生了消极影响。对北京的流动儿童的调查中发现，50%多的流动儿童认为北京人对自己“不好”或者“很不好”；在不喜欢北京的流动儿童中，70%是因为“北京人看不起我们”。还有 50%的流动儿童认为自己不能像北京孩子一样上公立学校不公平。而在南京市的一所招收流动儿童较多的公立学校中，学区内学生招生数为零。这是因为常住学生的家长对打工子弟存在一定的歧视，他们会在择校时考虑这所学校的其他家长是做什么的，家长的学历等情况，从而选择去其他没有流动儿童的学校。

歧视对个体的心理健康有明显的不利影响，受歧视的流动儿童往往更容易产生孤独感和社会身份冲突。歧视也会影响流动儿童对城市的适应、对当地社会文化的适应。总体上，对流动儿童的排斥和歧视是导致流动儿童种种心理问题的根源之一。因为这些现象的存在，流动儿童会感觉缺乏社会保障和支持，无法获得安全感和归属感，会表现出抑郁、焦虑、孤独、愤怒等不良情绪，同时也可能会通过逃学、打架斗殴甚至违纪违法等外部问题行为发泄自己的不满。曾经有一名 13 岁的安徽籍流动女童，其父亲是从安徽到上海的务工人员。在家人的努力下，该生进入上海一所学校读书，但是，同学的冷眼和老师的态度使该女童觉得自己和上海的学生处在两个不同的世界。在强大的精神压力下，该生最终以自杀方式结束了自己年轻的生命。这一悲剧的发生，一方面说明了流动儿童心理的脆弱；另一方面也体现了社会对流动儿童的冷漠和排斥。

（二）受教育公平问题

在我国，很久以来义务教育一直与户籍挂钩，国家财政根据户籍所在地来划拨义务教育经费。流动儿童是介于农村儿童和城市儿童之间的特殊群体，他们无法在城市中享受流入地政府财政负担的教育经费。这曾经一度导致流动儿童在城市中接受义务教育的基本权利遭到剥夺，成为不能在居住地接受义务教育的边缘群体。这种不平等的对待，使得一些流动儿童从心理上抵制、排斥城市生活及其他群体，造成孤独、自卑、不信任的人格特点。按照我国目前的户籍管理制度，流动儿童虽然随父母到城市中生活了，在户籍上他们仍然属于农村人口，这种双重身份使得他们在高考、就业等方面不能完全享受到与城市儿童同等的权利和保障。就在2012年中考结束后，深圳市被指“四大名校”不招非深圳户籍考生，只有少量择校生名额留给非深圳户籍考生，这样的做法对流动儿童来说是存在歧视的。可想而知，这些问题一定会严重影响流动儿童的学业兴趣和社会融入状况。值得欣慰的是，目前上述状况已经得到了政府的重视，而且也得到了一定程度的改善。1998年以来，政府出台了一系列保障流动人口子女平等接受义务教育的条例和法规，全社会在保障流动儿童受教育权益方面已经达成了共识。一系列的政策显示我国针对流动儿童的教育已经从“两为主”转向了“两纳入”，也就是说，要将常住人口纳入区域教育发展规划、将随迁子女教育纳入财政保障范围。流动人口的义务教育是近年来流动人口政策中改革力度较大的领域之一，随着义务教育阶段户籍等多种身份限制的取消、高昂的择校费逐渐退出一般的义务教育机构，流动人口子女接受义务教育的环境已经有了较大改善。相信在不久的将来，由于社会制度导致流动儿童出现的心理问题会逐渐减少并慢慢消失。

家庭环境与流动儿童

一、流动儿童的家庭特征

为了生存进行流动的人口，大多数处于社会的底层。流动儿童的家庭环境处于相对不利的地位，如家庭的经济来源较少，在城市的社会关系网络尚未建立，这些都会影响到流动儿童身心健康的发展。家庭中拥有的各种物质资源与社会资源会影响到流动儿童自尊的发展情况。由此可见，家庭环境对流动儿童的心理健康有重要影响。

（一）流动儿童父母的职业

很多流动儿童的父母来到城市中工作，不仅繁忙、辛苦，而且收入不高。大部分流动儿童的父母主要从事服务业，还有少数分布在批发和零售业、建筑业和制造业中。这些工作基本上是劳动密集型的，流动儿童父母的工作很辛苦，每周工作7天的人很多。此外，流动儿童父母的工作一般不太稳定，其中，有相当一部分人员未与雇主签订劳动合同。他们的工作特别容易受到一些外在因素的干扰，有时会面临短暂失业的状况。由此可见，流动儿童父母的工作性质决定了他们很少会有时间与孩子进行沟通、交流和分享，也没有太多的时间对孩子的学业进行辅导。因此，流动儿童的父母的职业可能会影响流动儿童的亲子关系以及学业状况。

（二）流动儿童的家庭收入

从收入水平上看，流动儿童的家庭尤其是进城务工家庭的收入相对较低，有时只能做到满足家庭生活的基本需求。因此，这部分家庭的物质条件与城市平均水平相比还有一定的差距。流动儿童的这种家庭收入情况直接影响其家庭可支配使用的资源，会给流动儿童的物质和精神生活带来直接影响。虽然在我国的传统文化中，家长对子女的成长往往是不计成本的，但流动人口的经济生活状况决定了他们也不会经常给流动儿童投入充足的物质保障用于学习和成长。流动家庭相对较低的经济地位也会给其子女带来自卑心理，进而导致其产生边缘化的心态。虽然，近年来外出务工人员用在子女方面的花销有所增多，但是由于家庭经济条件所限，这些家庭只能保证流动儿童拥有纸笔等基本的学习用具，而电脑等学习用具则还相对缺乏。他们也往往缺乏其他的学习资源，尤其是由于经济条件有限，父母很少为流动儿童的兴趣爱好和各种特长提供培训和辅导的机会。

（三）流动儿童的居住条件

随父母流动的儿童，往往和父母租住在城市中。大部分流动家庭租的房子都比较简陋，面积狭小，儿童也没有自己的房间，也并不会有自己独立的学习环境和学习空间。有些流动儿童的居住面积人均不足 5 平方米。在蜗居的房间中，流动儿童没有书桌，没有台灯，只能在昏暗的灯光下，凑合找个角落，在嘈杂声中完成作业。在这样的环境中学习，进一步导致了流动儿童更容易缺乏学习兴趣和动机。他们的作业本常常油渍斑斑，脏兮兮地卷着边角。可见，流动打工者很难给孩子创造良好的家庭环境，他们只能够满足家庭成员的生活需求，对其日益增长的心理和文化需求难以满足。

此外，大多数流动儿童的居住场所往往也不利于他们融入新的城市生活。大部分流动家庭的居住环境处于城市边缘的乡镇、城乡接合部或历史较为悠久的老式社区内，他们往往集聚而居，在城市边缘形成自己的独特社区，如“河南村”“安徽村”“四川村”等。社会生活的分隔往往导致了流动儿童教育与发展的分隔，不利于流动儿童融入社会，也不利于流动人口的城市化。此外，由于经济条件所限，大多数流动儿童的家庭租住的房子面积很小，环境拥挤，卫生条件差，人员混杂，治安较差，还是刑事案件的高发地带。当流动儿童觉知到自己与定居儿童的区别后，他们往往会产生自卑心理，甚至可能影响他们对自己家庭的认同，对自己的家庭产生排斥心理。同时，他们也很容易受周围环境的影响，而做出一些违法犯罪的事情。

【案例】

某流动儿童的家位于一个小区最深处的角落里，面积大约为十六七平方米，地面坑洼不平。房子被隔为上下两层，中间用木板隔开，靠墙角有一个小木梯作为连接一二层的工具。一层用来做饭、吃饭以及堆放杂物，没有任何家具，几乎没有一件耐用消费品，只有一台燃气灶和一台旧电视机可以算是电器；没有孩子学习的桌椅，除了孩子必须用的教材外，没有什么课外书，吃完饭后孩子就在家里的饭桌或椅子上完成自己的作业。所谓的二层大约只有一米高，上去以后人不能直立只能弓着腰行走，用来隔开一二层的木板直接当床，在上面铺上被子，一家四口人就睡在上面。边上摆着一台 19 英寸的彩色电视机，还有简单的几个箱子，里面放着一家人的衣服以及稍微贵重的物品。房子的内墙没有抹石灰，也没有窗户，一块水泥砖的两个小孔就当作窗户，所以尽管白天进去，也必须开着电灯，房内湿气很重，弥漫着一股浓烈的气味①。

（四）流动儿童父母的文化程度

流动儿童的父母的文化水平一般较低。根据某项对杭州外来务工人员的调查，流动人口中初中学历的占一半以上，而大专及以上学历的仅不到

① 王毅杰，高燕. 流动儿童与城市社会融合［M］. 北京：社会科学文献出版社，2010.

10%。来自全国妇联对12省市的调查也发现，流动儿童的父母初中学历的比例最高，达56.3%，其次是小学和高中/中专学历的。为了弥补自己知识不足、学历不高的问题，流动儿童的父母往往对孩子抱有相当高的期望。对流动儿童家长的调查显示，父母对孩子的学业要求都很高，希望孩子能有大学学历或者出国留学的人数比例占到了绝大多数。与此相反的是，这些家长对孩子的成绩其实大多数是持有不满意态度的。然而，面对孩子教育的问题，很多家长又深感力不从心，常常是束手无策，没有办法进行辅导。在调查中发现，流动儿童的家长能够经常辅导孩子作业的很少。因此，在这种情况下，当家长把自己的高期望传递给孩子后，孩子如果不能达到父母的高期望，往往就会产生学业焦虑。

此外，流动儿童的父母也很少督促子女复习功课、完成作业。如果一个孩子在学校所学的知识得不到及时的巩固和加强，将导致其学习效率低下，成绩赶不上，渐渐就会产生厌学心理。有些流动儿童自制力较差，父母又很少管教，成绩低下，逐渐就对学习失去了兴趣和动力。因此，提升流动儿童父母的文化水平，改善其教养方式，是改变流动儿童教育落后问题的有效途径之一。

二、家庭环境对流动儿童的影响

“好父母胜过好老师”，家庭是儿童的第一个学习场所，家长对孩子各方面的影响都非常重要。家庭作为与个体发展最为密切的微系统对学生的学业情绪和学业成就的影响是持久而深远的，其作用也是巨大的。实际上，并非只有在每天具有固定家庭生活的时期（如小学或初中阶段），家庭微系统才具有直接或者间接的作用，即便是已经离开家庭的大学生，其家庭矛盾同样会引起其学业情绪、学业成就的改变。对于流动儿童来说，虽然有父母陪伴在身边，但较差的家庭环境、不适当的教养方式以及不良的亲子关系等也会影响流动儿童的心理健康水平。从相关的研究上看，影响流动儿童心理健康的家庭因素主要有以下几点。

（一）简单粗暴的教育方式

由于流动儿童的父母文化程度较低，他们往往没有好的方式耐心地与孩子进行沟通和交流。此外，由于工作繁忙，一些家长虽然将孩子带在了身边，但是却没有时间与孩子进行交流。这些原因导致一些流动儿童家长的教育方式极其简单粗暴，对孩子的教育除了打就是骂。对北京一所打工子弟学校三到六年级的孩子进行过的调查显示，几乎没有孩子从没挨过打，有的孩子会经常挨打，严重时父母还会用棍棒进行教育。孩子们挨打的理由则五花八门，有的是因为成绩不好，有的是因为不完成作业，有的是因为玩手机，还有的是因为比较调皮。这种简单粗暴的家庭教育方式容易导致孩子出现严重的心理问题，甚至可能会导致儿童离家出走、打架、自闭、厌学、厌世等。而大多数流动儿童的家长则是把孩子的教育问题推给了学校，推给了老师。当任课老师反映其子女不能及时完成作业、考试成绩下降或与其他同学发生冲突时，班主任就会把家长请来，而家长往往不等老师把事情说完，就开始教训孩子："我们花这么多钱把你接出来，辛辛苦苦工作挣钱就是为了供你上学，你在学校不给我好好上学，我马上把你送回老家。"或者说："老师，孩子不听话，你尽管打。"有的家长还当着老师的面，直接打骂孩子。可想而知，这种粗暴的家庭教育方式带给孩子的不是敌意就是过分自责，他们的身心健康很容易受到伤害。这不仅影响其健康人格的形成，也会影响其对社会的正确认知。

（二）缺少沟通与关爱

大部分流动人口从农村到城市打工，由于文化素质不高，在城市中找到的工作一般都比较辛苦，职业地位低，工作时间长，因此，这些父母很难有时间管教孩子。他们往往与孩子的沟通少，且缺乏对孩子的关心和关爱。流动儿童虽然知道父母辛苦，但毕竟年龄较小，有时不会主动与父母沟通学校的一些事情。此外，开始学校生活后，他们的知识日益丰富，视野更加开阔，父母的文化程度很难满足孩子在学习和精神上的需要。因此，他们之间的沟通障碍也就出现了，孩子明白的事情，家长不懂；孩子想问的问题，家长回答不了。这个时候，父母的权威就会逐渐削弱，孩子也就不愿意再与父母沟通了，这也是流动儿童亲子关系的一个特点。实际上，流动儿童与父母之间的沟通并不多，只有不到三分之一的流动儿童经常与父母聊天。而在沟通中，也主要是以与母亲的沟通为主。并且由于父母工作繁忙，他们很少有时间陪伴自己的孩子。此外，流动儿童和父母之间的沟通内容比较单一，除了生活问题之外，一般都是围绕孩子的学习进行，缺乏灵活性。但是，对于学习上的沟通，一般也仅限于对于作业是否完成、分数多少等的询问，很少有具体的指导和帮助。因此，虽然生活在城市中，但很多孩子未能像城市的孩子一样得到父母的关爱。这在某种程度上，也影响了流动儿童的人际关系。在家庭中，流动儿童与父母的沟通方式和沟通内容过于简单，这往往也会影响到他们在学校与其他同学的沟通和交流。那些与父母沟通不畅的儿童，在学校中与同伴的关系也不太友好。

【案例】

8年前，4岁的小萌随父母从安徽来到深圳。她爸爸是流水线上的装配工，妈妈在保险公司做业务。父母因忙于工作，很少有时间与孩子交流，更无暇顾及孩子的成长。在学校里，小萌要好的朋友都是自己的老乡，随着时间推移，她慢慢由小时候的活泼开朗，变得沉默寡言，不爱说话。“爸爸为什么总是不带我出去玩呢?”小萌在给心理咨询师的信中写道：“我最大的愿望就是，妈妈每天晚上能在家陪我，爸爸妈妈周末带我去一次动物园。”①

（三）失调的家庭功能

家庭功能是指家庭对家庭成员生存和发展所能起到的作用，是影响家庭成员心理发展的重要变量之一。麦克马斯特（McMaster）提出了家庭功能模式理论，认为健康的家庭要实现其基本功能，须具备五个方面的能力。1. 良好的问题解决能力。每个家庭都需要有解决所面临的各种物质和情感问题的能力。能否意识到家庭面临的主要问题，是否按照合适的方式努力解决这些问题，都体现了家庭的问题解决能力。心理健康水平高的儿童的家庭能较准确地意识到问题的实质，全家一起讨论，设想各种解决问题的方案，在尝试解决的过程中调整努力的方向；心理健康水平低的儿童

---

① 李薇，姚钒. 我是外地生，请不要歧视我［N］. 深圳商报，2009-07-29.

的家庭却很少遵循上述步骤去努力，缺乏问题解决的能力。2. 良好的沟通能力。家庭要解决面临的问题，必须以家庭成员良好的沟通为基础。在家庭沟通中孩子能否和父母平等对话，孩子的发言和想法是否得到尊重是非常关键的。3. 合理的家庭角色分工。这是指家庭是否建立了完成一系列家庭功能的行为角色模式，如提供生活来源、支持个人发展、管理家庭等。衡量角色分工的质量，要看任务分工是否明确和公平，家庭成员是否认真地完成了任务。4. 温馨的情感关系。能否对特定刺激做出合适的情感反应，体现了家庭成员的情感反应能力。情感反应既体现在对他人的反应敏感性上，也体现在反应方式的恰当性上。比如，许多孩子在学校里受到挫折，考试不好，上课听不懂，回到家里不仅得不到理解、鼓励和支持，反而遭受痛斥，使其自尊心和自信心受到严重打击。5. 对家庭成员的行为控制宽严适度。家庭对孩子的行为方式过分控制，或者放任自流，都不利于孩子的健康成长。家庭情感关系中的亲密度较低和适应性较差对青少年产生较多的问题行为起到了关键作用。

与有户籍的城市儿童相比，流动儿童在家庭功能的亲密度和适应性上都更差一些。对于流动儿童家庭来说，虽然大多数家庭成员能够团聚在一起，但是，往往父母忙于工作，没有多余的时间和精力与孩子沟通，存在亲子沟通不畅的问题，流动儿童也缺少父母足够的关爱和支持。流动儿童的家庭成员之间情感联系的紧密程度一般也比较差，尤其是缺少情感上的联系。同时，流动人员夫妻之间的沟通质量也比较低，他们很少能够就流动儿童的环境适应问题进行沟通，因此，这种失调的家庭功能会导致流动儿童出现一系列的身心发展问题。流动儿童的家庭亲密度能够显著影响流动儿童对家庭和环境的满意度，以及他们自己对生活的总体满意度，家庭的适应性功能也会影响到流动儿童对其家庭的满意度。不仅如此，家庭成员的亲密程度实际上也会影响流动儿童的问题行为，尤其是其内化的一些问题行为。

学校环境与留守儿童

随着国家政策的进一步完善，在过去几年，义务教育阶段进城务工人员随迁子女在公办学校就读的比例已经上升到了 80%左右，但还有约 20%的流动儿童的义务教育仍在民办学校或者打工子弟学校中完成。这些打工子弟学校一般诞生于 20 世纪 90 年代初。最初的学校场所主要在简易的民居或棚户区中，学生的人数也比较少。经过几年的发展，流动儿童的学校的数量逐渐增多，比如，北京市 2005 年时打工子弟学校已经高达 269 所。随后，随着国家政策的完善，打工子弟学校的数量又开始下降，就读人数也大幅降低。上海的情况也大体如此，2006 年的时候，打工子弟学校的人数超过了 17 万，而 2008 年之后，上海市教委启动了农民工同住子女义务教育三年行动计划，随后打工子弟学校有所减少。虽然，目前就读公办学校的流动儿童比例越来越高，但是，流动儿童的学校环境依然存在一些问题。

一、学前教育的质量堪忧

虽然流动儿童的义务教育问题现在已经得到基本改善，但是，对于非义务教育阶段的教育问题仍然亟须改进。特别是有些流动儿童本身就出生在父母打工所在的城市，他们在幼儿园阶段就面临着一系列的教育问题。然而，外来务工人员的子女存在的入园难、入园贵的问题一直得不到解决。有些外来务工人员子女只能在条件较差的民办幼儿园中接受教育。这些幼儿园一般都位于城市的边缘地带，周围环境较差，幼儿的活动场地有限，游戏设施陈旧。尤其是有些幼儿园还存在一定的安全隐患，比如空间狭小，厨房、卫生间条件差等。这些不良的教育环境在一定程度上会影响到流动儿童的身心健康发展。其次，学前教育阶段，这些打工子弟幼儿园的师资力量也是非常薄弱的。不仅老师少，流动性高，而且有些还缺乏相应的资质。师资是保证教育质量的首要条件，这些问题的存在一定程度上造成了流动儿童从起点上就比有户籍的城市儿童更差一些。如果这一问题不能有效解决，两类儿童在未来的发展中可能会出现更大的差距。

二、学校环境对流动儿童的影响

学校不仅是儿童青少年的学习场所，也是他们最主要的生活场所，学校中的物理和心理环境对学生的心理健康有重要影响。虽然，经过20年来的政策改进与执行，全国流动儿童义务教育状况总体上有了比较明显的改进，流动儿童在公办学校就读的比例逐渐上升到80%左右，然而不容忽视的是，还有20%左右的学生在民办学校或打工子弟学校就读，流动儿童的学校环境还相对较差。尤其是个别地区，流动儿童在公办学校就读的人数还相对较少，比如，深圳和东莞的流动儿童在全国来说数量是居多的，但是，到2015年，在公立学校就读的比例才到23%。因此，打工子弟学校的各种教学条件、师资力量、教师的心理健康水平、班级气氛等方面都会对流动儿童的学业和身心健康状况产生一定的影响。

三、不良的教学条件

目前，我国不少城市的公办学校仍以种种理由拒收或少收进城就业农民的子女入学，特别是一些优质学校和重点学校甚至不允许招收流动儿童。因此，流动儿童在较差的公立学校或者打工子弟学校接受教育的居多。这些学校收费往往较低，收费方式灵活，有些学校的文化氛围还要优于流动儿童老家的学校。但是这类学校往往在教学设施、教学方法、教学设备上还需进一步改进。甚至有些学校连基本的教学器材，如三角板、圆规等都没有。而打工子弟学校的老师也比较缺乏教学经验，有些是半路出家，有些是刚刚从职业高中、普通高中、中专毕业的学生。这里老师的工资待遇不高，导致老师的流动性大、责任心差。所有这些因素都会导致流动儿童容易出现学习困难、安全感低等问题。

【案例】

“校舍是租来的，受到房东极大的限制，因此从学校创办至今已经搬过三次家，而且还有再一次搬家的可能性。”（来自南京市打工子弟学校生存现状调查）

“硬件看起来还比较齐全，电脑室、实验室什么的都有，但实际上只是一种摆设，从来没用过，也无法用。电脑是一个公办学校的淘汰品，机器很老、很旧，有的根本无法使用。要真的用起来，恐怕维修的费用都支

付不起。”（来自一所打工子弟学校的现状调查）[①]

可想而知，在这样的教学条件下，流动儿童的学习效果自然会大打折扣。一方面，不良的教学条件有时无法满足正常的课堂教学需求；另一方面，较差的教学条件也容易使学生失去学习兴趣。儿童天生具有一定的认知好奇心，但是这种认知好奇需要有良好的条件做支撑。在教学都可能没有固定场所的情况下，流动儿童很难静下心来专心学习。因此，改善流动儿童所在学校的教学条件是非常重要的。

四、教师的素质

在我国现阶段，打工子弟学校是流动儿童接受教育的场所之一。因此，这些学校中教师的素质也直接影响了流动儿童的身心健康发展。但是现有打工子弟学校大多存在师资严重不足的现象，里面的教师具有很大的流动性，一般只签半年或一年的合同，他们有的只是把打工子弟学校作为自己将来留在大城市工作的跳板，一旦有好的机会，他们就会离开。他们有些没有经过专业训练，也不是出于对教育事业的热爱，不会认真钻研教学方法，对学生没有太多的责任感，也缺乏与学生的课外交流。种种因素导致打工子弟学校的教师给学生带来了一些师源性心理问题。首先，很多课程无法按时开设。一些学校只能开设语文、数学等基础课，比较缺少英语、音乐、体育、美术等科目的教师。至于心理辅导这样的课程基本就不太可能有条件开设。因此，在这种情况下，流动儿童很难得到全面发展。其次，一些教师的教学经验严重不足。虽然有一些教师来到打工子弟学校是出于奉献精神，也非常具有爱心，但是，爱心并不能代替良好的教学质量。教师的流动性很大，这不仅影响了正常的教学秩序，而且也会让学生没有安全感，影响良好师生关系的建立，不利于流动儿童的健康发展。此外，打工子弟学校的教师有些虽然也是流动者，但他们往往忘记了自己的身份，有些还会对流动儿童有一定歧视。来自重要他人——教师的歧视很

---

① 王毅杰，高燕. 流动儿童与城市社会融合［M］. 北京：社会科学文献出版社，2010.

容易导致流动儿童产生心理问题。

五、教师的认知偏见

教师对学生的认知会直接影响学生的心理健康状况，这具体表现在教师对学生的理解、教师对学生的态度以及教师对学生的期望上。例如，一些流动儿童教师受对流动儿童先入为主、以偏概全观念的影响，认为流动儿童都是学习较差、品德不良的落后者，这些认知都会在教师的日常行为中有所流露，进而会影响到流动儿童对自身价值的肯定，也会伤害流动儿童的自尊心，从而影响流动儿童的身心健康。还有些公办学校的教师对于招收流动儿童随班就读持有消极态度，认为这些儿童大部分是在混日子，对课堂上教授的内容根本不感兴趣，脑子里面想的都是玩。因此，这些老师认为流动儿童会给班级教学和教师的工作产生负面影响。

在教师的这种认知偏见中，流动儿童很容易受到老师的歧视和不公平对待，进而进一步影响其自尊心和自我效能感。

六、教师的不公平对待

在学校教育中，教师对学生的身心发展起着非常重要的作用。首先，只有教师无差别地对待流动儿童和城市儿童，才能保证流动儿童的受教育公平。但是，部分学校和教师对流动儿童还存在文化排斥，一些学校会将流动儿童与城市儿童分班进行教学，甚至不将流动儿童的学习成绩和操行计入对教师的考评。他们学好学坏都与教师的教学业绩和利益无关，这样就会导致有些学校和教师往往对学习成绩较差的流动儿童缺乏责任感，对其学习放任不管。比如，在安排学生座位时，常常将流动儿童安排在较差的座位上。学校和教师的这些做法可能也有他们自己的难处和理由，但是对于心理尚处在发展期的孩子来说，对他们稚嫩的心灵或多或少还是会有些伤害，这导致一些流动儿童经常感到自己在学校中不受重视，并感到自卑。因此，一些调查发现，即使有条件可以免费去公办学校，还是会有很多学生不愿意去。这些学生或多或少有各种担心。比如，有些学生担心自己的家庭条件不好，会被人笑话；有些学生担心自己的成绩差跟不上教学进度；有些学生担心自己说话带方言被同学嘲笑；等等。实际上，由于流动儿童的特殊经历，他们的学习基础与城市儿童之间可能有较大差异，但是在中小学阶段，这种差异是可以有所减少，甚至弥补的。因此，在教学过程中，教师更应该做到差异性教学，应关心而不是排斥流动儿童。

自古以来，中国就是一个尊师重教的国家，教师在家长和学生心目中的神圣地位不可动摇。因此，教师对孩子的态度如何将会直接影响到孩子学业和身心全方位的发展。

七、教师的心理健康水平

心理健康的老师不仅能够很好地对学生的学业进行指导，而且还会对学生的心理健康起到积极的影响。对于流动儿童来说，心理健康的老师往往会以积极、科学的方式对待他们，会使他们在与老师相处时感到轻松、愉快，从而有助于形成健康的人格。相反，心理不健康的教师，可能会经常以冷漠的态度和粗暴的方式对待流动儿童，这将不利于流动儿童的健康发展。如果得不到重要他人——老师的认可，这些流动儿童很可能去社会中寻找自我价值，也可能会因为交友不慎，从而走向犯罪道路。此外，教师的心理健康水平也会对流动儿童的学习产生直接影响。教师的积极情感，对于保持学生良好的学习心境，促进师生关系的协调，以及形成良好的课堂气氛，都有积极的作用。心理健康的教师会积极主动地为流动儿童创造开放、宽松的学习氛围，当他们取得一些小成绩或者小进步时，教师会注意给予他们热情的鼓励，这样流动儿童就会体验到成就感，进一步增强克服和战胜学习、生活困难的勇气。

八、班级气氛

对于成长中的流动儿童来说，群体的影响是非常巨大的。因此，班级气氛会影响他们各方面的发展。班级气氛通常是由班级环境中师生之间的互动、生生之间的互动形成的，班级的物理环境和班级规范也会影响到班级的气氛。一般城市公办学校的班级气氛要好于打工子弟学校和农村公办学校。一方面，这种差异受到了师生关系的影响，另一方面学校的环境和同学之间的关系也会影响到班级气氛。班级气氛如果是严肃、活泼、积极向上的，会对流动儿童的身心健康以及学业产生积极的影响，但如果班级氛围是松散、敌对、消极颓废的，则会给流动儿童带来多方面的消极影响。因此，营造良好的班级氛围对于促进流动儿童健康发展也起着不容忽视的作用。

链接：生态系统理论

生态系统理论是由著名的心理学家布朗芬布伦纳(Bronfenbrenner)于1979年提出的。生态系统理论认为，个体的发展不是在真空中进行的，其所处的生态系统会对个体的发展产生社会影响。个人所处的生态系统可以分为微系统、中系统、外系统、宏系统和时间系统等。其中微系统是与个体的生活最为密切相关的环境，比如，家庭、班级、朋友圈、个体所处的社会团体等。中系统是人在发展的一段特定时间内，一系列微观系统的集合，它显示了各种环境间的交互作用。外系统是与个体生活并不直接发生关系，但是会对个体的发展起到间接影响的环境。比如，父母的工作单位就是一个中系统。如果父母的工作特别繁忙，工作压力大，那么很有可能导致他们养育孩子、陪伴孩子的时间过短，这样的教养方式很显然不利于孩子的顺利成长。宏系统则是个体生存中更宏观的环境，体现了大的社会文化背景。除了上述四个系统之外，布朗芬布伦纳认为个体生活的环境并非一成不变，而是会随着时间不断发生变化的，因此，影响个体的生态系统还有纵向的时间系统。个体的发展总会受到自己所处时代以及一些历史事件的影响，比如，技术革命、战争、自然灾害等。生态系统理论使我们认识到，个体的发展是环境与有机体之间的交互作用，这一理论在家庭教育和入学适应等方面具有重要的指导意义。

第 2 章

儿童青少年的身心发展特点与心理健康标准

读书有利于建立良好的人际关系

一项针对 4 000 名英国成年人的调查显示，为了追求乐趣而读书的人具有更好的社交技能和亲子沟通能力，他们患抑郁或者痴呆的概率更低，并且他们整体幸福感的水平也更高。此外，2009 年的研究还发现，阅读可以帮助我们应对压力。这是因为，阅读和自身理解力的提高有密切关系，同时，阅读也会在我们与他人打交道、理解他人世界观等方面发挥巨大作用。现在就让我们做一个快乐的读书人吧！

流动儿童的年龄大致是在 6~17 岁，这个年龄阶段的儿童正值学龄期。因此，本章我们将首先介绍小学阶段儿童和青少年的身心发展特点，并在最后介绍青少年的心理健康标准。

小学生的身心发展特点

一、小学生的生理发展特点

小学阶段，儿童的身体发育速度与幼儿差不多，比较平稳而持续，以大脑为核心的神经系统的发展为其顺利地完成各个年级的学习、生活奠定了生理基础。到小学毕业即12岁左右的时候，小学生的脑重基本达到了成人脑重的平均水平，约为1 400克。小学阶段儿童的神经系统髓鞘化过程基本完成，兴奋和抑制能力也进一步增强，这都极大提高了儿童神经系统传导的速度和准确性。在小学阶段儿童的运动技能也得到了长足发展。儿童的奔跑、跳跃等技能更加精细，他们掌握了很多原来不能很好完成的技能，柔韧性、平衡性、敏捷性和力量都显著增强。同时，儿童的精细运动能力在小学阶段也得到了发展，日益变得心灵手巧。

二、小学生的认知发展特点

（一）注意的发展

在小学之前，儿童的感知觉已经得到了充分发展，因此在小学阶段，儿童在教师指导下，已经可以开展各种观察活动，比如，观察植物的生长过程，观察蚕的变态过程，等等。但是，刚进入学校的小学生其注意的目的性还很低，只能够注意自己感兴趣的对象，有意注意能力和注意的持续时间还非常有限。随着年级的升高，他们注意的持久性和稳定性不断增强，注意的范围也开始扩大。但一般来说，小学生的注意水平仍然比较有限，还需要教师给予指导。

（二）记忆的发展

在小学阶段，儿童的不随意记忆还占有比较主要的地位。随年级的升高，小学生的随意记忆明显得到发展。同时，小学阶段儿童已经能够使用一些简单的记忆策略。这些策略主要包括外在帮助、复述、组织、精细加工等，其中外在帮助和复述策略，小学阶段儿童可以自发使用，而组织和精细加工的策略一般在10岁之后才能习得。同时，小学阶段儿童使用这些策略的有效性也得到了提高，他们不仅会使用一种记忆策略，同时也会针对不同的问题采取不同类型的记忆策略。

（三）思维的发展

著名瑞士心理学家皮亚杰（J.Piaget）认为儿童的认知能力呈阶段性发展，其中小学阶段儿童的认知发展水平处于具体运算思维阶段。在小学低年级阶段，儿童的思维一般依赖于具体的对象和情境，只能识别事物的个别特征和表面现象，以形象思维为主。随着年龄的增长和学习活动的深入，小学生的概括能力、分类能力、推理能力都得到了充分的发展。到高年级时，小学生的抽象思维能力开始逐渐增强，但其思维还带有很大的具体性。小学四年级是儿童从具体形象思维向逻辑思维过渡的关键时期，在这一时期要注重培养儿童的逻辑思维能力。在思维发展的过程中，针对不同的思维对象存在着逻辑思维能力发展的不平衡性。

1. 元认知能力的发展

在小学阶段，儿童发展出了元认知的思维形式。元认知是个体关于自己认知过程的知识和调节这些过程的能力，它包括元认知知识和认知调节两部分。在儿童到八九岁的时候，他们一般已经非常清楚自己知道什么，不知道什么，能够对自己的学习过程做出判断。同时，一些儿童也会认识到应该选用何种学习策略，哪种学习策略更为有效，即可以有效地调节自己的认知。从小学低年级到小学毕业，儿童的元认知能力会有一个显著的变化。

2. 思维基本过程的发展

儿童思维的基本过程随着年龄和年级的增长逐步发展，并且日益完善。这些儿童的分析、综合及其派生的抽象、概括、比较、分类、具体化和系统化等思维过程最初只能在直接观察事物的条件下进行，而且也很简单，之后逐步能在过去的知识经验和表象的基础上进行，最后向以概念为材料的理性过程较全面、深入且范围广泛地进行。言语在小学阶段儿童的基本思维过程的发展中起着重要的作用，它使其思维的深刻性、广阔性、批判性、自我监控的水平获得迅速的发展。

3. 概念的发展

儿童对概念的掌握是一个渐进的过程，随着儿童知识经验的发展，对已掌握的概念还要不断加以充实和改造。从总体上看，小学阶段儿童对概念的掌握逐步深刻化、丰富化和系统化，已经能够顺利地进行抽象概括，形成判断、推理、理解客观事物、分析和解决问题的能力。

4. 思维品质的发展

思维品质主要包括敏捷性、灵活性、深刻性、独创性和批判性。小学儿童思维品质的发展存在着明显的年龄特征。一般来说，小学儿童思维的敏捷性和灵活性是稳步发展的，思维的深刻性既表现出不断发展的趋势，又有一个三四年级的转折或关键期。小学儿童思维的独创性比其他思维品质的发展要晚，要复杂。

二、小学生的情绪发展特点

小学生的情绪大都与学习活动和学校生活相联系，学习的好坏、集体的地位、同伴关系等都使小学生产生了各种各样的情绪体验以及不同水平的社会适应。在小学阶段，儿童的情绪稳定性得到了一定程度的发展，由于神经系统的完善和社会经验的丰富，他们也已经学会了一些情绪调节的方法。此外，这一阶段儿童的情绪理解能力也得到了发展。他们能够整合内外线索来理解他人的情绪，其共情反应变得更强，也会意识到人们对相同的事件会有不同的情绪反应，能够理解人们可以同时体验到各种情绪。小学阶段儿童对消极情绪的控制也得到了发展，他们的情绪调节能力得到快速提高。到 10 岁左右，大多数儿童能够恰当地轮换使用以问题解决为中心的情绪调节策略和以情绪为中心的策略。

小学阶段，儿童的高级情感也逐渐发展起来了。高级情感指与社会需要相联系的情感，包括道德感、美感和理智感。小学生的道德感处于不断发展的过程中，评价标准从无原则向有原则发展，对道德感的体验从浅显、冲动到深刻、稳定，道德体验范围不断扩大。小学生的美感发展受制于对客观事物外部特点和内部特征的领会与理解，经常接触的、外部有明显美的特征的客观事物容易使小学生产生美的体验，而接触少的、有内涵的和有内在美的事物不易让他们产生美的体验。随着年龄的增长，小学生对美的体验越来越丰富。小学生的理智感也得到了一定程度的发展，他们不断扩大自己的求知欲，但其理智感仍与具体的、形象的、直观的事物相联系。

三、小学生的社会性发展特点

（一）自我意识的发展

自我意识是人对自己身心状态及对自己同客观世界的关系的意识。自我意识包括三个层次：对自己及其状态的认识；对自己身体活动状态的认识；对自己思维、情感、意志等心理活动的认识。自我意识不仅是人脑对自身的意识与反应，而且也反映出人与周围现实之间的关系。自我意识的发展对个体的成长有十分重要的作用。

小学阶段儿童对自我的认识逐渐深刻，他们对自我的描述也变得更加现实、平衡和综合。大约在七八岁的时候，儿童就具备了自我概念的表征系统，即他们能够把自我的不同方面整合为包罗万象的自我概念。同时，他们也能够对真实自我和理想自我进行比较，并通过与他人的比较来形成自我印象。同时，在这一阶段，儿童的自尊也是在发展变化着的。在小学阶段的前几年，随着儿童对自己多个方面进行评价，他们的自尊会有所下降，从四年级开始，儿童的自尊又会逐步上升。

（二）道德的发展

道德发展是个体社会化的过程，它使一个个体从“自然人”变成了“社会人”。由于儿童的认知能力、观点采择能力、推理能力的发展，小学阶段儿童的道德水平得到了显著发展，这一阶段也是培养儿童良好道德品质的关键时期。按照皮亚杰的观点，小学阶段儿童的道德发展处于“他律道德”阶段，这时儿童变得极其尊重规则，主要是“服从他人的规则”。按照柯尔伯格（L. Kohlberg）的观点，小学阶段的儿童主要处于“前习俗道德水平”，凡事必先考虑行为的后果是否能满足自己的需要，不能兼顾行为后果是否符合社会习俗或社会规范的问题。因此，在小学阶段，为了培养儿童具有良好的道德品质，还需要榜样的作用。

（三）亲子关系的发展

亲子关系是指父母与子女之间法定的血缘关系，同时也是指父母如何养育、对待子女，反过来子女又是如何认识、对待父母的这样一种互助的社会人际关系。亲子之间是相互影响，相互联系的。父母对子女的养育态度，影响子女的身心成长；子女对父母的赡养态度，又影响着父母的身心健康。与幼儿期相比，小学阶段儿童与父母在一起的时间急剧减少。随着年级的升高，小学阶段儿童的亲子关系发生了一些变化，儿童的母子依恋安全性和对父母的信赖显著下降。但是儿童与父母的冲突数量会减少，父母也会让儿童自己做出更多的重要决定。

（四）同伴关系的发展

同伴关系指年龄相同或相近的儿童之间在共同的活动中建立的人际交往关系，它在儿童青少年心理发展中具有其他人际关系无法替代的独特作用。儿童的社会行为和如何与其他人相处的许多认识、技能，更多的是在同伴交往中获得的。小学阶段儿童的同伴交往更加频繁，交往的方式更加复杂。同时，儿童在同伴交往中传递的信息也更加丰富，他们更善于利用反馈和其他信息来决定自己对他人该采取的行动。这一时期，儿童也开始形成同伴团体。

中学生的身心发展特点

一、中学生的生理发展特点

中学阶段的学生正处于青春期，他们的生理发展变化较小学生更加明显。青春期是人生发育的第二次“生长高峰”。在这一阶段，青少年的身体外形发生了很大变化。不仅身高、体重增长明显，而且第二性征开始出现。由于性激素的作用，生殖器官开始迅速发育，并完成了性器官与性功能的成熟，如女性出现月经初潮，男性出现遗精。在青春期，个体体内的各种器官和组织包括心脏、肌肉、肺、大脑也都在迅速发育并逐渐达到成熟。生殖系统是人体各系统中发育成熟最晚的，在青春期性激素增多，个体的性器官和性机能也发展迅速。中学阶段是个体由童年向成年过渡的时期，这一时期个体的生理发生了巨大变化，生理上的成熟使青少年在心理上产生了成人感，他们希望获得成人一样的权力和角色，再一次到了向父母争取自主的阶段。然而，由于他们的心理发展水平有限，有许多期望不能实现，容易产生身心发展不平衡的矛盾，也容易出现一些心理及行为问题。

二、中学生的认知发展特点

（一）工作记忆和加工速度的发展

在中学阶段，青少年的记忆能力得到较大发展，其工作记忆和加工速度差不多都达到了成人的水平，这时青少年能够较好地存储认知加工过程中所需要的信息。此外，以简单反应时来反映的加工速度在儿童期稳步提高，从 8 岁时的 1/3 秒，缩短到 12 岁时的 1/4 秒。在其他认知任务中，青少年的加工速度也与年轻成人一样快。工作记忆和加工速度的变化意味着青少年的信息加工比起儿童来说，是非常有效率的。

（二）思维的发展

1. 青少年思维的基本特征

根据皮亚杰的认知发展阶段理论，青少年正处于形式运算思维阶段。在初中阶段，青少年的逻辑思维还需要感性经验的直接支持；在高中阶段，他们的逻辑思维属于理论型，即他们已经能够用理论做指导来分析、综合各种材料了。在这个阶段，青少年可以在头脑中把事物的形式和内容分开，可以离开具体事物，根据假设来进行逻辑推演，能运用形式运算来解决诸如组合、包含、比例、排除、概率及因素分析等逻辑课题。青少年这一阶段的逻辑思维能力得到充分发展，这也是他们这一时期思维发展的重点。

2. 元认知的发展

在中学阶段，青少年的元认知能力进一步提高，尤其是元认知技能的发展变化更为明显。青少年面对问题解决任务，能够更加熟练地确定解决问题的适当策略，并对所选用策略的有效性进行监控，他们会坚持选用有效的策略，而放弃那些无效的策略。当自己无法解决问题时，青少年也会采取主动求助的方式来解决问题。

3. 创造性思维的发展

创造性思维是重新组织已有的知识经验，提出新的方案或程序，并创造出新的思维成果的思维活动。青少年的创造性思维水平总体上处于高速发展阶段，年级越高，创造性思维成绩越好，但是发展速度不均匀，高二是创造性思维发展的高潮。青少年个体的创造性思维表现在多个方面，如创造性想象、发散思维、顿悟、类比迁移以及假设检验等。

三、中学生的情绪发展特点

中学阶段的青少年由于生理上的巨大变化，经常会带来情绪上的波动，青少年期也被称为“疾风暴雨期”。但青少年的情绪也不总是高涨的，有时也会表现出温和、细腻的特点。此外，青少年的情绪还具有可变性与固执性并存、内向性和表现性共存的特征。在这一特殊时期，他们的消极情绪也会比以往多一些。他们会感觉烦恼突然增多，体验到更多的孤独和压抑，正所谓“少年不知愁滋味，为赋新词强说愁”。青少年也具有一些积极的心境，如憧憬美好的未来。但总体来讲，在这个时期，青少年的消极心境占很大比例，特别需要父母及其他教育者给予他们悉心的指导和帮助。

四、中学生的社会性发展特点

（一）自我意识的发展

在中学阶段，青少年进入了新的“自我中心”阶段。这时的青少年经常将其他人视为“假想观众”，他们认为每个人都像他们自己那样，对他们自己的行为特别关注。他们往往认为自己是舞台中的主角，其他人都是观众。也有一些青少年相信他们自己是独一无二的、无懈可击的和无所不能的。这些自我认识使得这一时期的青少年往往有过高的自我意识，对他人的想法过分关注。在这一时期，“身体映像”也是他们自我概念发展中的核心要素，对身体形象的关注经常会影响到青少年的社会适应。随着对自我认识的深入，青少年也要解决“自我认同对角色混乱”的冲突。他们经常会问“我是谁”和“我在社会中的位置是什么”这样的问题。此外，由于自我意识的突然高涨，青少年在这一时期也经常出现反抗心理。他们更倾向于维护良好的自我形象，追求独立和自尊，但他们的某些想法及行为不能被现实所接受，遭受挫折后，他们就会产生一种过于偏激的想法，认为其行动受到了成人的阻碍，而产生了反抗心理。中枢神经系统的兴奋性过强以及独立意识的增强也是青少年出现反抗心理的原因。当青春期遇到更年期的时候，青少年的反抗心理也容易使其与父母之间产生不良的亲子关系。

在青少年阶段，自我认同感的获得是非常关键的。自我认同感就是对于“我是谁”“我将要去向何方”“在社会中处于何处”的稳固和连贯的知觉。自我认同感可以分为四类：(1) 自我认同完成，指的是经过探索之后，对价值观、信念和目标有所承诺。例如，经过多次尝试，小明终于知道自己最喜欢计算机专业了。(2) 自我认同延迟，指的是只有探索，尚无承诺。例如，小白喜欢中学里几乎所有的课程，一会儿想当化学家，一会儿想当作家，有时又想当老师。(3) 自我认同早闭，指的是未经探索就有承诺。例如，自从能够记事起，小苏的父母就告诉她，以后应该去做律师，所以她没有多想就去学法律了。(4) 自我认同扩散，指的是既无探索也无承诺的无动于衷。例如，小李讨厌思考自己未来应该做什么，所以他把自己的自由时间都用来玩电子游戏。按照埃里克森（E.H.Erikson）的观点，青少年时期正处于自我认同危机时期。这个时期接纳自我、认可自己的价值与存在对于个体心理健康发展有重要意义。

（二）道德的发展

按照柯尔伯格的观点，青少年时期道德推理的发展趋势是从前习俗思维向更为习俗化的推理水平转变。在这个阶段，大多数个体似乎不断超越对外部奖励与惩罚的考虑，开始对父母与权威人物提供的道德标准表达出一种真正的关注，对确保人类关系和谐与公平的法律做出了认真的思考，同时也成为法律的维持者。一些青少年也开始把道德看作他们身份特征的一个重要部分，他们也期望自己成为一个诚实、公正以及关心他人的人。这个时期的青少年要逐渐形成对家庭、同伴和社会中不同道德规范的认识和同化，因此家庭和同伴对青少年的影响至关重要。

（三）亲子关系的发展

家庭对儿童的成长具有重要作用。在童年早期，父母的形象往往是至高无上的，他们对父母既尊重又信任。但随着年龄的增长，进入青春期后，青少年与父母的关系发生了微妙的变化。他们在情感上有同伴作为依恋对象，与父母不如以前亲密了。在行为上他们更加渴望独立，反对父母对他们的干涉和控制。在观点上，他们也喜欢自己进行判断和分析，不愿意接受父母的意见。这一时期，父母的榜样作用也将削弱，他们会有自己的偶像。

（四）同伴关系的发展

青少年的同伴交往方式与小学阶段儿童的同伴交往方式有很大不同。他们逐渐减少了群体的交往方式，而是更喜欢与几个亲密的朋友交往。他们愿意把自己的秘密跟这些好朋友分享。因此，青少年的同伴关系在他们的生活中日益重要。这个时期，他们对朋友也有了新的认识。他们认为朋友之间应该能够同甘苦、共患难，能够从对方那里得到支持和帮助。青少年在这一时期的特殊同伴关系是与异性朋友之间的关系。进入青春期后，男女生之间的关系有了新的特点，双方都开始意识到了性别问题，并对对方逐渐产生兴趣。但是青春期男女同学之间的爱慕之情是很稚嫩的，很难保持并最终发展为爱情和婚姻，只有处理得当才能相对持久，并相互促进各方面的发展。

心理健康的概念与标准

什么是健康？怎样才算健康？这是人们一直以来都十分关心的话题。在古代社会，人们对健康的理解强调的是身体没有缺陷和疾病，即大部分人会认为“身体没病就是健康”。在现代社会中，健康不仅指生理健康，还包括心理健康和社会适应，三者的和谐统一构成了健康的基础。而新近提出的健康概念中还包含了道德健康，认为道德健康是健康的统帅。

一、健康的定义

随着人们对自身健康问题的关注程度日益增强，健康的概念也在不断发生变化。早期人们通常认为没有身体疾病就是健康。但是，随着医学水平的提高和人们对自身精神世界的认识逐渐加深，人类对健康的认识也发生了变化。1948年世界卫生组织成立时，在宪章中把健康定义为："健康乃是一种生理、心理和社会适应都日臻完满的状态，而不仅仅是没有疾病和虚弱的状态。"1977年恩格尔（G.L.Engel）在《科学》杂志上首次提出"生物—心理—社会医学模式"后，健康的概念进一步发生了变化。1989年，世界卫生组织进一步修改了健康的概念，将健康定义为"不仅仅是身体没有缺陷和疾病，而是身体上、精神上和社会适应上的完好状态"。这一定义有两层含义。首先，人们已经不再将健康和疾病完全割裂开来，而是将健康与疾病看作一个统一体的两端：一端是健康，它被明确表述为一种身体上、心理上和社会适应上的良好状态；另一端是疾病，即产生症状、体征和残疾的状态。其次，疾病和健康是个体生理、心理与环境相互作用过程中的平衡或失衡状态，对于疾病和健康，生理、心理和社会具有同等重要的作用。心理与社会的相互作用更多地反映了健康与疾病过程中的宏观变化过程，如人格特征、应对方式、生活事件、负性情绪等，而生物因素则更多反映了健康与疾病过程中的微观变化过程，如基因突变、组织细胞损伤、生理生化系统紊乱等。可以说，心理健康是生理健康的基础，生理健康是心理健康的有力保障，社会因素是联系心理健康和生理健康的重要桥梁，三者的和谐统一构成了人类健康的基础。

二、心理健康的定义

2018年，世界卫生组织将心理健康教育定义为一种幸福的状态，个体能够实现自身能力，应对日常生活中的压力，高效工作，并能为他所在的社区做出贡献。许多国内外学者从各自关注的不同角度对心理健康进行论述，迄今为止，对于什么是心理健康还没有一个统一的、公认的定义。有人从心理潜能的角度来理解心理健康，认为心理健康的人是能够充分发挥自身最大潜能，并能妥善处理和适应人与人、人与环境之间相互关系的个体；有的人认为心理健康是一种持续、积极乐观、富有创造性的心理状态，在这种状态下个体适应良好，具有生命活力，在情绪与动机的自我控制等方面达到正常或良好水平。《简明不列颠百科全书》将心理健康解释为“个体心理在本身及环境条件许可范围内所能达到的最佳状态，但不是十全十美的绝对状态”。实际上，心理健康就是个体能够身心和谐地发展，并有良好的自我认知能力，能够较好地适应社会。

三、心理健康的标准

关于心理健康的标准，许多学者有不同的观点，并且随着社会文化和时代的发展，心理健康标准也在不断地发展和变化。在封建社会，安贫乐道可能是一种理想的保持心理平衡的观念，但是在现代社会，如果安于现状而不思进取，就可能在激烈的社会竞争中被淘汰。我国心理学家俞国良认为心理健康是一个人整体的适应良好状态，是人格健康全面发展，即人的心理是知、情、意、行的统一体。俞国良教授根据对心理健康的多年研究，综合国内外学者的观点，认为心理健康的标准主要有以下几点。

（一）智力正常

智力正常是人正常生活最基本的心理条件，是心理健康的主要标准。智力是人的观察力、记忆力、想象力、思考力和操作能力的综合。人们常用智力测验来诊断智力发展水平。一般认为智商低于 70 者为智力落后，智商在 80 以上是心理健康的标准。

（二）人际关系和谐

人际关系的协调与否，对人的心理健康有很大的影响。人际关系中，有正向积极的关系，也有负向消极的关系。心理健康的人乐于与人交往，不仅能接受自我，也能接受他人、悦纳他人，能认可别人存在的重要性和作用；能为他人所理解，为他人和集体所接受，能与他人相互沟通和交往，人际关系协调和谐，在生活的集体中能融为一体，乐群性强，既能在与挚友团聚之时共享欢乐，也能在独处沉思之时无孤独之感。在与人相处时，积极的态度（如同情、友善、信任、尊敬等）总是多于消极的态度

(如猜疑、嫉妒、畏惧、敌视等)，因而在社会生活中具有较强的适应能力和较充足的安全感。一个心理不健康的人，总是独立于集体之外，与周围的环境和人格格不入。

(三) 心理行为符合年龄特征

人们在生命发展的不同年龄阶段，都有相对应的不同的心理行为表现，从而形成不同年龄阶段独特的心理行为模式。心理健康的人应具有与同年龄段大多数人相符合的心理行为特征，如果一个人的心理行为表现与同年龄阶段的其他人相比，存在明显的差异，一般就是心理不健康的表现。

(四) 了解自我，悦纳自我

一个心理健康的人能体验到自己存在的价值，既能了解自己，又能接受自己，具有自知之明，即对自己的能力、性格、情绪和优缺点都能给予恰当、客观的评价，对自己不会提出苛刻的过高期望与要求，为自己制定的生活目标和理想也能切合实际，因而对自己总是满意的。同时，努力发展自身潜能，即使对自己无法补救的缺陷，也能安然处之。一个心理不健康的人则缺乏自知之明，并且总是对自己不满意，由于所定的目标和理想不切实际，主观和客观的距离相差太远而总是自责、自怨、自卑，总是要求自己十全十美，而自己却又总是无法做到完美无缺，于是，就总是和自己过不去，结果使自己的心理状态永远无法平衡，也无法摆脱自己将会面临的心理危机。

(五) 面对和接受现实

心理健康的人能够面对现实，接受现实，并能够主动地去适应现实，进一步地改造现实，而不是逃避现实，对周围事物和环境能做出客观认识和评价，并能与现实环境保持良好的接触，既有高于现实的理想，又不会沉湎于不切实际的幻想与奢望中，对自己的能力有充分信心，对生活、学习、工作中的各种困难和挑战都能妥善处理。心理不健康的人，则往往以幻想代替现实，不敢面对现实，没有足够的勇气去接受现实的挑战，总是抱怨自己生不逢时，或责备社会环境对自己不公而怨天尤人，因而无法适应现实环境。

（六）能协调与控制情绪，心境良好

心理健康的人，其愉快、乐观、开朗、满意等积极情绪状态总是占据优势的，虽然也会有悲、忧、愁、怒等消极的情绪体验，但一般不会长久。他们能适当地控制自己的情绪，喜不狂，忧不绝，胜不骄，败不馁，谦虚不卑，自尊自重，在社会交往中既不妄自尊大也不畏缩恐惧，对于无法得到的东西不过于贪求，争取在社会规范允许范围内满足自己的各种要求，对自己能得到的一切感到满意，心境总是开朗的、乐观的。

（七）人格完整独立

心理健康的人，其人格结构包括气质、能力、性格以及理想、信念、动机、兴趣、人生观等各方面能平衡发展，其整体的精神面貌能够完整、协调、和谐地表现出来；其思考问题的方式是适中和合理的，待人接物能采取恰当灵活的态度，对外界刺激不会有偏激的情绪和行为反应，能够与步调合拍，也能与集体融为一体。

（八）热爱生活，乐于工作

心理健康的人珍惜和热爱生活，积极投身于生活，在生活中尽情享受人生的乐趣。他们在工作中尽可能地发挥自己的个性和聪明才智，并从工作的成果中获得满足和激励，把工作看作是乐趣而不是负担。他们能把工作过程中积累的各种有用的信息、知识和技能存贮起来，便于随时提取使用，以解决可能遇到的新问题；能够克服各种困难，使自己的行为更有效率，工作更有成效。

综上所述，心理健康的标准是多层次、多方面的，要科学、正确地判断一个人的心理是否健康，必须从多个角度进行考察，还要具体考虑到各个地区、各个民族，以及不同文化、不同国家的情况。

四、心理健康问题的判断与识别

（一）判断心理是否健康的原则

1. 人格的稳定性

人格是一个人在长期的生活过程中形成和发展起来的典型心理特征，

因此，人格是相对稳定的。同时，一个人稳定的人格又有别于其他人，具有独特性。在没有重大事故影响下，一般不会轻易改变。因此，我们可以通过判断一个人的人格是否稳定来看其心理是否健康。比如，一个内向、不善交际、很谨慎的人突然变得外向、不拘小节，这说明其心理可能出现了异常。

2. 心理与行为的统一性

一般来说，一个人的所思所想会通过其行为表现出来，即一个人自身的认识、情感、体验、意志等应与其自身的行为协调统一。这种心理与行为的统一性有利于个体进行正常的交往以及适应社会。如果一个人的心理与行为没有统一性，总是用微笑的表情掩盖内心的痛苦和悲伤，那么长此以往就会导致其心理出现异常。

3. 心理与环境的协调性

任何心理活动都是在一定的环境下发生的，心理健康的个体其心理活动的内容与环境具有协调性，即其心理活动是建立在真实的环境信息基础上的。如果一个人经常产生幻觉可能就有心理障碍了。心理与环境的协调统一是人们追求的目标，如社会适应良好、人际关系良好等。

（二）心理健康问题的诊断途径

说到心理健康问题，自然要涉及正常与异常心理的划分。判别一个人的心理活动是正常的还是异常的，并不是一件简单容易的事情，对心理正常与否的判断受许多主观因素和客观因素的影响，很难有一个公认的、统一的诊断标准。人们一般从以下四个角度来判别心理活动是否健康、正常。

1. 经验角度

人们可以依据过去的经验来判别心理是否正常。在这里有两种意义：一是指当事人根据自己的主观经验、内心体验判断。例如，他们自己感到心情不愉快、抑郁，不能自我控制自己的一些想法和行为等，因痛苦烦恼而主动寻求他人的帮助。二是指提供帮助者（通常是医生或咨询师）根据自己的经验来判断当事人是否有心理疾病。通过听取来访者及其陪同者的叙述，观察来访者言谈举止、神色形态并结合以往经验，咨询师就可以判断出来访者的心理健康状况。但是由于咨询师的经验背景、知识结构等存在着较大的个别差异，因此这种标准的主观性较强，不同咨询师凭借经验做出的诊断有可能不一致。

2. 社会规范角度

这是指在社会规范的基础上来衡量、判断个体的行为是否正常。作为一个社会性的个体，他的行为总是要符合社会准则，根据社会要求和道德规范行事，这样才能与生活环境协调一致，与他人和睦相处。这一标准是以个体行为的社会适应程度为出发点的。如果个体按照社会上大多数人的行为规范为人处世，符合社会常模，那么个体就是健康正常的。但是社会规范在不同时间、地点、文化背景、风俗习惯等条件的影响下，内容是不同的，因此从社会规范的角度来判断一个人的社会适应行为和能力是否正常，也必须随着影响条件的变化而发生改变，并非是一成不变的。

3. 临床标准

这一标准是医学工作者通常采用的。借助人眼和各种仪器设备，在疾病发生、发展过程中，从某个人身上发现常人不具有的异常心理现象或致病因素，这样就可以诊断为心理异常。但是心理异常现象往往是由多种因素导致的生理机能障碍或紊乱，某一单一的致病因素和症状往往难以对心理异常现象做出合理、恰当的解释。因此这一标准的应用范围比较狭窄，多对由明显的器质性病变引起的心理障碍或严重精神病的诊断比较有效，而对神经症、人格障碍等心理障碍的判别则不尽如人意。

4. 统计学标准

从统计学角度来说，对于一般人群而言，心理特征的人数频率多为正态分布，即居中的大多数人的心理活动为正常，居两端者被视为不正常。因此，判别一个人的心理正常与否，可以以他的心理特征是否偏离平均值为依据。在这里，心理异常的程度是人为划定的，是依据个体与社会上大多数人的心理特征平均值之间偏离的距离来决定的，因此这并不是一个绝对的标准。例如，某些心理特征并不一定成正态分布，如智力水平偏离普通人的平均值，可能是异常的、病态的，也可能是超常的、优秀的状态。

（三）心理行为问题的等级划分

从心理健康状态到心理疾病状态一般可分为五个等级：心理健康状

态、心理困扰、心理障碍、神经症、精神病。但是在这五个等级之间并不存在截然清晰的界限，心理从健康到不健康，是一种连续的状态，不能以正常与异常这种性质上的差异进行简单的划分，它是一个由量变到质变的渐进过程。

1. 心理困扰

日常生活中，人人都会遇到心理困扰，心理困扰在时间性方面有近期发生而不太可能持久的特点。引起心理问题的内容还没有泛化而只局限在引发事件本身；其反应强度不甚强烈，并没有严重影响思维逻辑性。如暂时性的婚姻家庭问题、情绪问题、人际关系问题、社会适应问题等。

心理困扰的特点是：

（1）时间短暂。持续时间较短，一般在一周以内就能得到缓解。

（2）损害轻微。心理困扰对个体社会功能影响比较小。处于这种心理状态的人一般都能完成日常工作和学习任务，只是主观体验到的愉快感小于痛苦感，“很累”“没劲”“不高兴”“应付”是他们常说的词汇。

（3）能自己调整。处于心理困扰的个体大部分能通过自我调整，如休息、聊天、运动、钓鱼、旅游等放松方式使自己的心理状态得到改善。少数人若长时间得不到缓解可能形成一种相对固定、持久的状态。这部分人应该去寻求心理医生的帮助，以尽快得到调整。

2. 心理障碍

心理障碍是指一种反应强度剧烈并严重影响个体思维逻辑的心理状态。其特点是初始反应强烈，如在暴怒情况下，出现强烈的非理性行为，冲动毁物；心理行为异常持续时间较长（一个月以上），心理负担长期难以克服；引起心理问题的内容充分泛化，如“一朝被蛇咬，十年怕井绳”。由于长期的精神折磨，个体有时伴有躯体化症状或人格上的问题，如心理生理障碍、退缩与攻击等。

心理障碍的特点具体表现为：

（1）不协调性。个体心理活动外在表现与其生理年龄不相称，或反应方式与常人不同。例如，成人表现出幼稚状态（停滞、延迟、退缩）；儿童出现成人行为（不均衡的超前发展）；对外界刺激的反应方式异常（偏离）；等等。

（2）针对性。处于这种心理状态的人往往对障碍对象（如敏感的事、物及环境等）有强烈的心理反应（包括思维、言语及动作行为），而对非障碍对象可能表现很正常。

（3）损害较大。心理障碍对个体的社会功能影响较大。它可能使当事人不能按常人标准完成某项（或某几项）社会功能。例如，社交焦虑（又名社交恐惧）者不能完成社交活动，锐器恐怖者不敢使用刀、剪，性心理障碍者难以与异性正常交往，考试焦虑者无法顺利地完成考试等。

（4）需求助于心理医生。心理障碍者大部分不能通过自我调整和非专业人员的帮助来解决根本问题，必须借助心理医生的指导和帮助。

3. 神经症

神经症是一组由不同亚型组成的轻度大脑功能失调的心理疾病总称。主要表现为精神活动能力降低，情绪波动与烦恼，主观躯体感受不适增加。但是，身体检查并不表现器质性病变基础。个体自知力良好，有主动求治的愿望，无精神病性症状。病前有一定遗传与人格基础，发病与精神应激因素或事件有关。病程时间不足 3 个月者诊断为神经症性反应。必须指出，不能将神经症视为精神病，应明确地将其与精神病区分开来。

临床分析，神经症有以下十项共同特点：

（1）发病通常与不良心理社会因素有关，所以称为“心因性疾病”。

（2）症状多种多样，但是客观检查未发现器质性病理改变证据。

（3）病人一般神志清晰（除癔症发作外），能够适应社会生活，能与外界保持较好接触，生活、学习和工作能力无严重障碍。

（4）对自己的疾病有较好的认识，并对疾病表示痛苦，要求治疗。

（5）心理治疗是基本治疗方式，配合药物和其他综合措施，治疗预后较好，大多数患者可望恢复健康。

（6）常以性格缺陷作为致病的内在基础。

（7）是一类功能性心理疾病，发病原因是高级神经活动功能失调。

（8）人格保持相对完整。

（9）精神障碍程度较轻，这一点与严重精神疾病有明显区别，故不能视为“精神病”。患者对自己的行为后果有责任能力，患病后不应剥夺法律保护权利。

（10）大多数神经症患者病程较短，如及时有效治疗，较易康复，少数呈迁延病程。医学上对神经症诊断要求：如病程为发作性，既往史至少应有类似发作一次；如为持续性，病程至少 3 个月。否则诊断为神经症性反应。神经症包括睡眠障碍、焦虑症、抑郁症、强迫症、疑病症、恐惧症等不同的类型。

4. 精神病或严重精神病

所谓精神病或严重精神病的定义是：精神功能严重受损，疾病自知能力障碍，不能应付日常生活要求和保持现实的适应接触，造成本人对其生活环境的严重影响或危害。

具体分析，精神病具有以下共同特点：

（1）精神紊乱程度较重，精神功能损害较重，明显影响本人社会功能水平（学习、工作、生活和社会适应能力）；可能对社会环境造成严重影响或危害。简言之，精神病具有涉及精神活动各领域的较严重精神病性特征和表现。

（2）除部分器质性精神病（脑萎缩、脑血管病、眼外伤、脑肿瘤、脑部炎症等）以外，多数严重精神疾病的病因欠明，诊断依据主要依靠精神检查和临床的综合分析。治疗方法是有针对性的，并非有根治性，容易复发，病期较长，常呈慢性迁延性病程，即经常发展成慢性病。

（3）心理因素不明显或无明显的相关性。有一定的家族遗传倾向。

（4）患者常缺乏自知力，无法正确判断自己疾病的性质及其严重性，并不积极要求医治，常讳医忌药，增加诊治和管理的困难性。应该指出，缺乏病感和自知力常成为精神病的重要特点之一。

（5）常需要专业性抗精神病药物治疗和其他强力的医疗措施，心理治疗效果欠佳或仅起辅助作用，也难以用常理说服、纠正其心理行为方面的方法给予治疗。

（四）DSM-Ⅴ美国精神疾病诊断标准

美国精神病学会将精神障碍定义为：精神障碍是一种综合征，其特征表现为个体的认知、情绪调节或行为方面有临床意义的功能紊乱，它反映了精神功能潜在的心理、生物或发展过程中的异常。精神障碍通常与社交、职业或其他重要活动中显著的痛苦或伤残有关。

美国精神病学会从1952年起制定《精神障碍诊断与统计手册》（*Diagnostic and Statistical Manual of Mental Disorders*，简称DSM），经过多次修订，2013年5月正式出版了DSM-Ⅴ。该手册是在美国和其他国家中最常用的诊断精神疾病的指导手册。

DSM-Ⅴ将精神疾病分成以下22类：

（1）精神发育障碍。

（2）精神分裂症谱系及其他精神病性障碍。

（3）双相及相关障碍。

（4）抑郁障碍。

（5）焦虑障碍。

（6）强迫及相关障碍。

（7）创伤及应激相关障碍。

（8）分离障碍。

（9）躯体症状及相关障碍。

（10）喂食及进食障碍。

（11）排泄障碍。

（12）睡眠-觉醒障碍。

（13）性功能失调。

（14）性别烦躁。

（15）破坏性、冲动控制及品行障碍。

（16）物质相关及成瘾障碍。

（17）神经认知障碍。

（18）人格障碍。

（19）性欲倒错障碍。

（20）其他精神障碍。

（21）药物所致的运动障碍及其他不良反应。

（22）可能成为临床关注焦点的其他状况。

儿童青少年心理健康的标准

一、能够正确认识和悦纳自我

一个人对自己的认识与自己的实际情况越相符，就越有利于适应环境，这也表明其心理处在正常健康的状态。心理健康的儿童青少年能够有正确的自我观念。每个人都有自己的长处和不足，心理健康的儿童青少年能接受自己，了解自己，有自知之明，即对自己的知识、能力水平、性格的优缺点能做出恰当、客观的评价。因而他们既不会盲目自满，也不会盲目自卑。他们会根据自己的实际情况确定生活目标，对个人的前途、未来充满信心，热爱生活，乐于学习。心理健康的儿童青少年也能体验到自己存在的价值，能悦纳自己，对人生、未来抱有乐观的态度。

二、能有效调节和控制自己的情绪

儿童青少年的情绪调节能力虽然还在不断发展变化之中，但是他们已经具备了基本的情绪调节和控制能力。因此，心理健康的儿童青少年能够对外界刺激进行合理适度的反应，该大喜则大喜，该小愠则小愠。他们的积极情绪（愉快、满意、高兴等）应多于消极情绪（痛苦、不满、悲伤等）。同时，心理健康的儿童青少年也能够正确理解和表达自己的情绪，能够有效地管理自己的情绪，具有情绪调节能力。

三、对挫折有承受力，具有正常的自我防御机制

个体在活动过程中遇到障碍或干扰，使其需要得不到满足，在心理学上称为挫折。心理健康的儿童青少年遇到挫折时，会不自觉地运用到一些自我防御的方法将由于需要得不到满足而产生的内心紧张消除掉，从而表现出对挫折有较好的耐受力；相反，如果因为小问题、小挫折而焦虑不安，烦闷异常，或暴跳如雷，则表明其心理承受力极低，处于不健康状态。在挫折面前，儿童青少年要能随环境的变化做出适当调整。在行动或

活动中，不是害怕困难、知难就退或半途而废，而是表现出一定的坚持性、毅力，在对自己的心理与行为的调节、控制方面有一定的自制能力。

四、行为方式符合年龄特征和角色要求

发展过程中的儿童青少年其行为方式要符合自己的年龄特征，即心理健康的儿童青少年其心理年龄与生理年龄相符。同时，社会规范和社会角色也对人的行为有着一定的约束作用，心理健康的儿童青少年的行为方式符合社会规范的要求。学生是儿童青少年的主要角色，心理健康的儿童青少年能够进行正常的学习，形成良好的学习习惯，能从学习中获得满足感，能在学习中增进体脑发展。

五、拥有良好的人际关系

人际交往是人的一种正常需求与行为，心理健康的人乐于与人交往，并通过交往形成各种良好人际关系。正常的交往与良好人际关系的建立常常会给人带来满足感、归属感和安全感，个人常常能维持正常的生活、学习和工作，会减少或避免一些心身疾病。心理健康的儿童青少年对人真诚、宽容，能够与他人进行较好的沟通和交往，具有良好的师生关系、亲子关系和同伴关系。

六、具有统一完整的健康人格

人格结构包括气质、能力、性格、理想、信念、需要、动机、兴趣等各个方面。心理健康的人格是统一的，因此行为表现出一贯性和统一性。如果人格缺乏统一性，则行为表现出不连贯性，时而这样，时而那样，变化无常甚至自相矛盾，心理学上称之为双重人格或多重人格。虽然儿童青少年的人格还处于发展之中，但健康的个体已经具有较为完整、和谐的人格了。

链接：积极期待的作用

将一只大白鼠丢入一个装了水的器皿中，它会拼命地挣扎求生，而一般维持的时间是 8 分钟左右。然后，在同样的器皿中放入另外一只大白鼠，在它挣扎了 5 分钟左右的时候，放入一个可以让它爬出器皿的跳板，这一只大白鼠得以活下来。

若干天后，再将这只大难不死的大白鼠放入同样的器皿，结果真的令人吃惊：这只大白鼠竟然可以坚持 24 分钟，这是 3 倍于一般情况下能够坚持的时间。

积极心理认为：前面的一只大白鼠因为没有逃生的经验，它只能凭自己本来的体力挣扎求生；而有过逃生经验的大白鼠却多了一种精神的力量，它相信在某一时刻，一个跳板会救它出去，这使得它能够坚持更长的时间。是这种积极期待的作用使小白鼠具有了强大的精神力量，使它存活的时间更长了。

第 3 章

流动儿童的学校心理健康教育

一封写给老师的信

王老师：

您好！听说您是一位非常了解学生所思所想的知心老师。同学们总爱把自己的困惑告诉您，请求您的帮助，而您总能给他们满意的答复。现在，我也想向您请教一个问题，请您给我指点一下，行吗？

您知道，每一个学生都渴望自己不断进步，快快成长。但是，现在小学都快毕业了，我还觉得自己一直没有太大的变化。现在我觉得自己还是与班上当地的学生不一样，说话还有口音，成绩也不太好。那么，王老师，我应该怎样才能够不断地改正这些缺点呢？我想做一个不断发展、不断进步的人，希望能够在快乐中成长，我该怎么办？

谢谢老师！期望您的回复！

学生：李小萌

正如上面这封信提到的，流动儿童在学校中可能会有很多困惑。学校教育如何有效提高这部分儿童的心理素质，提高其心理健康水平，对其健康成长是非常重要的。本章将从学校教育的角度，介绍如何针对流动儿童开展有效的心理健康教育工作。

流动儿童学校心理健康教育的目标

一、学校心理健康教育的总目标

培养身心健康发展的高素质人才是学校教育的根本目标，开展学校心理健康教育是实现这一目标的途径。为了适应中小学心理健康教育工作的需要，我国教育部 2002 年印发了《中小学心理健康教育指导纲要》，并于 2012 年修订，其中明确规定了我国中小学心理健康教育的目标与任务。开展心理健康教育的总目标是：提高全体学生的心理素质，培养他们积极乐观、健康向上的心理品质，充分开发他们的心理潜能，促进学生身心和谐可持续发展，为他们健康成长和幸福生活奠定基础。心理健康教育的具体目标是：使学生学会学习和生活，正确认识自我，提高自主自助和自我教育能力，增强调控情绪、承受挫折、适应环境的能力，培养学生健全的人格和良好的个性心理品质；对有心理困扰或心理问题的学生，进行科学有效的心理辅导，及时给予必要的危机干预，提高其心理健康水平。

实际上，要实现上述心理健康教育的目标，不仅需要学校精心设计心理健康教育活动、学生密切配合学校工作，也需要家庭和社会共同做出努力，为学生营造一个良好的身心发展环境。

二、流动儿童学校心理健康教育的重要目标

相较于自己的父母，流动儿童来到城市后，他们更容易融入城市生活，他们的言谈、举止、穿戴和爱好很容易城市化。尤其是进入学校的儿童，他们的知识丰富了，视野开阔了，更容易接受城市的许多新观念、新事物。但是流动儿童由于其家庭背景的特殊性以及自身的特殊经历，在融入城市的过程中，也滋生了一些特殊的心理问题。因此，在针对流动儿童开展心理健康教育时，还需要着重强调一些针对流动儿童的重要心理健康教育目标。

（一）塑造流动儿童自尊、自信的良好个性特征

流动儿童处在比较弱势的地位，研究发现他们受到的不公平待遇以及歧视要比城市中的其他儿童更多一些，同时流动儿童知觉到的歧视又会显

著影响他们的心理健康水平。研究发现，自尊在歧视知觉和心理健康之间起到了显著的部分中介作用。因此，在这种大的社会环境和背景下，塑造流动儿童自尊、自信的良好个性特征就显得尤为重要。形成积极健康的自我观念，可以为流动儿童未来成功的人生奠定坚实的基础。当个体能够对自己持一种积极态度时，就不会因为遇到了一些不公平待遇而自暴自弃或者感到自卑了，这样更有利于流动儿童身心健康地发展。

（二）改善流动儿童的学业状况

流动儿童的教育问题和学业问题一直备受人们的关注。一些流动儿童与城市儿童相比，学习基础差、底子薄，学业状况不佳。流动儿童对学习缺乏兴趣、厌学、成绩落后现象较为严重。因此，改善流动儿童不良的学业状况也是开展流动儿童心理健康教育的目标之一。具体来说，要改善流动儿童的学业状况，需要从改善家庭教育功能、改善就学条件、提高流动儿童学习兴趣、改进流动儿童学习方法、提高流动儿童学业成绩等几个方面着手。

（三）改善流动儿童的不良情绪

对流动儿童的研究表明，与城市儿童相比，流动儿童的孤独感、焦虑感、恐惧感和自卑感较强。因此，改善流动儿童的不良情绪，让流动儿童掌握情绪调节的方法和策略也是流动儿童学校心理健康教育的重要目标。

（四）减少流动儿童的行为问题

研究表明，有些流动儿童小时候并没有在父母身边生活，而是隔代抚养。年老的长辈并没有帮他们养成良好的行为习惯。到了城市之后，这些不良行为习惯严重影响了他们正常的同伴交往，他们会因此而受到同伴的排斥和歧视。因此，流动儿童需要改掉自身的一些不良行为习惯，养成良好的行为习惯。此外，有些流动儿童由于父母疏于管教，行为规范意识和法律意识不强，出现了一些偏差行为。在对流动儿童开展心理健康教育的时候，也要把减少流动儿童的不良行为作为工作的一个目标。

（五）增强流动儿童的社会融入度

从农村来到城市，面对新的环境、新的伙伴、新的学习任务，流动儿童往往无所适从。我国多位学者通过调查发现，流动儿童的社会融入度较差。因此，在流动儿童的心理健康教育方面，增强流动儿童的社会适应性，提高其社会融入程度是一个十分关键的问题，这也是针对流动儿童开展心理健康教育的最根本目标。

流动儿童学校心理健康教育的原则

一、学校心理健康教育的基本原则

在《中小学心理健康教育指导纲要》(2012 年修订) 中还明确指出了开展心理健康教育必须坚持的原则：——坚持科学性与实效性相结合。要根据学生身心发展的规律和特点及心理健康教育的规律，科学开展心理健康教育，注重心理健康教育的实践性与实效性，切实提高学生心理素质和心理健康水平。——坚持发展、预防和危机干预相结合。要立足教育和发展，培养学生积极心理品质，挖掘他们的心理潜能，注重预防和解决发展过程中的心理行为问题，在应急和突发事件中及时进行危机干预。——坚持面向全体学生和关注个别差异相结合。全体教师都要树立心理健康教育意识，尊重学生，平等对待学生，注重教育方式方法，关注个别差异，根据不同学生的特点和需要开展心理健康教育和辅导。——坚持教师的主导性与学生的主体性相结合。要在教师的教育指导下，充分发挥和调动学生的主体性，引导学生积极主动关注自身心理健康，培养学生自主自助维护自身心理健康的意识和能力。

二、流动儿童学校心理健康教育的特殊原则

(一) 保护流动儿童的自尊心

流动儿童与城市儿童在很多方面存在差异。这样很容易导致流动儿童形成自卑和低自尊的心理。因此，在开展流动儿童心理健康教育的时候，要特别注意维护流动儿童的自尊。尤其是在课堂教学中开展互动时，要特别注意保护那些内向、胆小的流动儿童的自尊心。比如，一般在课堂讨论中，流动儿童很少主动参与到讨论中，老师这个时候就可以走到流动儿童

身旁，轻轻地问问他们的想法，这样他们就会主动参与到讨论中了。

（二）给流动儿童更多的关爱

相比留守儿童，流动儿童非常幸运地可以得到父母更多的关心和照顾。但是，在学校和社会中，流动儿童却经常感受到同学、老师和社会上其他人员的歧视。因此，相比于其他儿童来说，对流动儿童需要在心理健康教育过程中坚持更多的关爱原则。比如，通过各种活动，让流动儿童认识到社会上大多数人能够平等对待他们，党和政府也十分关心和关注他们的入学、成长和就业问题。坚持这一原则的目的是让温暖的爱来融化隔阂，让流动儿童敢于主动融入社会。

（三）坚持整体性原则

为了促进流动儿童的全面发展，流动儿童的学校心理健康教育应坚持整体性原则，即不仅要把流动儿童的各方面心理活动有机联系起来，注重知、情、意、行与个性的协同发展，而且要与流动儿童学业成绩的提高、良好行为习惯的养成、社会融入程度的提高结合起来，促进流动儿童的全面发展。

（四）关注个体差异的原则

心理健康教育的总原则强调要将坚持面向全体学生和关注个别差异相结合，这一原则对于开展流动儿童学校心理健康教育显得尤为重要。流动儿童与城市定居儿童不同，他们从全国各地来到同一座城市，之前他们的教育背景、家庭成长环境、生活习惯都不相同，这给开展学校心理健康教育带来了难度，也提出了更高的要求。因此，在针对流动儿童开展心理健康教育工作时，更需要教师细心地尊重他们的个体差异，找到每个个体心理问题背后的真正原因。学校要针对每名流动儿童的心理特点和个性差异区别对待，有的放矢，使每名流动儿童的问题都能得到解决，使每位学生都能按照不同条件得到相应的发展。

（五）坚持学校—家庭—社会相结合的原则

流动儿童的心理健康问题有多方面的原因，其中家庭和社会是导致其产生心理问题的主要因素之一。为此，要解决流动儿童的心理健康问题，提高其心理健康水平，必须坚持学校—家庭—社会相结合的原则。比如，学校可以定期召开流动儿童家长会，开办流动儿童家长学校。同时，为了改善打工子弟学校的师资力量不足以及教学质量不高的情况，可以充分发挥大学生支教志愿者的作用。这些大学生支教志愿者不仅可以提供文化课的讲授，而且可以提供一些音、体、美的教育。这样可以解决打工子弟学校的实际教育教学困难，同时，也可以充分发挥热心的社会工作者的作用。在我国，流动儿童的问题也受到了很多社会工作者的关注，他们往往以自己的专业优势进入流动儿童生活中，帮助流动儿童克服各方面的困难，促进其身心健康发展。因此，在学校心理健康教育中，可以充分发挥社会工作者的作用，共同促进流动儿童健康发展。我国学者童敏通过研究发现，社会工作者在指导学习逆境中的流动儿童克服学习困难过程中，非常关注学习逆境中的流动儿童与学校教师间的互动，特别是与班主任之间的沟通交流。他们会把学校老师的肯定意见转告给流动儿童，或者把流动儿童的进步反映给学校老师，或者在服务活动中运用学校教师的影响力布置学习任务，或者制作“家校联系表”等。通过这些方式，社会工作者加强了流动儿童与老师之间的沟通交流，让流动儿童及时了解学校老师的肯定和要求，也让学校老师及时发现了流动儿童的进步和优点。显然，社会工作者的这些工作有利于流动儿童的学业进步和健康成长。

此外，一些流动儿童居住的社区条件也不利于其身心健康发展。为了给这些儿童提供正常发展的空间环境，学校也可以结合流动儿童的居住社区共同开展一些流动儿童的心理健康教育工作。比如，开展一些心理健康知识的科普宣传工作，给家长开设一些子女教育的公益讲座等。

流动儿童学校心理健康教育的内容

一、普及心理健康知识

从流动儿童现象出现至今，我国研究者着重关注的大多是流动儿童的受教育权利以及社会融入的问题，而仅有少量的研究者和实践者关注了流动儿童的心理健康问题。但随着教育问题的逐渐解决，流动儿童的身心健康问题必将逐渐浮出水面。流动儿童也是祖国的花朵，他们的心灵也需要呵护。因此，流动儿童的学校心理健康教育的第一项内容就是要为流动儿童以及流动儿童的家长普及心理健康知识，提高其心理健康意识；要让流动儿童和流动儿童家长了解心理健康的标准是什么，什么时候需要进行心理调适，以及如何进行心理调适；也要让流动儿童知道，当他们不能自己解决心理问题时，该去哪里、找谁来帮助自己。因此，无论是在流动儿童所在的公立学校，还是在打工子弟学校，都应该增强对流动儿童的心理健康教育。

二、流动儿童自我发展方面的心理健康教育

儿童青少年时期是自我意识发展的关键时期，能够正确认识自我和评价自我，形成自尊、自信、自爱、自立的性格对个体的发展是终身有益的。然而由于种种原因，流动儿童往往会比城市儿童更加缺乏自信，他们的自尊心也较低。因此，针对流动儿童的自我特点，要开展好流动儿童自我发展方面的心理健康教育工作，着力提高流动儿童的心理健康水平。

（一）挖掘流动儿童的优点

在与儿童的沟通中具有丰富经验的教师，不仅会关注儿童的成绩，也会尽可能发挥流动儿童的长处，让他们体会到自己的优势。比如有的班主任抓住流动儿童爱劳动、有责任心的特点，会让他们担任班里的劳动小组长，负责教室的卫生工作，并且在全班同学面前表扬他们。这样，渐渐地这些流动儿童也得到了全班同学的喜爱，同学们在各个方面也更愿意帮助这些流动儿童，随之，他们在学习方面也会有所进步。

（二）使流动儿童正确认识自己

所谓自我认识就是对自己存在的觉察，即认识自己的一切，包括自己的生理状况、心理特征、自身能力以及自己与他人的关系等。通过与城市同学比较，流动儿童经常会感到自卑。特别是当受到周围同学的嘲笑和讥讽时，他们的这种自卑心理就更强烈。因此，学会正确认识和评价自己，是对流动儿童开展心理健康教育的重要内容之一。首先，要让流动儿童学会从自我评价和外界评价中全面、客观地评价自己。看到自己的优点和不

足，不高估自己，也不低估自己。其次，要让流动儿童不仅学会与周围同学比较，也要学会与自己的过去比较，看到自己的变化，学会欣赏自己的优点，接纳自己的短处。最后，让流动儿童认识到理想自我与现实自我的差距，帮助他们树立正确的目标，让他们更好地获得自我认同感。

（三）培养流动儿童自立、自信、自尊、自强的个性特征

良好的个性特征是一个人人生成功的关键所在。由于流动儿童特殊的经历，他们中有很大一部分人的个性特征存在一些问题，如自尊心较弱等。而自尊心较弱又会带来一些其他问题，自尊在流动儿童的歧视知觉和心理健康水平之间以及应对方式和心理健康水平之间起到了中介作用。因此，开展流动儿童的心理健康教育，其主要目标就是要增强流动儿童的自尊心和自信心，提高其自强、自立的品质，从而形成积极的自我认识。自立、自信、自尊和自强的品质是非常重要的自我品质，具备这些品质的流动儿童能够更好地面对社会、面对现实，也更容易付出更多的努力，为自己赢得一个完美的人生。

三、流动儿童学业状况的心理健康教育

当流动儿童随父母来到城市后，面对新的学习环境、新的教学方式、新的教学内容可能会有种种心理不适，甚至可能导致成绩低下。因此，改善流动儿童的学习状况是提高其心理健康水平的一个重要内容。

（一）提高流动儿童的学习兴趣

由于成绩差，一部分流动儿童的厌学情绪严重，而厌学又会进一步带来成绩低下、同伴关系差等问题。因此，提高流动儿童的学习兴趣，增加其积极学业情绪是非常重要的。积极学业情绪对学业有显著的正向预测作用，消极学业情绪对学业有负向预测作用。所以，改善流动儿童的厌学情绪能促进其学业成绩的提高。要想改变流动儿童的厌学状况，首先要明确流动儿童的学习目的。儿童青少年这一时期如果没有明确的目标，或者不能将未来的生活目标与学习相联系，他们就会对学习失去动力。因此，学校老师要利用各种机会帮助流动儿童明确自己的人生目标，明确自己的学习目的。可以采用不同的形式，如以讲座、主题班会等形式对流动儿童进

行学习目的性教育，使他们确立一个明确的志向。其次，要创造条件让流动儿童在学业上体验到成功。虽然一些流动儿童学习基础较差，但是他们的智力水平其实与正常儿童没有本质区别。因此，流动儿童的老师也一定要对流动儿童充满信心，鼓励他们好好学习，让他们有机会和条件体验学习的成功感，这样流动儿童慢慢地也就会对学习产生兴趣了。对于基础较差的学生，还需要各科老师相互配合，多付出一些时间和精力来帮助他们。而千万不能因为流动儿童终究要流动走，他们的成绩不计入工作量或者考核，而对他们放任自流。这样做不仅误人子弟，而且也有悖于为人师表的职业道德。最后，教师要改变教育方法，培养儿童的学习兴趣。苏霍姆林斯基认为，教师在课堂上精神饱满和乐观愉快的语调，可以激起学生学习的愿望和提高学生的学习成绩。因此，教师应在教法上经常改进，刻意求新，让学生时常有一种新鲜感。这样会有利于学生提高自己对老师的认可度，进而会提高流动儿童对学业的兴趣。

（二）培养流动儿童的良好学习习惯

幼儿阶段是培养儿童良好习惯的关键时期，但是对于流动儿童来说，这一阶段他们或者在老家还是留守儿童，或者在父母身边，但是繁忙的父母根本没有时间训练他们养成好的习惯。尤其是一些流动儿童，因为家庭经济条件有限，学前阶段没有接受过幼儿教育，所以他们没有养成良好的学习习惯。因此，在小学阶段，培养流动儿童的良好学习习惯也是非常关键的。首先，班主任老师要有足够的耐心和信心指导流动儿童养成按时完成作业、上课认真听讲、积极举手发言等良好的学习习惯。其次，要让流动儿童养成勤于思考、善于动脑的良好习惯。再次，大量阅读对学习有所裨益。但是研究表明，流动儿童的阅读数量比城市儿童少，与城市儿童相比，他们在阅读过程中也没有养成做笔记这一良好习惯，流动儿童家中的藏书量也远远低于城市儿童。基于这些问题，培养流动儿童良好的阅读习惯也是非常重要的。最后，由于一些流动儿童比较内向，到了新环境不能马上适应，因此，还要让流动儿童养成主动寻求帮助的习惯，培养勤学多问的精神。这样当他们在学习上有问题的时候，能够及时找同学和老师求助，不仅可以弥补家长文化水平低、不能辅导他们的不足，也可以让他们随时化解学习上的问题，而不会让问题日积月累，最终导致成绩越来越差。

（三）改进流动儿童的学习方法

根据儿童认知发展的特点，小学这一阶段重点在于培养流动儿童的元认知能力，中学阶段则应该重点培养流动儿童的逻辑思维能力和问题解决能力。当流动儿童从农村来到城市之后，他们面对新的学习任务和学习课程，也可能需要改进自己原来的学习方法。改进学习方法可以提高流动儿童的学习效率，提高其学业成绩，进而提高其自信心。因此，让流动儿童掌握科学的学习方法和策略也是开展流动儿童心理健康工作的内容之一。

（四）提高流动儿童的学业成绩

研究表明，流动儿童的成绩普遍低于城市儿童，并因此导致一部分流动儿童失学。如果能够提高流动儿童的学业成绩，不仅有助于解决流动儿童失学率、辍学率高的问题，也有助于解决其因成绩差而受到同学、老师歧视的问题。因此，在开展心理健康教育时，要通过调整学生归因、改进其学习方法、提高其学业努力程度等方法，来提高流动儿童的学业成绩。

（五）缓解流动儿童的学业焦虑

学业焦虑是困扰很多流动儿童的学习问题。学业焦虑可以带来一系列身心反应，如肌肉紧张、心跳加速、血压升高、出汗、无助感、担忧、自我否定、头疼、无法集中注意力、思维阻滞等。流动儿童产生学业焦虑主要是因为学习基础差，父母期望高，担心自己不能达到父母的要求而产生了过大的压力，当这些压力超过流动儿童的心理负荷时，他们就会产生焦虑情绪。在开展流动儿童心理健康教育的过程中，要想缓解流动儿童的学业焦虑，首先要降低儿童自己对自己的高期望，端正他们对学习的认识，不要把考试分数看得过重。其次要帮助流动儿童给自己设立合适的学业目标，鼓励他们树立起学习的自信心。最后，要帮助流动儿童提高学习效率，注意劳逸结合，让流动儿童学会多感官学习，全面用脑。当流动儿童的学业焦虑状况缓解后，他们的学习效率也会进一步提高。

四、流动儿童问题行为方面的心理健康教育

（一）培养流动儿童良好的卫生与行为习惯

流动儿童的父母工作繁忙，文化水平低，导致家庭教育的不足。一些流动儿童行为习惯较差，通过习惯和行为方式养成的训练，对流动儿童进行引导和培训，可以提升流动儿童的精神面貌，也可以增强其自信心。与城市相比，一些农村地区的生活条件和卫生条件要差一些。因此，一些流动儿童刚刚来到城市的时候，并没有养成良好的卫生习惯。比如，不知道勤剪指甲、勤洗澡等。这样不仅不利于他们个人的健康成长，也会使他们更不受同学的欢迎。因此，养成良好的卫生习惯也是开展流动儿童心理健康工作的内容。要让流动儿童养成饭前便后洗手、勤剪指甲、勤洗澡、勤换衣、早晚洗脸刷牙等良好的卫生习惯。当流动儿童以整洁、干净的形象出现在城市儿童面前时，他们的自尊心和自信心就会得到提升，也会更加受到同学的喜爱。不良的行为习惯一旦养成，就很难改变。而习惯是在一定时间内逐渐养成的，培养良好的行为习惯会让流动儿童终身受益。微笑是我们的语言，文明是我们的信念。因此，让流动儿童养成文明有礼、遵纪守法、诚实守信的良好行为习惯会使他们更快地融入新的环境，提升他们进入城市的融入度。

常州蓝天实验学校在这方面曾经开展过很好的工作，值得其他学校学习和借鉴。该校95%以上的学生是流动儿童，来自全国17个省市。在道德教育方面，该校教育学生在学习中学会倾听、学会合作，在公共场所不高声喧哗、不影响他人，使学生从小明白，遵纪守法、维护公共秩序的实质就是为了保护自身和他人的利益；在家庭生活里，要求学生为父母分忧、不让父母操心，“心中有他人”先从“心中有父母”做起。该校还十分注重让学生养成良好的学习习惯、卫生习惯和读书习惯。

（二）减少流动儿童违纪行为和偏差行为

流动儿童的心理行为问题更多的是表现在违反学校纪律方面，特别是一些学习基础较差的流动儿童，经常课堂纪律也不好，比如会迟到，或者上课说闲话、下座位、搞恶作剧等。流动儿童违纪除了有性格上的问题之

外，还有的是因其合理需要没有得到满足，或者是缺乏基本的社会认知技能。通常违纪的流动儿童没有在班级中找到自己的位置，缺乏归属感，为了获得同学和老师的注意，他们可能会故意制造一些事端引起老师和同学的关注。而缺乏社会认知技能的儿童则不知道如何正常地表达自己的愿望和需求，不懂得人际交往的技巧。

流动儿童的违纪行为不仅影响其自身的学业和人际交往，而且也会干扰其他同学的正常学习和生活。因此，流动儿童的学校心理健康教育也要减少其违纪行为。首先，老师可以给流动儿童制定明确的课堂规则和秩序，让其了解哪些是自己在课堂上可以做的，哪些是自己在课堂上不能做的。其次，老师要敏感于学生的需要，创造一个尊重学生需要的校园环境，让学生的合理心理需要如归属感、自尊的需要能够在班级中得到满足。最后，老师要培养学生的社会认知技能，比如如何正确处理冲突与挫折情境。当学生面临人际冲突，无法取得一致意见时，可以建议他们运用如下八种方式来处理问题：（1）分享（我们一起来做）；（2）轮换（这回按照你的方法做，下回按照我的方法做）；（3）妥协（有所失必有所得）；（4）概率（投掷硬币来决定）；（5）外援（请教老师或同学）；（6）推迟（等双方冷静下来再解决）；（7）回避（双方保留不同意见，彼此尊重）；（8）幽默（以夸大或幽默方式予以化解）。减少流动儿童的偏差行为，重在通过干预，防患于未然，预防偏差行为的出现。

此外，流动儿童在社会适应过程中，有时会因为受到歧视和不公平待遇而滋生逆反心理，从而产生偏差行为，甚至做出违法犯罪的事情来。减少流动儿童的偏差行为不仅关系到其自身健康发展，也关系到整个社会的安定团结。特别是近年来，流动儿童和青少年犯罪比例激增，他们的犯罪行为主要集中在抢劫、故意杀人、故意伤害、寻衅滋事和强奸等暴力犯罪上，以共同犯罪为主，原因较集中于过度追求物质享受，犯罪时盲目性较强。专家认为，这些流动人口犯罪率上升，有一个重要的原因就是他们很难获得对城市的“文化认同”并存在社会融入问题。这些“二代移民”相比于父辈，更喜欢做横向比较，在比较中他们感受到了强烈的不公平感，导致了自卑、怨恨等心理。因此，为了减少流动儿童的偏差行为，最好从小就让孩子能够到公立学校接受主流价值观教育，解决他们的文化认同问题，提高其社会融入度。同时要注意减少家庭暴力和溺爱，给孩子提供一个良好的生存环境。

五、流动儿童社会适应方面的心理健康教育

据调查，流动儿童将来更有可能留在城市中生活，处在夹缝中的流动儿童能否很好地融入社会，不仅关系到流动儿童自身的身心健康问题，而且也会关系到社会、国家的安定和团结。因此，提高流动儿童的社会融入度，减少其逆反和反社会心理非常重要。

（一）掌握情绪调节的方法

流动儿童的情绪问题比较严重，他们往往比一般儿童有更多的孤独感、焦虑感和恐惧感，因此，掌握适当的情绪调节方法有利于流动儿童的身心健康发展。针对流动儿童孤独感较高的问题，可以多提供一些流动儿童与其他同学一起合作的活动，让他们更多地感受到集体的温暖。对于焦虑感和恐惧感较多的流动儿童，可以通过放松训练等方式减轻其不良情绪。此外，也可以通过开设专门的心理辅导课程或者讲座，专门教授给流动儿童一些情绪调节方法。例如，对于年龄小的流动儿童，可以让他们学习如何正确识别、理解和表达情绪；对于年龄大一些的流动儿童，可以教给他们调节情绪的具体方法，比如深呼吸放松法、运动法、宣泄法、认知调节法等。

（二）提高抗挫折能力

涉世未深的流动儿童虽然进入城市的时间不久，但是他们可能已经经受了学业失败、同学嘲笑、老师不公平对待等一系列挫折。流动儿童的很多心理问题，涉及家庭、同伴、老师、社会等多方面的因素。提高流动儿童的心理健康水平，最好的方法是能够各方面齐心合力改善流动儿童发展的心理环境。但是，实现这种理想状态需要一定的时间和过程，因此改善流动儿童的心理健康水平，更为重要的是提高流动儿童自身的抗挫折能力。要让流动儿童认识到，任何人的人生道路都不可能是一帆风顺的，要帮助他们树立自信心，不因偶尔的歧视和不公平就自暴自弃，而是要充满

信心地面对生活，面对未来，要相信社会上大多数人都是公平公正的，国家对流动人口的政策也会越来越好。因此要通过各种挫折情境，开展多种活动进行挫折教育。同时，也要教会流动儿童一些积极应对挫折的策略，使学生能够以平和的心态看待社会和他人，不断努力去完善自我，以提高别人对自己的认识。

（三）改善人际关系

首先，要建立良好的师生关系。良好的师生关系对于流动儿童来说有着非常重要的意义。因为家庭教育的缺失，流动儿童的学校教育就显得尤为重要。但一部分流动儿童对公立学校中的老师具有恐惧心理，上课不敢发言，也不敢主动问老师问题，甚至一部分学生把自己与老师的关系比喻成了老鼠和猫的关系。因此，让流动儿童打开心扉、与老师建立良好的沟通关系可以让他们更加顺利地健康成长，也有利于他们的心理健康。

其次，要建立良好的同伴关系。良好的同伴关系对于青少年儿童的发展有着至关重要的作用。若经常被同伴拒绝，他们则容易表现出较高的孤独感。现有研究已经发现，流动儿童经常转学，不容易与同学建立起亲密的同伴关系，他们的孤独感水平较其他儿童要更高一些。此外，流动儿童的问题行为与受到较少的社会支持有关。研究发现，即使流动儿童经历了较多的消极生活事件，只要社会、学校和家庭能够给予流动儿童足够的支持，当他们能够感受和使用这些支持时，就会减少内化和外化的行为问题。社会支持在儿童的社会适应过程中有重要作用。研究发现，良好的社会支持不仅可以缓解儿童的抑郁、焦虑等内向性情绪问题，还可以减少一些外向性问题行为，如打架、逃学等违纪行为，以及吸烟、酗酒等危害健康的行为。给流动儿童提供良好的社会支持有利于降低其学习适应不良，减少其违纪、退缩行为。因此，流动儿童心理社会适应方面的心理健康教育重在帮助流动儿童建立和谐的人际关系，增强社会支持。流动儿童的学校心理健康教育应该更加注重帮助流动儿童建立良好的同伴关系，增强其社会支持。当流动儿童转入一所新学校，进入一个新班级的时候，老师要多创造流动儿童与同学交往的机会，让流动儿童尽快融入新的班集体。

（四）提高社会融合程度

流动儿童来到城市之后，最大的问题就是社会融合问题。因此，改善流动儿童心理问题，提高其心理素质，最重要的就是提高其社会适应性。流动儿童的社会融合不仅具有代际传承性，而且在控制了家庭背景这一变量后发现，学校仍对其社会融合程度有影响。所以做好这方面的工作，也需要学校和社会为流动儿童创设更多的机会，让其少遭遇不公平待遇和歧视。同时，更为重要的是要让流动儿童看到党和政府对流动人口做出的积极努力，看到大多数人对流动儿童持有的正确态度。还可以通过开展一些活动，让流动儿童主动地去适应城市生活，融入城市社会。

流动儿童学校心理健康教育的途径与方法

在学校教育中开展流动儿童的心理健康教育是提高流动儿童心理健康水平的必要和有效途径。我们可以在学校教育中渗透心理健康教育，也可以在班主任工作中开展流动儿童的心理健康教育。如果有些公办学校和打工子弟学校条件成熟，也可以开展专门的心理辅导工作。改善流动儿童的心理健康水平是一项系统工程，因此学校还要结合家庭和社区一起做好流动儿童的心理健康教育工作。

一、在学校教育中渗透心理健康教育

（一）改善和提高教育教学质量

据推测，全国大约有205万流动儿童就读于打工子弟学校。目前此类学校在软硬件、教学质量等方面都与公办学校存在较大差距。但是，鉴于目前的情况，这些学校仍将是流动儿童接受义务教育的有益补充，为保障流动儿童接受良好教育，这些学校应该尽可能地改进教育资源，提高教育教学质量。首先，打工子弟学校要树立起正确的教育理念，要意识到流动儿童教育事业的重要性，认识到接受良好的教育对于这些儿童未来的发展有不可估量的影响。其次，打工子弟学校要加强对教师的要求和培训，提高教师的整体素质和教育教学方法。最后，要通过增加教师的待遇等一系

列措施减少打工子弟学校教师的流动性，保障正常的教育教学秩序。此外，建立健全接收流动儿童的城市定点学校，促进流动儿童接受同城市定居儿童一样良好的公办学校教育也是提高流动儿童健康水平的一项有效措施。流动儿童如果与城市儿童同样在公办学校接受教育，那么他们的心理健康总体情况与定居儿童的差异可能就不会那么显著，所以流动儿童到公立学校中就读有利于其身心健康发展。

（二）提高学校的师资水平

一部分流动儿童在打工子弟学校中接受教育，但是这部分学校的教师本身也具有流动性，他们还有着巨大的经济压力和社会压力，有时这些教师的这种特点也会给流动儿童的心理发展带来一定的影响。打工子弟学校中的教师一般学历与资质较低，流动性很大，很多人并不是真正喜爱这个职业，只是把它当成一个跳板。有些打工子弟学校的教师由于自身素质较低，没有科学的教育教学方法，甚至还对流动儿童带有一定的偏见，他们的种种做法有时会给流动儿童带来师源性心理问题。因此，提高打工子弟学校教师的师资水平是改善流动儿童心理健康状况的一个间接途径，这不仅仅指提高流动儿童教师的稳定性和学历水平，更重要的是提高流动儿童教师的职业素质。比如，要培养流动儿童教师真诚对待流动儿童的态度。首先，不能对流动儿童带有任何偏见，他们同其他孩子一样都是祖国的花朵，都需要阳光和雨露来浇灌。其次，师生之间要坦诚相待，形成良好的师生关系。真诚地对待学生会让学生感受到自身的价值，使他们能安心地与老师分享他们的快乐，分担他们的忧愁。再次，流动儿童教师也要充分尊重流动儿童，相信他们的发展潜力。流动儿童也是正在成长和发展的个体，他们的很多个性特点、学习能力还在发展完善中，我们不能因流动儿童暂时的成绩落后，就给他们贴上“坏”孩子的标签。特别是对于那些刚刚转到新学校、不会说普通话、经常受到同学嘲笑的流动儿童，教师更不能讽刺、挖苦，而要用平和、温暖而又亲切的语言与他们相处，让流动儿童充分感到教师的关爱，从而使这些儿童渐渐适应新的环境，摆脱自卑、胆怯、焦虑等不良心理状态。

（三）提高教育教学环境

学龄流动儿童的大部分时间都是在学校中度过的，因此教育教学环境的好坏将直接关系到流动儿童的心理健康水平。改善流动儿童所在学校的物理环境，加强校园文化建设，将有助于培养学生良好的个性品质，发展其兴趣特长，促进其健康成长。

1. 改善学校的物理环境

由于种种限制，流动儿童很少有机会进入城市中的重点公办小学或中学学习，甚至有些儿童还在打工子弟学校接受教育。这些学校一般条件较差，不仅没有必备的教学仪器设备，而且有些学校连固定的校舍都没有，还需经常搬家。这让在此就读的流动儿童产生了严重的不安全感，影响了流动儿童的心理健康发展。因此，为了有效改善流动儿童的心理健康水平，学校尤其是打工子弟学校要尽可能给流动儿童一个安全、稳定的教育教学环境。打工子弟学校也要积极拓宽渠道，增强教育资源的软硬件设施配置，满足流动儿童的基本教育需求。同时，在条件允许的情况下，进一步美化校园环境，让流动儿童在环境优美、生气勃勃的校园中愉快地学习和生活，这也将有利于流动儿童的身心健康。

2. 加强校园文化建设

良好的校园文化，将会给流动儿童营造一种积极、健康、向上的校园文化氛围和心理健康教育环境。因此，要充分利用校园中的各种宣传媒体，如广播、电视、网络、校刊、橱窗等宣传心理健康知识，培养流动儿童的心理健康意识。通过加强校园文化建设来渗透心理健康教育是非常有效的、高回报的方式。可以通过开设丰富多彩的校园文化活动来提高流动儿童的学习兴趣，发展其爱好特长，促进他们身心健康发展。

（四）在课程中渗透心理健康教育

心理健康教育不仅是心理老师的工作，也是全体老师教书育人工作中的一部分。因此，在课程中渗透心理健康教育也是开展流动儿童心理健康教育工作的一种有效方式。

1. 给予流动儿童无条件的爱

老师在孩子心目中的地位是神圣的，有时甚至胜过父母。尤其是对于流动儿童来说，他们的父母文化程度较低，有些他们知道的新鲜事物父母并不知晓，有些他们想了解的东西并不能从父母那里获得。因此，教师对流动儿童的影响比对城市儿童的可能更大一些。同时，流动儿童由于存在新环境的适应问题，他们更需要老师的关心和关照，需要老师帮他们与同学快速建立起良好的同伴关系。可见，教师对流动儿童保持良好的心理状态起着关键作用。然而，现实生活中，有些流动儿童的教师还不能对他们一视同仁，经常会讽刺、挖苦、歧视这些流动儿童。实际上，流动儿童本身作为弱势群体，他们已经处于发展不利的逆境之中，更需要从老师那里获得无条件的关爱。当流动儿童不能适应新的学习环境时，教师要想办法主动地帮助他们去适应；当流动儿童学习有困难时，教师要因材施教，帮他们尽快迎头赶上；当在课堂中，他们不敢回答问题时，教师要积极鼓励、主动提问；当流动儿童出现不良的行为习惯时，教师给予的不应是歧视，而应该是正确引导，让流动儿童养成良好的行为习惯。只有当流动儿童体验到老师的这些无条件的关爱的时候，他们才能够有足够的安全感，敞开心扉地与老师和同学建立起亲密的关系。

2. 让流动儿童体验到学业成功感，增强学习动机

由于一些流动儿童缺乏对学习的兴趣，没有养成良好的学习习惯，所以他们往往成绩较差，在学习中有较多的失败体验。这个时候，流动儿童的教师需要主动帮助他们重塑自信，走出学业失败的阴影。当流动儿童在学业中取得一些小进步时，教师要对他们进行及时的鼓励。一些流动儿童的家长没有时间，也没有能力对他们的学业进行辅导，因此，对于有特殊学习困难的学生，流动儿童的老师还需要多给予他们一些必要的辅导。当流动儿童能够在课程学习中体验到成功的乐趣时，就会进一步提高学习的自信心。教师也可以建议学生读一些名人成长故事以激励流动儿童，通过对成功者的分析，树立自己的理想和目标，从而提高学习动机。

3. 尊重流动儿童的个体差异

从全国各个地方来到城市的流动儿童，不可避免会带有一些自己的特点。但是大部分流动儿童来自于农村，都比较淳朴、善良和简单。他们有时虽然有一些不良的行为习惯，但也是由多种原因造成的。因此要尊重他

们与城市儿童不同的特点和行为习惯。特别是对于一些比较敏感和内向的儿童来说，一个眼神、一个手势可能就会被他们知觉为歧视，进而可能会使他们产生消极的情绪情感。研究表明，个体的歧视知觉在社会支持和孤独感之间有中介作用。所以，身为人师一定要尊重流动儿童的个体差异，让流动儿童感受到更多的温暖和关怀，这样才会让他们在一个安全的气氛和心理环境下健康快乐地成长。

4. 在学科教学中渗透心理健康教育

在各科教学中渗透流动儿童的心理健康教育，能够有效提高心理健康教育的整体效果，也可以弥补心理健康教育师资不足的问题。各科课程本身往往都蕴涵着十分丰富的心理健康教育资源。因此，教师要充分发掘本学科中的心理健康教育素材，有意识地结合课程对流动儿童进行心理健康教育。比如，语文课和德育课中就为学生提供了了解世界、认识人生、体验情感等的机会，心理健康教育要注意发挥这些优势，把相关课程的教学与心理健康教育结合起来。同时在设置课程目标的时候，也要充分考虑到流动儿童的特点，根据个体差异设定不同层次的目标，加强目标激励作用。在课堂教学中，教师也要积极创造良好的课堂气氛。根据流动儿童的身心发展特点，合理运用教育学、心理学的原理对流动儿童进行教学。教师在教学过程中要积极改进教学方法、精心设置问题情境，引发流动儿童学习的兴趣，注意对学生学习动机的激发和学习方法的改进。要积极创造条件，让流动儿童也成为课堂教学中的主体，尊重流动儿童的主体地位。特别是对于学习有困难的流动儿童，要尽量优先提问他们，表扬他们，防止他们出现自卑心理。此外，通过课堂教学还要让流动儿童认识到学习知识的重要价值，树立终身学习的理念。同时，由于流动儿童的家长很少有能力和时间辅导这些儿童学习，因此，老师还要对一些儿童进行必要的课后辅导，让他们的成绩及时赶上其他同学，防止他们因为成绩差而出现辍学现象。

二、在班主任工作中开展心理健康教育

（一）平时多观察积累，及时了解流动学生的心理状况

教师通过长期的工作经验会形成对学生人格、精神状态的分析、把握

能力，往往通过简短的观察、谈话就能迅速感知学生的心理问题。班主任是与流动儿童接触最多的老师，他们最有机会了解流动儿童的状况，也最容易发现流动儿童的心理问题。但是，由于流动儿童来自于不同的地区，家庭背景又不相同，因此，班主任要在平时多注意观察，及时了解流动学生的心理状况。特别是针对一些刚刚转入新班级、还没有适应新环境的流动儿童，班主任更要多加留心和关照。此外，对于一些家庭条件较差，以及一些性格内向的流动儿童，班主任也要更加细心一些观察他们。由于自卑或者性格内向，这些孩子往往不愿意轻易向别人吐露自己的心声。这个时候班主任就要更加主动地去了解这些流动儿童，多和这些流动儿童接触，以便在发现这些儿童出现心理问题时，能够及时采取必要的措施。作为流动儿童的班主任，应多从流动儿童的角度去理解学生，设身处地地体验学生的所感所想，以流动儿童的眼光去看待他们的行为，提高对流动儿童言语及非言语行为的理解。

（二）创造良好的班级心理气氛

良好的班级气氛会作为一种组织环境对个体的心理健康产生一定的影响。当一名流动儿童来到一个新的班集体后，对他们心理影响最大的也是整个班级的气氛。如果他感受到的班集体气氛是接纳和融洽的，那么他就会更快地融入这个班集体，也更容易与同学建立起良好的同伴关系。但是，如果流动儿童感受到的集体气氛是隔离和歧视的，那么他就很难融入这个新的集体中。因此，班主任要通过创设温暖的班级气氛让流动儿童获得更多的社会支持。班主任可以发挥老师和同学的支持作用，通过增强流动儿童班级内部的凝聚力，增强流动儿童对自己所在班级和学校的归属感。

（三）在班级活动中开展心理健康教育

通过班级活动开展心理健康教育是学校心理健康教育的一个主渠道。在针对流动儿童的心理健康教育中，也可以充分利用这一途径促进流动儿童的心理健康发展。

首先，可以创设一些“手拉手”的活动，让流动儿童与城市儿童建立互助小组。在互助小组中，流动儿童与城市儿童可以更加充分地交往，不仅有利于流动儿童与城市儿童更好地建立起亲密的同伴关系，而且有利于流动儿童更好地融入城市生活。

其次，可以利用班会活动时间，开展一些有特色的活动。比如，通过感恩的主题班会，让流动儿童多些对父母的了解，让他们认识到自己的父母有多么辛苦，有多么不容易，同时又多么爱自己。虽然，他们可能不能给予自己良好的物质和精神条件，但是他们已经尽自己所能在为自己创造更好的生存条件。通过这样的活动，可以让儿童认识到不要因为父母文化水平低就不屑于和父母沟通与交流，不要因为家庭背景不好就觉得自己卑微，更不要因为自己与城市儿童不同就抱怨社会、放弃自我。一些学校的经验表明，流动儿童常常会因为这样一些感人的主题活动而受到鼓舞和启发。

最后，可以在班级的日常管理中贯彻心理健康教育。例如，良好习惯往往是在日常生活中逐渐形成的，通过开设卫生评比、操行评比等活动，可以进一步促进流动儿童养成良好的卫生习惯、行为习惯以及学习习惯。这些活动虽然看似微不足道，但是通过这些活动养成的好习惯却会让人终身受益。此外，也可以根据本校和本班流动儿童的特点随时、随地开设一些有针对性的活动，以提高流动儿童的心理健康水平。开设这些活动的时候，可以采用角色扮演、班级小组讨论等学生喜闻乐见的活动形式进行。

【案例】

巧用心理暗示，促班级健康成长

青岛艺术学校　陈一依

2004 年我担任了服装表演班的班主任，这是一个全部由来自全国各地、身高都在 1.7 米以上的高中落榜女生组成的班级，也是长期以来大家公认的难管理班级。学生入校基础不好，与全校最好的班级相比，差距甚远。在初中时，多数同学因学习成绩的原因而没有被老师赋予很高的期望值，成为老师遗忘的对象，学习上有一定的心理障碍；升入职高后，新的学习内容、学习环境给她们带来了新的机遇，尽管从表面上看来她们好像无所谓的样子，但在其内心深处却十分渴望得到老师的重视，渴望重新实现自我。因此我刚开学就鼓励她们："虽然我们基础不太好，进校的成绩不高，但那只代表过去，在老师的心目中大家都是好样的，我能看出你们的潜力，你们的智商并不比普高生低，相信通过大家的努力一定能赶上全校最好的班级。"这一番激励、期待暗示着她们卸去包袱，勇往直前。在以后的学习生活和各项活动中我班终于脱颖而出，超过了其他班级，每周获得学校"文明班级"流动红旗，并于2006年荣获"青岛市先进班集体"荣誉称号。

著名演讲家海因·雷曼麦说过："用暗示的方式说出严肃的真理，比直截了当提出更能为人接受。"因此，对学生进行思想教育，采用适宜的心理暗示方法，常能收到更好的教育效果。

一、行为暗示

刚入校的第二天，军训开始了。天不亮就要被军号叫醒，面对教官严肃的面孔，顶着炎炎烈日，重复做着标准的军姿，同学们一个个汗流浃背，有的磨破了脚，有的甚至中暑晕倒。艰苦的条件，严格的训练，单调的生活……初次离家的她们，有的因想家开始啜泣，进而带动全宿舍齐声哭泣。这时，我耐心地安慰同学们，并帮磨破脚的同学擦药。等大家情绪稳定了，我让同学们每人给家人写一封信以缓解想家之情。我希望大家告诉家长虽然军训很苦，但在这里我们养成了新的生活习惯，磨炼了意志，锻炼了独立性，不让家人担心，等等。在第二天的训练中，出乎我的意料，大家一改前几天的涣散，表现得异常坚强，队列整齐、口号洪亮、精神焕发，赢得了教官和其他班级的齐声赞扬。最终，在队列比赛中，我们作为众人眼中最弱的一支女生队伍一举获得唯一的"最佳队列奖"，更出乎意料的是我们竟和音乐班的同学夺得了同样的"最佳合唱奖"！

军训的效果是明显的，回到学校后大家仍保持了军营中的优良传统，教室卫生整洁、桌椅排放有序，窗明几净、秩序井然。可好景不长，随着专业课的增加，有些行动迟缓的同学总是不能及时将练功服整齐地放到桌洞里去，而是随手往桌子上一扔便匆匆跑去专业教室上课了。更有个别同学把鞋子乱放，民舞鞋常常出现在教室的各个角落里，水杯倒地，书本倾斜，垃圾不及时带走……每到专业课时间，教室准是一片狼藉。刚开始时，我总是喋喋不休地告诉同学们，养成良好习惯的重要性，以此要求她们将个人物品各归其位，可坚持不了几天又重蹈覆辙。后来，我从学校找来两个大纸箱，一个专门放练功服，另一个专门放鞋，情况果然有所改观，东西不再到处乱放，但并没有达到起初的军训效果。后来，等同学们都去上专业课了，我便去教室帮助没有及时放好物品的同学重新摆放整齐。几次之后，无声的行动起到了良好的教育作用，不久，教室又恢复了往常的井井有条，我也再不用每每跑去空无一人的教室帮助同学们整理物品了。三年来，我班一直保持了校"卫生免检班级"的称号。

二、类比暗示

对于学习服装表演这个专业的同学们来说，自信心尤为重要。而多数同学第一次接触这个专业，体重、身体比例、长相、基本功等一系列原因让多数同学自信心不足，这成为阻碍学习、生活的一块绊脚石。为此，我从网上广泛查找资料，开设了题为"运动、健康、自信"的主题班会，并邀请班干部为大家朗读了我国著名模特吕燕如何克服重重困难，积极锻炼身体，磨炼意志，最终成名的故事："刚刚到北京时，吕燕是典型的'北漂族'：兜里只有几百块钱，跟一个朋友一起住在一间简陋得不用交房租的地下室里，每餐到食堂买一个馒头充饥，出去面试就坐5毛钱的公交车或'11路车（两条腿开动自己走）'……去巴黎时就更不用说了，语言不通，完全是一个聋子加哑巴，没有人可以交谈，特别寂寞，住在一间9平方米的斗室里。吕燕在异乡的第一个月，食谱上只有一样东西——蛋，据说，她当时一共吃了100多只鸡蛋，因为不认识其他食品包装上的说明，自己也不会表达要买什么。2000年超模大赛期间，不少国际著名时尚杂志的摄影师提出希望给参赛选手们多拍一些照片，'当时是在北京天坛出外景，11月了，凌晨4点多钟要穿着单薄的夏装出镜，许多人都拒绝了，只有我去了'，这样的工作态度为吕燕在业内赢得了良好的口碑、广泛的尊重以及更多更好的机会。"与吕燕相比我们要幸福得多！班会上，我还邀请了我校2001级已考入北京服装学院的学姐为大家介绍在艺校三年的学习和生活经历，进一步鼓舞大家的斗志。

这次班会对班级的整体进步起到了推动的作用。好多同学早上不再睡懒觉而是结伴锻炼身体；多数同学能按照营养课上的健康减肥食谱开始实施减肥；更有以前在专业课上偷懒的同学开始刻苦练习专业技能；晚自习时间被大家真正用来学习与交流，班级整体面貌得到改观，学习气氛浓厚；朱迪同学在中国模特大赛中获奖更让同学们看到了希望，鼓足了信心。

三、侧击暗示

一次自习课，我从班级窗外经过。教室里同学们正在认真复习功课，准备下周的期中考试。平时不爱学习的杨洁同学却在专心致志地缝“十字绣”，连我走到她身边都没有察觉。我轻轻地敲了一下桌子，暗示她来到教室外面。她微微地低着头，眼中含着泪水，她手中的“十字绣”绣得十分精致、漂亮，是只可爱的小胖猪，已经快完工了。在得知是送给妈妈的生日礼物后，我并没有责怪她，更没有没收，只是希望她能更合理地分配自己的时间，尽量不耽误学习，并希望她能把自己的特长继续发扬。这次事件后，尽管她的成绩还不是很好，但是她却在努力了。高二时，她被同学们推选为素描课代表，工作认真负责；她还充分发挥了自己的绘画、手工特长，在黑板报、手抄报制作中得到了进一步锻炼，并在当年的校艺术节“手工制作”比赛中获得一等奖的好成绩。

李晓静是个学习刻苦但英语偏科的同学，她的梦想是当一名“空中小姐”，为此她购买了英语复读机用来提高英语成绩。崭新的复读机，外形精巧别致、功能先进，引来了同学们羡慕的目光。可是不久，李晓静哭着跑来告诉我，复读机不翼而飞了。我没有在班里讲这件事情，而是请美术组老师画了一幅夸张的漫画张贴在教室里：画中的小女孩眼睛红红的像两只大桃子，她仰望着蓝天上的飞机张开了自己的双臂。好多同学看后都笑画中女孩的眼睛画得太夸张，但结果是，李晓静的复读机奇迹般地回来了。

能否对学生宽容是评价一个教师素质高低的标志之一，宽容是放下心里的怨恨，宽容是对学生的一种尊重，宽容是再给学生一次机会，宽容会让教师的心意与学生的追求凝成一个合力点。

四、赠言暗示

我常选择一些暗示学生的格言、警句，在谈话结束时，以书签或留言的形式赠给学生，使谈话效果来一次升华，或者在学生的评语中，写上一些针对性的格言、警句，往往收到事半功倍的效果。

从高一开始，我班在黑板一角开辟了一个每日格言栏，由全班同学轮流写格言。每天一则，并请大家及时记录，到期末评选若干条最佳格言，当然，我也是写格言的其中一员，还真有点担心自己在最佳格言评比中落选呢。

我常用“学问学问，边学边问”暗示高中的学习不同于初中的那种纯粹被动的吸收，而更多是要不耻下问，求得甚解。所以我用“他山之石，可以攻玉”，暗示要虚心向他人学习，取人之长，补己之短，不能盲目自大，故步自封，用“带着思维去读书，带着思想去辨题”，引导学生要善于思考，凡事要多问几个为什么。

“水面浮萍无根底，湖底青石知分量”“要做青石沉水底，不学浮萍水上流”“志当存高远，行则重细实”。这些词句，既让学生读起来朗朗上口有美感，又让学生想起来其味无穷有深意。学生会感悟笔者用意，领会引者意图，从而在默默接受中克服虚华、浮躁心理，形成虚心、踏实的品质。

高二时，我班参加了学校首届知识大赛，获得了团体第一名的好成绩，这与同学们的刻苦努力是分不开的，而暗示的作用绝对功不可没。

五、幽默暗示

元旦我收到的新年贺卡上，有位同学这样写道：“陈老师你笑起来其实是挺好看的，但愿你的牙齿天天晒太阳。”学生的话语是对我工作细节的一种提醒，她们喜欢在宽松和谐的气氛中学习和生活。有一回上复习课，我让同学们做测试卷。一会儿，有一个“调皮蛋”喊了起来“我没拿到卷子”；一会儿又一个“调皮蛋”也说卷子没拿到。卷子一般不会少，但又不值得去理论，我就说：“去我的办公室里拿吧。”两个人相继站起来准备出去“透风”，我没有批评她们，只是说：“用得着两个人去抬吗？一个人去扛就够了。”同学们笑了，她们也笑了。这样的效果是厉声呵斥可以比拟的吗？

冰心说过：“世界上没有一朵鲜花不美丽，也没有一个孩子不可爱。”

每个学生都是一本需仔细阅读的书，是一朵需要耐心浇灌的花，是一支需要点燃的火把。生活在批评中，学生就学会了谴责；生活在鼓励中，学生就学会了自信；生活在认可中，学生就学会了自爱。

一个关切的眼神，一句鼓励的话语，一阵热情的掌声，一次善意的举动……这都是在播撒着教师的爱。对于教师们这可能只是举手的瞬间，但是不经意之间，你可能在孩子们的人生道路上留下了深深的烙印，甚至会改变她们的一生！

三、开展专门的心理辅导工作

心理辅导是一种帮助人的专业技术，旨在帮助个体正确地认识自己，寻求身心健康的途径和方法，以帮助个体提高身心素质，维护心理平衡。开展专门的心理辅导工作也是学校心理健康教育的一条主渠道，对于流动儿童来说，解决他们的心理问题，同样也需要这一方式。一般来说，流动儿童与心理社会因素有关的各种适应不良、情绪调节障碍、心理发展与教育等问题是适合进行心理辅导的范围，而流动儿童的心因性障碍、神经症、行为障碍以及其他心身疾病则需要进行专门的心理治疗，需要及时转介到专门的心理治疗机构中，不属于学校心理辅导的范围。

（一）学校心理辅导的领域

学校心理辅导的主要工作领域可以分为适应问题辅导、学习问题辅导、成长与发展问题辅导三大领域。

1. 适应问题辅导

适应问题可以分为行为问题和人格问题两大类。对于流动儿童来说，严重的行为问题有违纪、违法犯罪行为等，较轻的行为问题，主要是生活习惯问题和社会适应问题，比如师生关系不良、同学关系不良、缺乏自信、自我中心、忌妒、有不安感、怠惰、偏执等。对于轻度行为问题可由心理辅导教师给予矫治，严重的需要联系相关部门联合辅导。

2. 学习问题辅导

流动儿童的学习问题是较为突出的，他们往往基础比较薄弱，有不良的学习习惯，对学习缺乏兴趣。心理辅导老师要根据学生的实际情况，提出解决问题的方案，例如，帮助学生制订合理的学习计划，确立符合个人条件的学习目标，掌握科学的学习方法、记笔记方法和考试答题方式，学会利用对知识的记忆术和学习参考书等，并进行相应的心理辅导。

3. 成长与发展问题辅导

流动儿童的成长与发展辅导主要关注的是促进流动儿童全面发展的问题。其内容包括使流动儿童形成正确的人生观和价值观，发挥其自我潜在的能力和学习特点，促进其自我社会性的发展，完善其人生的设计等。另外，对于进入青春期后的流动青少年，其性心理、身体发育等问题也值得关注。

（二）学校心理辅导的模式

学校心理辅导一般分为个别心理辅导和团体心理辅导。此外，近年来，校园心理剧作为学校心理辅导的一种特殊模式也逐渐增多，并取得了良好效果。

1. 流动儿童的个别心理辅导

流动儿童与城市定居儿童有不同的心理特点和心理问题，他们经常处于不断流动的过程当中，安全感容易缺失。但是，从国内资料来看，单独针对流动儿童的心理辅导工作并不多见。心理辅导是心理辅导者与受辅导者之间建立起一种具有咨询功能的融洽关系，以帮助受辅导者正确认识自我、接纳自我，实现自我成长的过程。实际上，个别心理辅导能够为那些心理问题较严重和有特殊需要的流动儿童提供一些富有建设性的建议，提高其心理能力，从而预防心理问题的产生和激化。

针对流动儿童的心理特点以及流动儿童的常见心理行为问题，在开展流动儿童个别心理辅导时，主要涉及流动儿童的学习心理辅导、人际关系辅导、社会适应辅导等内容。在开展流动儿童个别心理辅导过程中，要注意以下几点：首先，要鼓励流动儿童多求助。由于流动儿童比其他儿童更容易出现各种各样的心理问题，因此，要积极鼓励他们在遇到问题的时候多去求助，通过个别辅导这一模式解决自己的特殊问题，促进自己更好地健康成长。其次，要用平等和尊重的态度对待来做心理辅导的流动儿童。

由于家庭背景等因素，流动儿童可能较一般儿童更加敏感、内向，需要获得比其他人更多的尊重。因此在面对这种对公平的渴望和对尊重的需求时，在开展个别心理辅导过程中，心理辅导老师一定要注意自己的言行，不要给流动儿童造成不必要的师源性伤害，而是要充分体现无区别对待的心灵关爱与帮助，只有这样才能走进流动儿童的心里，开展有效的心理辅导与干预。最后，流动儿童的问题除了与流动儿童自身的一些性格特点有关之外，还与复杂的家庭、班级、社会等因素有关。在开展个别心理辅导过程中，要充分考虑到各种因素对流动儿童心理发展的影响。

2. 流动儿童的团体心理辅导

团体心理辅导是在团体情境下进行的一种心理辅导形式，它通过团体内人际互动，促使个体在团体中观察、学习、体验，认识自我、探索自我，改善和调整与他人的关系，学习新的态度和行为方式，以促进个体良好的适应与发展。由于流动儿童在家庭背景、社会经济地位、学业状况等方面有较多相似的特点，对于流动儿童的一些共同心理问题，适合开展团体心理辅导。团体心理辅导可以降低流动儿童的孤独感程度，提高流动儿童的自尊、自信心程度。团体心理辅导通过团体成员的多向沟通，效果往往好于个别辅导，因为对于流动儿童来说，他们往往更愿意和与自己有相同背景的人交流。针对流动儿童开展团体辅导，还可以节约时间与人力，可以缓解心理辅导老师不足的问题。此外，团体辅导一般会创造一个类似真实的社会生活场景，流动儿童在良好的团体气氛中，通过示范、模仿、训练等方法尝试解决这些问题，非常有利于流动儿童将这些解决问题的方式方法迁移到日常生活中。

3. 校园心理剧

校园心理剧是近年来新兴起的一种心理辅导形式。心理剧最初是团体心理治疗的技术之一，它通过特殊的戏剧形式，让参加者扮演某种角色，体会角色情感与思想，从而改变自己。校园心理剧的剧本一般都是学生根据自身的一些生活经历编写的，与他们的实际生活情况比较相近，因此，可以帮助学生提高自我解决现实问题的能力，也可以帮助其建立良好的人际关系。目前，校园心理剧已经在很多高校心理健康教育工作中得到应用，这种辅导模式不仅深受学生喜爱，而且取得了良好的效果。针对流动儿童的心理健康问题，也可以采用校园心理剧的形式进行辅导。需要注意的是，有严重心理困扰的个人、反社会的人不宜参与校园心理剧的活动。

四、开设专门的心理健康教育课程

在各级各类学校开设专门的心理健康教育课程一直是教育部所提倡的；在流动儿童中开设专门的心理健康课程也是提高其心理健康水平的有效途径之一。心理健康教育课程不是向学生灌输心理学的知识，而是用心理学的知识和原理来帮助学生调节自己的情绪和心理，学生重在参与、体验和调适。通过开设心理健康教育课程，可以让流动儿童了解自己的身心发展特点，及时觉察自身可能存在的心理行为问题，通过自我调适或者寻求帮助的方式来解决自身的问题，从而保证身心的健康全面发展。心理健康教育课的最终目标是培养学生健全的人格，使学生具有良好的社会适应性和良好的心理品质。在开设心理健康教育课时，心理健康教育教师要自觉学习心理健康、心理辅导的理论和知识，努力掌握各种心理辅导的方法，不断提高自己心理健康教育的能力和水平。

（一）心理健康教育课的形式

心理健康教育教师要能够根据本校流动儿童的心理特点以及存在的一些典型问题，开设一些相关专题的课程。开设心理健康教育课程可以采用小组讨论、角色扮演、游戏活动、辩论会、实践活动等不同的形式。

1. 小组讨论

开设心理健康教育课程，小组讨论是最为常见的一种形式。采用这种形式的目的通常是集中几个人的智慧和经验，共同探讨解决某个心理问题的多种途径，共同分享各种心理体验，共同了解心理调适的方法。特别是对于一些流动儿童常见的心理行为问题，采用小组讨论的方式可以让他们看到别人遇到类似问题时是如何解决的，这样他们就可以选择合适的方式去解决自己的问题了。可见，采用该方法可以让流动儿童在相互启发中学到更多的思考问题、解决问题的方式。需要注意的是，在小组讨论中要调动每位同学的积极性，要让每个人都有相同的机会在同学面前进行总结发言。

2. 角色扮演

角色扮演是心理健康教育课程中最受同学欢迎的形式之一。它借用戏剧表演的方式，将学生暂时置于他人的社会位置上，通过学生对角色的模仿、想象、创造、感受、体验和讨论，理解角色的心理过程。在角色扮演中能够让学生学会换位思考，明确心理问题存在的原因，缓解不良情绪，塑造良好的行为习惯，促进学生心理潜能的开发等。例如，一些流动儿童不了解父母的辛苦，觉得自己的家庭背景不好，感到自卑，这个时候就可以采用角色扮演的方式，让学生扮演父母，父母扮演自己，体验父母的艰辛，明白父母工作的社会价值。通过这种体验，流动儿童不仅可以更加理解父母，也可能会知道要对父母感恩。

3. 游戏活动

游戏活动是深受儿童喜爱的一种形式，它可以有效改善心理健康课的气氛。特别是对于一些性格内向、课堂参与度较小的流动儿童来说，通过游戏能够更好地将他们的内心世界展现出来，能够促进流动儿童心理品质的发展，辅助性地解决学生的心理问题，提高学生的心理健康水平。而且在游戏活动中，还可以让学生学会遵守规则、尊重他人、承担责任、合作与竞争等人际交往技能。因此，游戏活动也是开展流动儿童心理健康教育的一种有效方式。

4. 辩论会

对于中学生来讲，中学阶段正是他们辩证思维发展的时期，因此，对于流动中学生来说，还可以采用辩论会的形式，开展心理健康教育。让流动中学生针对一些敏感话题进行辩论，最后达到正确、客观地认识问题和解决问题，以及培养良好心理品质和正常心态的目的。例如，针对流动中学生的社会适应问题，可以让学生分成两组，就“主动适应社会”与“保持自我独立性”进行辩论。通过辩论可以使流动中学生明确如何在适者生存的环境中保持自我的独立性。

5. 实践活动

课堂是心理健康课的主要场所，但不是唯一场所。有时我们也可以把心理健康课程从课内延伸到课外，放到社会实践活动中去做。比如，针对流动儿童所在社区比较集中的特点，可以开展一些在社区中宣传心理健康知识的活动，也可以为了增加流动儿童对父母的了解，组织流动儿童开展“体验父母的一天”这样的活动。在实践活动中可以让流动儿童了解在社会情境下个体的心理成长，实践人际交往的技能。

（二）心理健康教育课的教学原则

1. 主体性原则

心理健康教育课的教学内容必须从流动儿童的实际出发，充分引发学生的动机。老师选择的事例、所安排的活动都应当是学生所关心的，是他们生活中有意义的。突出学生的主体作用，师生关系将成为朋友关系。

2. 活动性原则

心理健康教育课要淡化课程意识。备课过程就是依据心理学原理和心理健康的知识设计各种由学生主持、参与和组织发起的活动。课堂教学的过程就是引导、推动这些活动的过程。学生的学习过程则是在活动中自我教育，并经教师点拨、启发，逐步省悟、成熟的过程。

3. 情感性原则

心理健康教育课特别强调学生的主观感受，心理体验和健康情感的熏陶是心理辅导课的特点。教师的角色不能以“训导者”与“外人”“师长”的形式出现，而应以平等的真实情感去感染学生，引起学生的共鸣，以达到教育的目的。

4. 共感性原则

心理健康教育课的教学是老师和学生、学生和学生之间共感与互动的过程。教师必须要站在学生的立场上，充分理解学生，重视学生的各种心理需要，遵循人的身心发展规律。学生之间也是一种相互接纳、相互学习的态度，共同探讨如何在体验中提高心理健康水平。

5. 发展性原则

心理健康教育工作的重点是促进学生全面发展，所以心理健康课并不是每堂课都以解决一些心理问题为中心，而是应从促进学生心理健康发展、提升心理健康水平的角度出发，让学生在体验中感悟，在感悟中成长。

6. 知行并重原则

心理健康教育课不是单纯的知识传授，而是体验式的活动课。学生学习心理健康知识、掌握心理调控方法的目的是学会自我分析、自我体验和自我调控，学会排除在生活、学习及人际交往中遇到的困惑、烦恼、焦虑等不良情绪，能够解决生活、学习中的实际问题，充分发挥自身的心理潜能。心理健康教育工作的目标是使全体学生在心理发展方面都有所提高。

五、建立流动儿童心理健康档案

流动儿童与城市定居儿童相比，个体差异更加显著。他们来自全国各地，家庭背景、教育经验、个性特征均不相同，因此为了更好地了解流动儿童的心理健康状况，提高流动儿童的心理健康水平，学校应积极主动地为流动儿童建立心理健康档案。对流动儿童的基本资料，包括父母的工作、家庭住址、周边的环境、年龄特点、爱好等进行搜集整理，并进行记录。同时，要对每名流动儿童的心理发展进行分阶段追踪，可以按时间追踪，比如每周或每月进行一次总结，其中包括自评、师评、生评；可以按不同情境进行反馈，比如对近期学习状况、参与活动的数量等进行对比，分析其心理是否健康发展等。通过定期的追踪，学校和老师能及时把握流动儿童的心理状况，因材施教，因势利导，促进他们的健康成长。

六、在家—校—社区合作中开展心理健康教育工作

为了提高流动儿童的心理健康水平，减少流动儿童心理问题行为的发生，提高流动儿童的幸福感，学校还要与家庭和社区联合开展一些工作，给流动儿童提供更多的精神、情感和物质方面的支持。

（一）开办家长学校

虽然，学校在流动儿童心理健康教育中起着关键的作用，但家庭是学生心灵的港湾，家庭的温暖和关爱对其健康成长有着不可替代的作用。家庭气氛与教养方式是否宽松、和谐、民主、平等，决定着学生心理健康水平的高低。流动儿童的家长也非常重视子女的成长，但是很多家长对于孩

子的心理健康教育往往感到力不从心，不知道如何教育自己的孩子，不知道如何配合学校教育，导致家庭教育中存在着很多“误区”，很多错误的观念和做法不仅没有达到教育孩子的目的，反而贻害无穷。鉴于流动儿童家庭教育的普遍缺失，学校还要承担起提高流动儿童家庭功能、改善其父母教养方式的重任。因此，为提高流动儿童的心理健康水平，开办家长学校是一个有效且合适的途径。通过家长学校，可以帮助流动儿童父母改变旧的教育理念，学会与孩子有效地进行沟通和交流，学会理解和关爱孩子。这样学校和家庭将会形成一股合力，共同促进流动儿童更好地成长与发展。

（二）与社区合作开展心理健康教育工作

流动儿童往往居住在比较集中的社区，这为在社区中开展心理健康教育提供了便利的条件。学校心理健康教育与社区心理健康教育是有机的统一体。因此，流动儿童的学校应积极与社区合作开展心理健康教育工作。

【案例】

近日，西固区先锋路街道南山社区流动儿童心理辅导教师马寅为四名外地来兰州就学儿童开展谈心活动。南山社区“流动儿童之家”建成后，先后组织辖区流动儿童参加社区中小学生社会实践活动和青年志愿者活动，受到了流动人口家庭的广泛欢迎。当日，谈心活动在社区“流动儿童之家”拉开帷幕，辅导教师以自我介绍、唱歌曲、讲故事等方式，拉进了与孩子们的距离。随后，辅导教师又分别与孩子们进行了面对面的谈心，并对其中两名性格内向的孩子进行了必要的心理干预，打开了孩子的心结。截至目前，南山社区共聘请十名老教师、老医生、法律工作者、社区工作人员担任“流动儿童之家”的心理辅导教师、“爱心妈妈”或青年志愿者。他们认真研究流动儿童存在的心理问题，将正确的成长心态和调整方法等有利于儿童健康全面成长的心理知识传授给了孩子们，鼓励孩子们积极和楼院、学校的小朋友交流和玩耍，不断开阔视野，为促进流动儿童自身健康成长起到了积极作用。①

---

① 董永前. 南山社区流动儿童心理辅导工作启动［N］. 兰州日报，2011-10-11.

总之，学校、家庭和社会三个子系统要共同为流动儿童创造一个良好的生存环境，促进流动儿童的健康全面发展。此外，政府也要从多方面改善流动儿童家庭的福利待遇和经济状况，改革现有教育体制，以帮助流动儿童感受到平等、尊重，减少其感知到的社会歧视。只有全社会都让流动儿童感受到温暖和尊重，才能提高流动儿童的生存质量。

链接：推荐读物

1.俞国良主编，《心理健康教育教学参考（小学）》，北京师范大学出版社，2017 年版。

2.俞国良主编，雷雳、周俊、罗晓路副主编，“心理学大师心理健康经典论著通识丛书（校园版）”，浙江教育出版社，2015 年版。

3.程奇主编，《中小学心理健康教育课教学设计 56 例》，福建教育出版社，2018 年版。

4.叶一舵主编，《中小学心理健康教育课说课、片段教学 100 例》，福建教育出版社，2018 年版。

第 4 章

流动儿童的家庭心理健康教育

乐乐是小学四年级的学生，两年前父母将她从老家接到了南京。父亲在城里从事建筑装修工作，母亲做家政服务。父母每天早出晚归，与乐乐相处的时间很短，根本没有时间管她。来到南京后，乐乐在学习上有些吃力。由于以前没有学过英语，现在学习起来很困难，经常考试不及格。她非常希望父母每天都能辅导她学习，或者帮她找个补习班。然而，父母觉得没有这个必要，学习要靠自己。每天晚上，父母回来后，最多问问她作业写了没有，会不会做。如果她说不会，爸爸和妈妈就开始一起教训她，爸爸有时还会动手打她。乐乐很怕爸爸，见到爸爸就像老鼠见了猫一样。

父母是孩子的第一任老师，家庭是孩子的第一所学校。然而，很多流动儿童的父母由于忙于生计，很难有时间用心地陪伴孩子成长。怎样使流动儿童感受到父母的辛劳，怎样使流动儿童的父母对孩子多一分关心？怎样使家成为流动儿童成长中温暖的避风港？这些问题是值得我们深思的。

流动儿童家庭心理健康教育的目标

流动儿童的家庭背景与一般儿童有所不同，其心理发展也有其独特性，因此流动儿童的家庭心理健康教育的目标与一般儿童家庭的目标既有相同之处，也有不同之处。流动儿童的家庭心理健康教育目标不仅在于要通过家庭和父母的作用改善和提高其心理健康水平，而且还要提高和改善流动儿童父母的心理健康意识，改进流动儿童父母的教养方式。因为后者是促进流动儿童心理健康水平提升的前提条件。

一、树立正确的心理健康意识

如果要针对流动儿童开展有效的家庭心理健康教育，流动儿童的家长首先要树立正确的心理健康意识。这是开展流动儿童家庭心理健康教育的首要前提，因此，流动儿童的家长要了解心理健康的知识、儿童心理发展的特点以及心理调适和心理保健的一些方法。只有这样，他们才能够重视孩子的心理健康问题，才能了解自己孩子的心理健康状况，并为孩子身心健康成长尽可能地提供良好的环境。但是，对于流动儿童父母来说，主动掌握这些知识并不是一件容易的事情，因此还需要学校和社会共同努力，给流动儿童的父母提供学习的机会，让其尽快树立起正确的心理健康意识。

二、掌握科学的教育方法

流动儿童的父母往往工作繁忙，没有时间或者没有方法管教自己的孩子，因此，流动儿童的许多心理行为问题与他们的家庭教育方式有一定关系。比如，当仅用粗暴的方式与孩子进行沟通时，孩子就很容易学会树立敌意，当他遇到不顺心的事情时，也可能用同样的方式解决问题。为了给孩子主动创造一个良好的心理环境，促进流动儿童健康快乐地成长，流动儿童的父母还需要掌握科学的教育方法。掌握科学的教育方法与其说是流动儿童家庭心理健康教育的一个目标，倒不如说是开展流动儿童家庭心理健康教育的一个途径。但是由于大多数流动儿童父母并没有掌握太多的科学的教育方法，因此掌握科学的教育方法也是有效开展家庭心理健康教育的一个重要目标。在实现这个目标的基础上，才能进一步促进流动儿童在有利的家庭氛围中健康成长。

三、改善流动儿童家长自身的心理健康状况

父母的言传身教对孩子有着潜移默化的影响，因此家长自身的心理健康水平也会影响到孩子的心理健康。但是，流动人口的心理健康水平明显低于全国常模，所以流动儿童家长自身的心理健康水平有待提高。这需要流动儿童父母自身积极努力，主动改变和完善其心理健康状况，比如掌握合理的情绪调节方法，而不是对孩子施以暴力，运用问题解决的方式应对应激，而不是逃避和自责等。

四、了解流动儿童的心理健康状况

大量研究已经表明，流动儿童特别是在打工子弟学校中的流动儿童其心理健康水平明显低于城市儿童。一方面，学校可以通过建立心理档案等方式来了解这些儿童存在的心理问题。另一方面，家长也要多与孩了沟通和交流，以便知晓孩子存在这些心理问题的原因。毕竟父母是孩子最亲近的人，他们可能更愿意与父母谈论自己的问题。同时，当掌握了一定的心理健康知识，树立起了心理健康意识后，流动儿童的父母也能够通过自己的观察来判断孩子的心理健康状况。

五、提高流动儿童的心理健康水平

提高流动儿童的心理健康水平是家庭心理健康教育与学校心理健康教育共同的目标。只有家—校—社会三者形成合力，才能有效促使流动儿童心理健康水平得到提升。家庭心理健康教育与学校心理健康教育一样，需要完善流动儿童的个性特征，使其更加自信、自爱和自立；需要提升流动儿童的人际交往技能，建立良好的师生关系、同伴关系和亲子关系；需要培养流动儿童良好的行为习惯，养成会学习、讲卫生的行为方式；同时也需要提高流动儿童的社会适应能力，使其尽快适应城市生活，融入新城市，成为新市民。

流动儿童家庭心理健康教育的原则

一、权威与尊重的原则

在开展家庭心理健康教育时，家长的权威性非常重要，但是也要充分尊重孩子的个性特点。父母作为一家之长，首先要转变观念，认识什么是真正的权威，如何树立权威，要知道权威并不是严厉加暴力。家长要提高自身的素质，以自己的言谈举止在孩子心目中逐渐形成权威；同时，还要尊重孩子，要把孩子看成是一个具有独立人格的人，关注孩子成长中的正常需求。对于流动儿童的父母来说，这一点显得尤其重要。当流动儿童出现一些不尽如人意的地方时，有些家长在外人面前就动手打孩子，这样不仅不能取得良好的教育效果，反而会让孩子觉得很丢面子，让孩子的自尊心受到伤害。因此，为了提高家庭心理健康教育的效果，家长一定要以尊重孩子为前提；同时，为了提高自己在孩子面前的权威性，也要不断学习新事物、了解新事物，这样才能与孩子有沟通和交流的平台，而不至于在孩子面前显得自己什么都不知道。

二、科学性与疏导性原则

儿童的心理发展有一定的特点和规律，每个孩子又有自己的特性，存在个体差异，因此在具体实施家庭心理健康教育的方法时要注意循序渐进，要有科学性。不同年龄阶段的孩子其心理特点不同，了解这些特点，就可以有针对性地对不同时期的孩子采取恰当的教育措施，这样家庭心理健康教育才能收到良好的效果。另外，当孩子出现一些心理问题，尤其是情绪问题时，家长适宜采用疏导的方式来帮助孩子解决心理障碍。疏导的方式不是暴力的方式，也不是完全的说教，而是与孩子一起找出问题的原因，想出解决的方法，消除心理障碍。

三、宽容与信任的原则

多项调查显示，流动儿童的父母往往对其学业有较高的期望，但是往往他们在学业上又没有能力辅导和帮助自己的孩子。因此，很多家长对孩子的学习采取了“宽容”的态度，即不管不问，把孩子完全交给了学校和老师。这实际上不是宽容，而是放任。在家庭心理健康教育中，真正的宽容是给孩子充分的自由和发展空间，允许孩子与自己有不同的观点和不一致的意见。同时，在实施家庭心理健康教育时，父母也要充分相信孩子自身有其充分的发展潜力和发展空间。父母同子女的关系，不仅可以是长辈与晚辈的关系，也可以是朋友的关系，父母对孩子应当有充分的尊重和信任。因此，当亲子之间有不同意见或者产生矛盾时，双方可以在信任的基础上平等沟通。当孩子感到父母信赖自己时，他们也可能更愿意把自己的心里话、自己心里的秘密说给父母听。

流动儿童家庭心理健康教育的内容

流动儿童家庭心理健康教育的内容也包括培养流动儿童良好的个性心理品质、提升人际交往技能、培养良好行为习惯、提高社会适应能力等几个方面，但流动儿童的家庭心理健康教育与学校心理健康教育的内容既有相似之处，又有不同的侧重点。

一、培养流动儿童良好的个性心理品质

在家庭心理健康教育中，培养流动儿童良好的个性心理品质，主要包括：培养流动儿童活泼、开朗的性格，培养流动儿童接受和悦纳自我的心态，培养流动儿童的自制力等。

（一）培养孩子活泼、开朗的性格

由于经常随父母流动，不断面临新的环境，很多流动儿童的性格发生了一定的变化。有一些儿童由于在陌生环境中没有熟悉的同伴，孤独感渐渐增强，甚至由此引发了抑郁和恐惧情绪。因此，培养流动儿童活泼、外向的性格是家庭心理健康教育的重要内容之一。活泼、外向的性格有利于流动儿童更好地接受新环境，更好、更快地与同伴建立起亲密的关系，也有利于其身心健康发展。同时，家长也应注意不要频繁流动，当孩子还没有适应一个新环境时又要进行下一次流动将给孩子的心理带来强烈的不适

感，此时，他们可能不敢也不愿与其他同学交往。这样就容易导致孩子出现自我封闭状态，他们很难向老师和同学敞开心扉，而这种状态又会进一步加强他们的孤独感。所以，培养外向、活泼的性格对于流动儿童的健康成长至关重要。

（二）使孩子学会接受和悦纳自我

学会接受自我和悦纳自我，不仅是学校心理健康教育的重要内容，也是家庭心理健康教育的重要内容。家长如果能够给予孩子充分的尊重和信任，孩子就更容易接受自我。家长对待生活的态度，也决定了孩子对待生活和自我的态度。如果家长整天抱怨社会不公平、自己命运差，那么孩子也就学会了怨天尤人，不思进取，自暴自弃；而如果家长乐观地面对生活，那么孩子也会热爱生活。因此，如果家长能够学会接受和悦纳自己，孩子也会这样对待自己。此外，每个孩子都有自己的特长和优势，在家庭教育中，不能总是一味地抱怨孩子的不足，拿孩子的缺点与其他孩子的优点比，这样会使孩子失去自信，甚至产生自卑心理。流动儿童的家长要充分挖掘孩子的潜能和优势，要帮助其不断改正和完善自身的缺点和不足，只有这样才能增强孩子的自尊心和自信心，让孩子更好地看待和接受自己。

（三）培养孩子的自制力

有良好自我意识的人，不仅能够正确认识自我，而且具有自制力。具有自制力的人能够调节自己的行为以达成既定的目标；能够为既定的目标而克服困难，坚持让自己去完成应当完成的任务，能够抑制自己的其他不良行为和冲动，做到既不任性，又不死气沉沉、呆板拘谨；遇到挫折不忧郁，不悲愤，善于冷静对待，分析根源，保持乐观态度。由于流动儿童经常流动，面对的社会环境比较复杂多变，有时容易受到不良因素的诱惑，因此培养流动儿童的自制力非常重要。同时，为了取得良好的家庭心理健康教育效果，家长也要洁身自好，不要沾染不良恶习，比如赌博、酗酒等。但是，有些流动儿童的家长往往不注意自身的行为，还指望在自己赌博时，孩子在他旁边能够安安静静地做作业，这显然是对孩子提出的一种无理和过分的要求。作为流动儿童的家长也需要给孩子提供一个良好的学习和生存空间，给他们一个相对良好的生活环境，这样才能让他们更健康地成长。

二、提升流动儿童的人际交往技能

“一个篱笆三个桩，一个好汉三个帮。”人际关系就像一张大网，可以帮我们拥有更多的社会支持系统。良好的人际关系是心理健康的标准之一，每个人都有交往的需要。因此，提高流动儿童的人际交往技能，能够更好地帮助他们适应城市的生活，更好地融入未来的社会。

（一）学会客观地了解他人

在人际交往过程中，知己知彼才能更好地进行交流和沟通。由于进入城市之后，流动儿童接触的人与在老家时有所不同，因此，不能用以前的标准从表面现象来评价和判断新环境中的人，也不能将自己的好恶强加于人，更不能人云亦云，而是要客观公正地了解和评价他人。为了更好地接纳别人，客观地了解别人，流动儿童要做到既能看到别人的短处，更能看到别人的长处。因此，家长要教流动儿童如何客观地看待别人的所作所为。同时，要让流动儿童学会克服自己的短处，用别人的长处激励自己不断进步。

（二）学会关心和帮助他人

当流动儿童随父母来到城市中生活时，往往被当作弱势群体。无论是学校、老师和社会都会给予他们很多物质和精神上的帮助。但是，在这些关爱下，有时流动儿童也会觉得自己有些受伤。其实，给予和帮助一样，也应该是双向的过程。所以，流动儿童也只有在接受给予的同时，也给予别人关心和帮助，他们才能够与别人在相互信任、尊重和关怀下建立良好的人际关系。因此，流动儿童不仅要接受别人的爱和帮助，同时也要重视他人的需要，学会关心和帮助别人。在家庭心理健康教育中，家长要给孩子提供这样的机会，让他们学会主动关心别人，学会主动帮助别人。

（三）学会积极主动地进行沟通

在交往中积极主动地进行沟通能够增进人与人之间的情感与友谊，因此，流动儿童如果能够主动表达自己的想法，能够理解和接受别人的思想感情，并能够认真听取别人的意见，就能够更快地适应新环境、更快地融入新集体。在流动儿童的家庭心理健康教育中，家长要引导孩子学会主动交往的技巧，明确交往的准则。同时，家长也要起到示范作用，需要主动积极地与孩子的老师进行沟通、与其他孩子的家长进行沟通，给孩子提供一个实践人际交往技巧的机会。如果家长能够积极主动地与他人进行交流和沟通，通过耳濡目染，孩子的沟通和交流技能也一定能够得到提高。

三、改善流动儿童的学业状况

（一）激发流动儿童的学习动机

动机是直接推动有机体活动以满足某种需要的内部状态，是行为的直接原因和内部动力。学习动机是推动学习的直接动力，有些流动儿童由于受父母职业的影响，对学习并没有强烈的动机，他们往往抱着应付家长、应付老师的心理在上学。在这种情况下，他们对学习自然不愿付出努力，也不可能取得理想的成绩。因此，为了改善流动儿童的学业状况，对于这部分儿童要想办法激发他们的学习动机。学习动机分为外在动机与内在动机，外在动机是指由学习结果或学习活动以外的因素作为学习的目标而引发的推动学生学习的动机，学习活动只是达到目标的手段。比如，一个学生为了考试得高分、班级的排名、教师的表扬或其他的各种奖励而学习就是外在动机的作用。内在动机是由学习活动本身作为学习的目标而引发的推动学生学习的动力，学习者在学习过程中获得满足。比如，对学习的知识内容感兴趣，把学习当作一件愉快的事情，积极参加课堂学习活动，就是具有内在学习动机的表现。由于一些流动儿童原来的学习基础差，他们对学习没有兴趣，往往缺乏内在动机。为了激发流动儿童的学习动机，家长可以先从激发流动儿童的外在动机着手，可以让孩子了解学习知识对自己、对社会的意义；当孩子成绩有所提高、有所进步时及时给以适当的表扬和鼓励。当孩子对学习有了一定兴趣之后，再逐渐激发其内在动机，让孩子在掌握知识的过程中体验到学习的乐趣。

（二）缓解流动儿童的学业焦虑状态

虽然流动儿童的父母并不十分关注孩子的学业，也不能给以适当的辅导，但是大多数流动儿童的父母对孩子学业的期望却都较高。他们寄希望于“知识改变命运”，希望自己的子女能够通过求学而出人头地。当他们把高期望传递给孩子后，一些流动儿童产生了严重的学业焦虑。对于流动儿童来说，一方面他们希望能够满足父母的愿望，另一方面，他们可能由于学习基础差，又不能很快实现父母的愿望。因此，这些流动儿童就处在学业的焦虑状态之中。当一个人焦虑水平较高的时候，往往又会限制他注意的范围，影响他的思维能力，因此处于高焦虑状态反而进一步影响了流动儿童的正常学习。如果这种焦虑情绪长期存在的话，还有可能进一步影响儿童的身心健康。针对这种情况，流动儿童的家庭心理健康教育的内容之一，就是要减少流动儿童的学业焦虑。父母对流动儿童的学业期望应结合流动儿童自身的学业情况来确定，不能盲目制定过高的期望和要求，以免给流动儿童带来过大的压力。

四、提高流动儿童的社会适应能力

（一）提高流动儿童的抗挫折能力

由于特殊的家庭背景，流动儿童在接触社会和学校的过程中，有时不可避免地会遇到一些挫折。不论是求学上的不公平待遇，还是同学、老师的歧视，对这些流动儿童来说，都会给他们带来心灵的伤害。除此之外，任何人都会在生活中遇到其他的挫折。但是，由于流动儿童的年龄尚小，他们的知识经验还比较贫乏，心理承受能力较弱，有时还不能正确对待挫折，容易在挫折面前形成自卑心理，不利于其健康成长。因此，当流动儿童面对挫折的时候，家长要多给他们信任、鼓励的目光，帮他们正确分析挫折产生的原因，给予具体、有针对性的指导和帮助，让孩子尽快从挫折中走出来。

（二）增强流动儿童的社会融合度

增强流动儿童的社会融合度，不仅需要社会、学校的努力，也需要流动儿童家长的配合。流动儿童的社会融合度差不仅会影响其社会适应，而且也会严重影响他们的身心健康成长以及未来的城市生活，甚至可能使他们因为受到的不公平待遇和歧视而滋生敌意和逆反心理，走上违法犯罪的道路。因此，增强流动儿童的社会融合度是流动儿童心理健康教育中的一项重要内容。研究发现，家长的社会融合影响了流动儿童的社会融合，公办学校流动儿童的社会融合好于打工子弟学校的流动儿童的社会融合。因此，流动儿童的家长自身应积极融入新的城市生活中，接纳城市中的健康新事物，增强自身的社会适应能力。同时，在为子女选择学校时，也要多考虑选择可以接纳流动儿童的公办学校。此外，研究发现，流动儿童虽然在城市中生活，但是很少去游乐场、博物馆、科技馆等城市儿童常去的地方。因此，家长在有时间、有条件的情况下，可以带他们多去这些场所，以期让其更好地融入城市生活。

总之，对流动儿童开展家庭心理健康教育是一件必要但又比较困难的事情。流动儿童父母自身的文化程度、职业特点、心理健康水平都会影响家庭心理健康教育的效果。所以，开展这项工作需要社会、学校的共同努力，方能取得良好的效果。我们也期望更多的人能够来关注这一特殊群体，让生活在同一片蓝天下的流动儿童们，能够同城市儿童一样健康快乐地成长！

流动儿童家庭心理健康教育的途径与方法

流动儿童家庭心理健康教育具体由流动儿童的家长来实施，这对流动儿童的家长提出了新的要求。在社会经济飞速发展的信息时代，他们必须与孩子共同成长进步，必须学会与时俱进，这样才能真正对孩子的身心健康发展起到有效的引导作用。

一、提高家长自身的素质

身教胜于言传，父母自身的行为对子女具有潜移默化的重要影响。因此，提高父母自身的素质对于改善流动儿童的心理状况起着重要作用。当进入城市之后，流动儿童的父母也需要提高自身的素质，最好与孩子共同学习、共同成长。这样不仅会给流动儿童带来良好的影响，而且父母和子女之间会有更多的话题，会促进亲子之间的良好沟通和交流。

（一）提高社会融合度

一方面，流动儿童的父母来到城市之后，一般聚居在流动人口较多的地区，形成了诸如“城中村”等流动人口聚集地。因此，虽然生活在城市，在日常生活中他们还是与同样是流动人口的人群接触比较多。另一方面，由于工作繁忙，他们也没有时间和条件去主动融入城市。由于父母的闭塞导致流动儿童在知识、视野等很多方面比城市儿童要更差一些，这在某种程度上极易导致流动儿童在与城市儿童进行比较的过程中形成自卑心理。因此，要想提高流动儿童的心理健康水平，改变他们因与城市儿童不同所导致的自卑心理，家长应该从自身做起，积极融入城市社会。父母的视野扩大了，对城市更加了解了，他们将这些信息传递给孩子时，孩子也会增加对城市的了解和适应。为了增加自己的城市融入度，流动儿童的父母可以从以下几方面着手：首先，流动儿童的父母要学会逐渐了解所在地区和所在城市的规则，增加适应城市生活的能力，努力提高自己的知识经验和职业技能；其次，要积极主动融入所在城市的主流文化，增强自己对所在城市的认同感和归属感；最后，要扩大交往范围，积极主动增加与所在城市居民的沟通和交流，多参加社区活动，增加可以利用的社会支持和社会资源。

（二）提高家长自身的文化素养

由于多种原因，流动儿童的家长往往文化程度较低，这导致他们没有办法辅导孩子的功课。对于学习基础本来就比较差的流动儿童来说，这无疑又会进一步导致他们与其他儿童的学业差距越来越大。因此，要想改变学习不良儿童的学业状况，家长要提高自身的文化素养。家长可以通过增加自己的阅读时间，潜移默化地提高流动儿童的学习兴趣；可以通过与孩子共同学习，提高自己的知识水平；也可以通过一些公益讲座、座谈等，提高自身的文化素养。总之，在终身学习的时代，流动儿童的家长应该抓住一切可以学习和提高自身素质的机会，不断完善自己，以给自己的孩子做一个学习的好榜样。我们相信，当家长自身的文化修养得到切实的提高后，流动儿童也能够从中受益，不断改善自己的学业状况，提高自己的学业成绩。

（三）改变家长的不良行为习惯

在对打工人口的调查中发现，一些流动人口在业余时间休闲活动比较单一，且有一些不良嗜好。这些不良行为，不仅对其自身没有任何好处，而且也很容易给孩子做个坏榜样，导致孩子走上违法犯罪的道路。由于儿童辨别能力较差，自我抑制能力较弱，他们更容易受到周围人群的影响，当他们看到父母做什么的时候，就很容易也跟着学、跟着做。因此，父母的不良行为习惯很容易影响到流动儿童。为了给流动儿童树立一个正面的榜样，家长要积极改变自身的不良行为习惯，在闲暇时间多从事一些有益于身心健康的活动。此外，一些流动儿童的家长在行为礼貌、卫生习惯等方面也亟须改进。虽然这些都是生活中的一些小事，大人可能并不在意，但往往这些细节会体现出一个人的整体素质，会对流动儿童产生深远的影响。因此，流动儿童的家长要注意自己的一言一行，争取给孩子树立一个好榜样。

（四）增强家长的心理健康调适能力

家长的心理健康程度会对儿童的心理健康产生一定的影响。试想一个孩子整天面对着一个眼神抑郁空洞的母亲，他怎么能健康快乐地成长呢！因此，为了提高流动儿童的心理健康水平，有必要首先提高流动儿童家长的心理健康水平，特别是要增强家长的心理健康调适能力。有些流动儿童经常在家里受到暴力对待，有时这并不完全是孩子的错。可能是因为家长工作繁忙，懒得动脑去想如何教育孩子，只想用最原始、最简单的方式解决问题；也可能是家长本身情绪就不好，没有更好的办法调适，所以采用了暴力的方式来宣泄自己的愤怒。不论是哪种原因，孩子在其中都是受害者。因此，流动儿童的家长必须学会调适自己的不良情绪，改善自己的不良性格特点，这样才能有一个良好的心态去教育孩子。学校可以通过开办家长学校等形式帮助流动儿童家长调适自己的心理健康水平，同时，家长也可以通过有关专业人士的咨询和辅导来增强自己的心理调适能力。

二、提供良好的家庭环境

家庭环境对于成长中的孩子来说尤为重要。但是，流动儿童家庭资源的匮乏，往往使他们处于发展的不利处境下。因此，要促进流动儿童健康发展，非常有必要改善流动儿童的家庭环境。按照科尔曼提出的“家庭资本”理论，儿童发展所需的家庭资源包括经济资本、人力资本和社会资本。其中，经济资本是指家庭为儿童的发展提供物质条件，如食物、衣物等生活必需品。人力资本，即父母所学到的知识或受教育水平，他们能为儿童的发展提供资源，例如，受到良好教育的父母能够辅导儿童的学业和语言技能，并且能够鼓励儿童完成学业。社会资本，指儿童通过父母以及其他家庭成员与外界产生的联系，由此生成的社会关系网络。家庭社会资本包括家庭内社会资本（儿童的父母或其他监护人能够与儿童形成的各种关系）和家庭外社会资本（父母自身的社会网络）。研究表明，这三种家庭资本都是家庭需要提供给孩子的资源，缺少某一方面都会使儿童的发展出现问题。申继亮、胡心怡和刘霞（2007）通过对我国流动儿童的研究发现，流动儿童的家庭经济资本、人力资本和社会资本都低于城市儿童，流动儿童的自尊水平受到家庭资本的影响。因此，为了改善流动儿童的心理健康水平，亟须提高流动儿童的家庭资本，改善其家庭环境。

（一）提供良好的学习环境

良好的学习环境对于一个人的学习有重要影响，但是由于家庭经济收入和居住条件的限制，大多数流动儿童的学习环境都较差。不仅很难有独立的学习空间，而且可能连学习用的书桌和椅子都没有。这在一定程度上影响了流动儿童学习的兴趣和学习的努力程度。因此，流动儿童的父母应想办法提高自己的经济收入，尽可能给流动儿童创造一个好的学习环境。当然，每个家庭都有自己的难处，不能一味与别人攀比，但是可以力所能及地做一些能够做的事情来改善孩子的学习环境。如果没有单独的房间用来学习，可以设置一个角落专门用来给孩子学习；如果没有单独的桌椅给孩子学习，可以固定桌子的使用时间给孩子学习用。此外，当孩子在家中学习的时候，父母尽量不要在家里打麻将、打扑克、大声吵架等，这些都会干扰孩子的正常学习。提供良好的学习环境，孩子就会更有心思坐在那里认真学习，而不是经常由于外界的干扰而走神了。

（二）提供丰富的学习资源

丰富的学习资源不仅可以改善儿童的学业情绪，而且可以提高儿童的学业成绩。但是由于流动儿童的家庭条件所限，以及流动儿童家长的教育观念的局限，有些流动儿童家长采用能省则省、能减则减的原则，很少给孩子购买学习用品和学习用具，对于一些学习参考资料则一律不买。这在一定程度上影响了流动儿童的学业状况，不仅使他们对学习没有兴趣和动机，也不利于他们对课堂学习内容的巩固和复习。流动儿童的教育绝不仅仅是学校和社会的事情，也是家长和家庭教育的事情。家长应该尽可能给孩子提供一些学习必需品以及一些有益的补充学习材料。这样才能让流动儿童与城市儿童有平等的受教育权利和平等的学习机会。此外，多项研究都表明，流动儿童在公办学校中学习比在打工子弟学校学习有更好的心理健康水平、社会融合度以及学校适应性。因此，流动儿童的家长应充分考虑公办学校的优越性，首先考虑选取公办学校作为孩子受教育的场所。

三、改变家长的教育方式

家长的教育方式对孩子良好个性的培养、学业成绩的提高和身心健康发展都有至关重要的影响。但是流动儿童家长的教育方式往往是不科学的，他们通常只是从自身经验出发对孩子进行教育，这样不仅不能说服和教育好孩子，有时还会引起孩子的逆反心理。因此，改变流动儿童家长的教育方式是提高流动儿童心理健康水平的一个有效途径。

（一）转变家长的教育观念

大多数流动儿童的父母都会认为自身文化水平低，老师是孩子教育的直接负责人。其实，父母才是孩子的第一任老师，家庭和父母对一个人的影响是持久的，也是深刻的。因此，家长首先要树立起对自己孩子负责，采用科学方法教育孩子的理念。流动人口中了解如何正确教育孩子的家长比例很低，因此，非常有必要改变流动儿童父母的教育观念，促使其认识到不能仅靠自身的经验来教育孩子，而需要与时俱进，随时更新自己的教育观念。现代的教育观念首先要求家长要给孩子充分的尊重和信任。因此，在教育孩子的时候，家长不仅要站在自己的立场上看待问题，更应该站在孩子的立场上看待问题。其次，家长要给孩子独立思考问题和解决问题的机会，要注重培养孩子的创造力和解决问题的能力。在日常生活中，流动儿童的家长可以创造条件，让儿童学会自己解决问题。最后，流动儿童到一个新的环境后，必然会面临诸多心理不适。但是由于流动儿童年龄较小、经验不够丰富，有时他们面对这些困惑往往束手无策，因此，如何有效引导流动儿童来处理这些问题，使其快速与同伴、老师建立起亲密的关系，这些都需要流动儿童的家长给以适当的引导。总之，教育理念是随着时代发展不断变化的，家长要随时更新自己的教育观念。

（二）建立适当的教育期望水平

一部分流动儿童的家长经受了没有文化带来的诸多不便，深信“知识改变命运”，因此他们非常重视孩子的学业问题，但是他们往往不能根据孩子的学习基础来设定教育期望。另一部分家长则认为孩子不是学习的料，读点书就够了。可见，这两类家长对孩子都没有建立起适当的教育期望水平，都会影响孩子的学习。实际上，我们更应该根据孩子学习的能力、学习的基础、学习的兴趣和动机等多个方面来综合建立对孩子的教育期望。过高的教育期望会给孩子带来压力，使其产生学业焦虑；而过低的期望则不利于孩子学业的进步和发展。对于流动儿童来说，家长也应该根据这样的原则来建立适当的教育期望。

（三）引导孩子学会正确的学业归因

对于同一件事情，人们的归因方式很有可能完全不同。一般人们会将成功或失败归因为能力、努力、环境或运气。有些流动儿童的学业状况不够理想，其原因比城市儿童更加复杂一些。但是，如果流动儿童把自己的成功仅仅归为运气，而把自己的失败一味地归因为能力低或者运气差、环境不好，则不利于他们的学业进步。因此，这个时候需要家长指导孩子对自己的学业状况进行正确、合理的归因，要指导流动儿童将学业上的成功更多地归因为自己的能力和努力的结果，将学业上的失败归因为自己努力不足。这样的归因有助于流动儿童在学习过程中遇到困难时，增加自己的努力程度。引导流动儿童学会正确的归因，也有助于他们在其他方面的发展。当儿童将这种归因方式迁移到其他事情上，他就会减轻失败带来的无助感，增强成功带来的效能感。

四、建立良好的亲子关系

亲子之间的亲密感和良好的沟通模式有助于发挥家庭的教育功能和心理健康教育的作用。然而，流动儿童与父母之间的关系却不容乐观。一些流动儿童的父母经常采用暴力方式来教育孩子，导致亲子之间沟通不畅，孩子非常害怕父母。而另外一些孩子，则因为父母平时疏于管教，当父母想管教的时候，却管教不了了，孩子根本不听父母的，依然我行我素。

（一）建立良好的亲子沟通模式

流动儿童亲子关系存在的问题必然会影响家庭心理健康教育的效果。因此，家长应积极努力改善与孩子之间的关系，学会平等、尊重地与孩子进行沟通。沟通是一个双向的过程，在亲子沟通中，不能都是父母的说教，这种单边行动很难让孩子接受。此外，尽量多拿出时间来陪伴自己的孩子，主动与孩子进行交流。流动儿童的父母不论有多忙，最好都要养成每天与孩子交流的习惯。这种交流不一定时间很长，可能仅仅是短短的几分钟，就能够让流动儿童感受到父母的关爱，就可以改善流动儿童亲子之间的关系。

为了提高亲子沟通的质量，在进行亲子沟通时，流动儿童的父母还要注意自己的方式和方法。正确的表述方式对沟通很重要。在流动儿童的父母表达对孩子的不满甚至批评时，要就事论事，尽量避免使用诸如“总是”“从不”等词语，尽可能采用平和的方式具体指出对方某一个行为的不当，不要一下子给孩子定性。另外，在表达感受时，可以使用第一人称开头，而不是指责地使用“你”开头来表达抱怨。同时，流动儿童的父母在与孩子进行沟通时也要多注意使用非语言沟通的技巧。非语言沟通是指通过眼神、姿势、表情、动作、声调等进行沟通，包括身体语言沟通和副语言沟通。心理学研究发现，人的肢体语言传递的信息达 55%以上。交谈中的坐姿、手势、握手的方式、面部表情都包含着丰富的信息，需要我们在沟通时敏锐捕捉才能准确理解对方所表达的信息。特别是在亲子沟通的时候，一个拥抱、一个眼神或者一个轻轻的抚触，都能传递出父母对孩子的信任和关爱。有时流动儿童的父母不知道跟孩子说什么，这个时候这些非语言的沟通可以更好地发挥亲子交流的效果。

（二）采用民主型的教养方式

父母的教养方式对儿童的社会化发展有重要影响。大量的研究发现，不良的教养方式可能会导致儿童出现较多的社会性发展问题，如学习困难、人际关系不良、身心疾病、问题行为等。如果父母能够采用温情、理解的方式养育孩子，孩子的各种适应性都会有较好的发展；相反，如果父母采用严厉惩罚、拒绝否认的方式养育孩子，则孩子的适应性和学业都会受到不良影响。可见，流动儿童父母的教养方式对其适应性的发展和学业情况会有一定影响。然而，调查发现流动儿童家长的教养方式存在盲目性和随意性，他们往往言传重于身教，惩罚重于奖励，物质重于精神。大多数流动人口家庭对孩子的教养方式是放任型、专制型和溺爱型，采用民主型教养方式的很少。还有一些家长对待孩子的方式是只养不教，把教育的责任完全推给了学校。因此，为了提高流动儿童的身心健康水平，流动儿童父母的教养方式还亟须改进。流动儿童的父母要尽量为孩子营造一种民主、宽容、和谐的家庭气氛，对孩子不仅要有要求，也要对孩子的表现有所反应，给以适当的表扬和鼓励。

（二）营造充满爱与信任的家庭心理气氛

良好的亲子关系是充满爱和信任的。父母对孩子的爱包含对孩子的理解与接受。爱可以让父母与流动儿童之间更亲密。但是爱不仅是给孩子充足的物质条件，也不仅是给他们自由的空间。流动儿童的父母还需要特别注意的是，爱孩子并不是把自己的前途和希望都寄托在孩子身上，这样孩子会为父母的爱背负太重的负担，会给他们带来太大的压力。美国心理学家派克（S. Peck）说：爱不只是给予，它是合理的给与合理的不给；是合理的赞美和合理的批评；是合理的争执、对立、鼓励、敦促、安慰。同时，给予孩子充分的信任对于建立良好的亲子关系也有着至关重要的作用。相互信任是亲子之间愉快相处的基础，只有父母充分相信孩子，孩子才会相信父母，这样平等有效的沟通才会开始，真正的教育才会开始。父母对孩子的信任意味着对孩子的承诺一定要实践，同时也要给孩子做事情的机会，相信孩子可以独立把事情做好。

五、帮助孩子融入城市社会生活

与第一代进城务工人员不同，流动儿童更多的是很小就来到城市甚至出生在城市中，但是由于家庭背景的问题、户口的问题，这些孩子的身份并不明确。除了被冠以流动儿童、打工子弟等称号之外，他们不确定自己的身份到底是农村人还是城市人，不知道自己到底该归属于哪里。种种困惑导致这些儿童很难融入城市社会生活之中。然而，他们中的大多数人连同他们的父母，却还是都希望能够继续在城市中生活。可见，无论是对孩子来说，还是对进城务工人员来说，融入城市社会生活都是必然的。而社会融入程度也体现了一个人的社会适应情况以及一个人的心理健康水平，因此，流动儿童的父母应帮助孩子尽快融入城市社会生活，提高流动儿童的社会适应能力。

（一）扩大流动儿童的生活范围

流动儿童的生活范围主要是学校和家庭。他们对城市的了解主要是从父母和同学那里得到的。因此，父母应帮助孩子扩大他们的生活范围，使他们对城市生活有更广泛的接触和了解，比如周末的时候可以多带孩子去公园、图书馆、科技馆、博物馆等地方游玩和参观，以减少孩子与城市儿童之间的差距。这样不仅可以减少流动儿童的自卑感，同时也可以让他们在未来更好地适应城市生活。

（二）扩大流动儿童的交往范围

据调查，在打工子弟学校中接受教育的流动儿童，其交往对象往往也是流动儿童，即使在公办学校中，由于一些学校把流动儿童编排到了同一个班级，因此他们的交往对象大多数也是流动儿童。这样的交往模式不仅减少了流动儿童获得城市儿童社会支持的机会，而且也不利于流动儿童社会适应性的提高。因此，流动儿童的家长应提供机会让孩子扩大自己的交往范围，让他们多与城市儿童接触和交往。有些学校选择让流动儿童与城市儿童混班接受教育是一种有效的方式。此外，家长也可以扩大自己的交际范围，多带孩子去一些城市朋友的家中玩，增进孩子对城市生活和城市人口的了解。

（三）增强流动儿童承受挫折的能力

人们在日常生活中，并不总是一帆风顺的，当我们在实现目标的过程中遇到障碍，出现困难，而又很难克服时，我们就会感到受了挫折。心理学上将挫折定义为当个体从事有目的的活动时遇到不可克服的障碍而产生的紧张状态与情绪反应。挫折会给人们带来许多行为的变化，比如出现攻击行为、焦虑不安、冷漠、退缩等。流动儿童在融入城市生活的过程中，由于语言的差异、文化的差异、风俗习惯和家庭背景的差异，有时可能也会受到一些挫折。如果挫折没有超过他们的承受范围，可能会促进其积极奋发，引导流动儿童提高解决问题的能力。但是如果流动儿童经受的挫折已经超过了他们所能够承受的范围，那么将会导致他们适应不良。尤其是经常性地经受挫折，将对个体产生非常大的影响，甚至可能导致个体出现行为偏差，出现躯体和精神疾病。因此，为了使流动儿童更好地融入城市生活，父母要提高他们的挫折承受能力：首先，要帮助其分析产生挫折的主观和客观原因是什么；其次，要教给流动儿童一些承受挫折的具体方法。

学校对家庭心理健康教育的指导

家庭是开展流动儿童心理健康教育的重要阵地，然而，流动儿童家长的教养方式、流动儿童家长自身对心理健康的了解等方面还需改进和提高。因此，学校要对家长进行家庭心理健康教育的指导，帮助家长正确认识心理健康教育的重要性，指导家长正确对孩子进行心理健康教育，以实现家庭和学校心理健康教育的一致性，从而最大限度地实现心理健康教育的功能。

一、学校指导家庭心理健康教育的原则

学校指导流动儿童的家长对流动儿童开展家庭心理健康教育要遵循一

定的原则，要根据流动儿童的特点以及家庭背景，有计划、有系统、有针对性地开展工作。

（一）针对性与系统性

流动儿童与定居儿童不同，他们来自不同的地区，不是一个同质性群体。不同地区、不同学校的流动儿童也可能有很多不同的问题。因此，学校在对流动儿童开展家庭心理健康教育指导时，一方面要充分考虑到本校学生的特点，思考本校流动儿童普遍存在的心理问题是什么；另一方面也要考虑每个流动儿童父母的文化背景、职业特点以及家庭经济状况，要有针对性地开展工作。同时，对家长开展心理健康教育指导工作也要有系统性。一方面，由于流动儿童家长普遍对心理健康了解较少，缺乏心理健康保健意识和方法，所以在指导时要让家长对心理健康知识有一个系统完整的了解，而不能仅仅以解决流动儿童暂时的心理问题为中心。另一方面，儿童的心理正处于发展过程当中，因此心理健康教育也要遵循这一特点，注意流动儿童心理发展的规律，由浅入深，循序渐进，根据每个年龄阶段安排有针对性的指导工作。只有这样，才能使学校对家庭心理健康教育的指导起到作用。

（二）实用性与多样性

改变家长的教育观念以及帮助家长树立心理健康的意识是有效开展家庭心理健康教育的必要途径和前提条件。除此之外，学校还要注意帮助流动儿童家长解决一些教育实践中经常会遇到但容易被忽视的问题，以及一些比较棘手的问题。比如：怎样适应一所新的学校？怎样对学业问题进行正确归因？怎样正确运用鼓励性评价，激励孩子的上进心？怎样增强流动儿童的自尊心和自信心？怎样帮助他们养成良好的学习习惯、卫生习惯和行为习惯？怎样克服各方面带来的歧视、减少自卑感？怎样更好地融入城市社会生活？等等。这些问题，常常是家长们在日常生活中感到困惑、非常需要解决的问题，学校要针对这些内容给家长开展具体的指导。

开展家庭心理健康教育的指导是一项长久、系统的工作，绝不仅仅是家长会上老师讲几句或课后老师跟家长聊几句就能解决的问题。因此，对家长进行心理健康教育指导要采用多种途径和渠道进行。除了常见的专题讲座的形式之外，还可以采用个别访谈、班队活动、参观访问、订阅报刊、经验交流、宣传表彰等多种形式来开展指导活动。这些不同的方式从不同的角度促进家长与学校的沟通与交流，增强家长的角色意识，丰富和增长其心理健康教育的知识，对提高家庭教育的科学性水平起到了重要的促进作用。还可以把学校团体辅导的形式引入对家长的指导中，通过各种方式促进家长与孩子之间的交流和相互理解。例如，邀请家长参加学生的谈心活动，了解孩子对父母的感受和期望，或者组织学生回顾家长对自己的关爱，倾听家长对自己的评价与期待，等等。通过多种多样的指导，家长和孩子将会更乐于参与这些活动，也会对家庭心理健康教育起到更好的指导效果。

二、学校对家庭心理健康教育指导的内容

随着经济社会的快速发展，未来社会对人的要求是不仅要具有丰富的知识，而且要有较高的心理素质。但是，就目前情况来看，流动儿童的心理健康状况令人担忧。他们不仅家庭社会经济地位较差，而且还时常受到社会不公平待遇以及歧视，这导致他们的自卑感、孤独感都比普通儿童更高。然而，由于很多流动儿童家长缺乏心理健康教育的理论知识和方法，导致心理健康教育在家庭教育中一直是一个被忽视的领域。因此，需要学校对流动儿童的家庭心理健康教育进行指导。具体来看，学校对流动儿童家庭心理健康教育的指导包含以下内容。

（一）指导家长正确认识家庭心理健康教育

长久以来，由于受传统观念的影响，我国家长在家庭教育中往往忽视孩子的心理问题，不能主动采取促进心理发展的措施教育孩子，没有心理健康教育的观念。家长往往在家庭教育中存在着一些认识误区。比如：认为孩子身体没有病，就是健康的；关心孩子的物质生活，忽视孩子的精神世界；等等。因此，学校在对家长进行家庭心理健康教育的指导时，首先要帮助家长正确认识心理健康教育的重要性和必要性，改变传统的家庭教育观念。从当前的实际情况看，应指导流动儿童家长在以下几个方面确立正确的教育观念。

首先，要树立正确的健康观。健康的新概念不仅包括生理健康，没有身体残疾，也包括有社会适应能力和心理健康。流动儿童正处在心理发展尚未成熟、自我控制能力差、自我调适能力还不够强的时期，因此在处理学习、交往以及个人与集体的关系等复杂问题时，常常引起心理矛盾与冲突，造成心理障碍甚至心理疾病，从而影响德、智、体全面发展。学校要通过各种形式，指导家长了解心理健康的重要性，树立起心理健康的意识。

其次，要树立正确的发展观。个体的身心发展表现出一定的规律性，但也有个体差异，要因材施教。第一，要使家长了解个体心理发展的一般规律。个体的生理和心理发展都是一个由低级到高级、由量变到质变的不断发展的过程，表现出一定的阶段性和顺序性。每一个阶段都有其共同的规律和特点，并具有后一阶段与前一阶段在发展上的连续性。应使流动儿童家长了解他们的孩子在每一个发展阶段的不同表现和不同需求，在教育时遵循发展规律，既不要超越阶段、操之过急，也不要一味等待、坐失良机。第二，要使家长认识到每一个孩子都有其个体差异，应尊重孩子。青少年儿童心理发展的进程并不是按照相等的速度发展的，也不是千篇一律按照同一方式进行的。因此，家长应在了解青少年儿童心理发展一般规律的同时，充分了解自己孩子的实际情况，设定好对孩子的教育目标和期望，采用温情、理解的教育方式，润物细无声地做好教育工作。

最后，要树立正确的价值观。有些流动儿童认为自己的家庭与城市儿童的不同，感到自卑，甚至由此滋生对父母的怨恨情绪。而流动儿童的父母有时也认为自己没文化、从事的职业低人一等。这些观念导致流动儿童的家长以及流动儿童经常对自己的价值产生消极判断。实际上，工作是不分高低贵贱的，每一个人不论家庭出身、背景如何都是有独特价值的。因此，学校要指导家长认识到，自己从事的工作为城市社会的发展做出了贡献，树立正确的价值观。进而，让家长帮助流动儿童正确地悦纳自己的家庭，感恩父母，感恩社会，以积极的心态去面对生活中的挫折，扬起生活的风帆，努力创造自己的人生价值。

（二）帮助家长具备合格家长的素质

要想对流动儿童进行良好的心理健康教育，家长必须具备做一个合格家长的基本素质，保持自己的心理健康。为此，学校在对家长进行心理健康教育指导时，要指导家长不断进行心理调适，保持心理健康，必要时要及时对家长进行心理健康的援助。

1. 帮助家长关注自己的心理健康状况

流动人口承担着比普通人更大的生存压力，面对社会生活矛盾、工作生活压力，他们的心理健康状况不容乐观。如果家长存在心理健康问题，不仅对自身的发展不利，更严重的是对子女的成长有消极影响。所以，对每一位家长来说，要正确认识心理健康问题，并且要通过各种途径予以调适，从而保持心理平衡。因此，学校应该引导流动儿童家长审视并重视自己的心理健康状况，了解自身心理健康状况对孩子发展的影响，从而自觉维护自己的心理健康。学校心理辅导教师还可以通过对家长心理健康的辅导，给家长及时的反馈，肯定、支持和鼓励家长进行适当的挑战等，以使家长全面认识自己，提高其心理健康水平。

2. 家长要不断提高自身素质

心理素质既是综合素质的基础，又是综合素质的体现。为了保持自身的心理健康，每一位流动儿童家长在思想品德、知识学识、身体素质、个性品质、兴趣爱好等方面都要加强自我修养。这样既能使自己在工作学习和生活中保持良好的心态，同时也能对子女施加积极的影响。

做一个合格的家长应该具备的基本素质包括以下几方面。(1) 正确的教育态度：要学会尊重孩子，与孩子平等民主地相待，建立一种健康的亲子关系。(2) 对家庭教育有关知识的了解，包括对孩子心理发展特点的了解，心理健康知识的了解，家庭教育方法与艺术的了解。(3) 实现教育目标的能力：要学会观察和了解孩子，理智地看待孩子的优点和成长过程中的缺点错误；要学习科学的心理健康教育方法，帮助孩子克服缺点，发展健康的个性品质和心理。(4) 健康的人格修养：在理想、信念、人生观、价值观等方面应有积极的追求，要自尊、自爱、自强，充满自信心和责任感，要培养广泛的兴趣和好学的精神，待人接物要文明有礼、谦虚谨慎等。

3. 增强流动儿童家长的情绪调适能力

流动儿童的家长由于生活压力大，工作繁忙紧张，故而有些家长脾气暴躁，情绪不稳定，这不仅影响其自身心理健康，也会影响流动儿童的情绪状态和情绪调节能力。然而，保持轻松愉快的情绪状态对维护心理的健康至关重要。因此，学校要引导家长培养良好的情绪，增强情绪的自我调控能力，如保持乐观的心态，改变认知，以理移情，宣泄消极情绪，主动遗忘和转移消极情绪等。

4. 引导家长构建良好的家庭沟通习惯

良好的家庭沟通将消解家庭成员的内在压力，给家庭成员提供支持与帮助，增进家庭心理气氛，增强家庭凝聚力，促进彼此的理解和协调。学校应该使家长树立正确的教养观，引导家长重视与子女的交流与沟通，强化家长对创造温馨和谐的家庭氛围和良好的精神文化环境的重要性的认识。心理辅导教师可借助团体辅导过程或是家庭心理辅导过程，通过榜样示范、角色扮演、行为训练、家庭作业等方式来使家长掌握良好沟通应有的态度和技术，形成良好的家庭沟通习惯。

（三）帮助家长了解家庭心理健康教育的内容

家庭是孩子的第一所学校，家长是孩子的第一任老师。对于流动儿童来说也是如此，流动儿童家庭心理健康教育的内容非常丰富，包括个性的塑造、良好习惯的养成、人际交往能力的培养、不良情绪的改善以及社会适应等。

1. 提高流动儿童的自信心和自尊心

学校要让家长明确，自信心和自尊心对儿童的健康成长至关重要。要向流动儿童家长传授如何提高流动儿童自信心和自尊心的方法，以利于家校同步塑造流动儿童的良好个性。

2. 改善流动儿童的人际交往状况

流动儿童的人际交往情况直接关系到他们是否可以适应未来的城市生活，流动儿童的人际交往能力与家长的教育以及家长的人际交往状况有很大关系。因此，如何改善流动儿童的人际交往技能也是学校要指导流动儿童家长的一项重要内容。

3. 提高流动儿童承受挫折的能力

每个人的人生都不可能一帆风顺，都可能会遇到各种挫折。但是，流动儿童的挫折似乎比同龄的孩子更多一些，更早一些，他们要承受更多的歧视、排斥。因此，提高流动儿童承受挫折的能力是改善流动儿童心理健康状况的目标，也是学校要指导流动儿童家长进行的一项家庭心理健康教育的内容。

4. 改善流动儿童的不良情绪情感

流动儿童的情绪问题比较多，比如孤独感、焦虑感，还有些儿童有恐惧倾向。因此，在家庭心理健康教育中也要注重培养孩子的健康情绪和情感。学校要指导家长如何减少孩子的不良情绪，如何提高其情绪调节能力。

5. 培养流动儿童的良好行为习惯

良好的行为习惯会让人终身受益，好习惯的培养是一个长期的过程，家长在这方面有着比学校更重要的优势。但是，流动儿童的很多不良行为习惯又来自于家庭，可见，流动儿童的家长并不了解如何培养流动儿童的良好行为习惯。因此，学校要承担起提高家长心理健康教育能力的重任，指导家长采用一定的方式方法有效培养流动儿童的良好行为习惯。

6. 提高流动儿童的社会适应能力

流动儿童的社会适应能力较差有多方面的原因，家庭的频繁流动和家长缺乏主动适应社会的意愿是其中很重要的原因。因此，提高流动儿童的社会适应能力要求流动儿童的家长要从自身做起，主动给流动儿童创造有利于适应社会的机会。因为流动儿童家长本身的社会适应能力以及社会融合度也存在一定的问题，所以学校要指导流动儿童的家长提高流动儿童的社会适应能力。

（四）帮助家长掌握家庭心理健康教育的方法

针对流动儿童的特点以及流动儿童家庭心理健康教育的内容，学校应通过有关知识的传授和经验的介绍，帮助流动儿童家长掌握以下一些基本的心理健康教育方法。

1. 与孩子有效沟通与交流的方法

（1）注意倾听

交流是一个双向的过程，在与孩子进行交流的时候，不能只是家长一个人在唱独角戏。因此，如果发生了什么事情，无论当时的气氛是怎么样的，都要记得让孩子把话说完。

（2）少说套话和气话

家长与孩子进行交流时，最常见的套话是“我们小时候……”和“你看看某某……”之类的话。由于孩子最关心的是现在，所以遥远的过去和未来对他们都不会产生作用，良好的沟通是可以用现在时来解释孩子的行为。把自己的孩子与其他孩子进行社会比较，不仅会挫伤孩子的自尊心，也会使自己的孩子失去信心。此外，也要注意对孩子少说气话。尤其是面对一些比较内向敏感的儿童，几句气话可能就会对他们的心理造成严重的伤害。

（3）体现尊重

家长在与孩子进行交流和沟通的时候，要能够体现出对孩子的尊重。当孩子与父母有不同意见时，父母要多站在孩子的角度考虑问题，并澄清孩子的说法，看看是否是理解上的不同，而不是站在自己的角度一味地数落孩子，或者固执地坚持自己的看法。此外，也可以让孩子参加一些家庭话题的讨论。

（4）学会表达对孩子的爱

毋庸置疑，每个家长都是爱孩子的，但是爱的方式却千差万别。有些流动儿童的家长会用物质奖励表达自己对孩子的爱，有些家长则会因为自己的孩子没有达到自己的期望，而由爱生恨。这些都是表达爱的错误方式，实际上，对孩子的爱更应该体现在日常生活中的交流和沟通中。比如：当孩子受到委屈时，一个关爱的眼神；当孩子取得成功时，一句赞美的问候；当孩子遇到困难时，一句鼓励的话；等等。

2. 增强孩子自信心的方法

（1）善于发现孩子的优点，挖掘孩子潜能

每个孩子都有自己的特长，流动儿童也不例外。家长不能只看到自己孩子的短处，更不能拿孩子的短处与别的孩子的长处比较；而是要从心底发掘孩子的潜能，鼓励孩子多发挥自己的特长，让其看到自己的优势，树立起自信心。

（2）坚持积极的鼓励和反馈

流动儿童同所有的孩子一样都希望得到别人的认可，但是又由于特殊的身份和家庭背景，他们有时又无奈地不能获得所有人的认可，甚至有时还会受到歧视和排斥。因此，流动儿童的家长更应该在孩子取得成绩或有某些进步的表现时，注意到他们的努力并及时肯定、予以表扬。从父母那里获得的认可和支持，同样可以增强孩子的自信心。

（3）使流动儿童获得安全感与稳定感

按照马斯洛（A. Maslow）的需要层次理论，安全感是人最基本的心理需要之一。在不断流动的过程中，流动儿童的安全感和稳定感将会逐渐减少，这将会影响到流动儿童的自信心。因为每当新到一个环境，流动儿童都需要重新适应，都会发现自己还有需要改进的地方。因此，流动儿童家长应尽可能减少多次流动，给流动儿童一个安全、稳定的环境，这对于培养他们的自信心非常重要。

3. 培养流动儿童健康情绪与情感的方法

（1）学会合理宣泄不良情绪

流动儿童的负性情绪较多，如果这些情绪得不到及时的调节和宣泄，将会严重影响流动儿童的心理健康，甚至可能会引发他们做出一些过激行为。因此，流动儿童家长要让流动儿童学会合理宣泄其不良情绪。所谓合理的宣泄是指在不干扰别人的情况下，将自己的不良情绪发泄出去，而使自己内心变得平静。比如，可以通过写日记的方法疏解不良情绪，也可以通过撕纸条的方式来表达自己的不满情绪，也可以通过运动、倾诉、沟通、哭泣等方法宣泄自己的不良情绪。

（2）改变不良认知调节情绪

人们的情绪不论是好是坏，都与我们对事物的认识和评价有关。由此可见，要想改变不良情绪，首先要改变我们对事物的看法。研究已经发现，流动儿童感知到的社会歧视会影响其情绪和情感。因此，当流动儿童受到歧视和排斥等负面事件的影响时，流动儿童的家长要鼓励他们从不同的视角来看待这些事件，要让流动儿童看到社会上大多数人对流动儿童的关注还是积极的，这些问题的存在是暂时的。通过积极调整流动儿童的认知，他们也会有更加积极的情绪和情感。

（3）从负性情绪中转移注意力

一个人长期沉浸在某种负性情绪中，将会对这个人的身心健康产生巨大影响。因此，流动儿童的家长发现孩子经常处于某种负性情绪中时，可以采用转移其注意力的方法，帮助其从负性情绪中走出来。

（4）正确表达自己的情绪

对于一些胆小、内向的流动儿童来说，他们在新环境中往往不敢表达自己的情绪，这样长久下去，将会影响他们的身心健康。而在适当的场合和时间表达恰当的情绪不仅对身心健康有益，还有利于提高流动儿童的人际交往技能。因此，家长要帮助流动儿童正确地表达自己的喜怒哀乐。

4. 培养流动儿童良好行为习惯的方法

“习惯形成性格，性格决定命运。”习惯养成对孩子很重要。流动儿童的良好行为习惯养成，也是学校和家庭心理健康教育的重要内容之一。

代币法（the token system）是一种有效培养儿童良好行为习惯的方法，流动儿童的家长也可以采用这种方法，帮助孩子养成良好的行为习惯。该方法具体是，每当孩子表现出父母期望的行为时，就可以从父母那里“挣得”一定的分数，孩子可以用这些分数来“兑换”相应的奖励。这些奖励可以是一场电影、一个玩具等，但最好不是金钱或者打游戏。由此，儿童的好行为会不断得到强化，慢慢地就会形成父母所期望的行为，并不断固定下来，成为一种习惯化的行为反应方式。

具体来说，代币法可以分三步实施。

第一步，家长首先根据孩子日常生活、学习、成长中的情况，记录孩子的日常行为表现，为孩子列一个“行为分值清单”。在清单中，把孩子的行为分为两类，即好的行为（父母期望的行为）和不好的行为（非父母期望的行为），并根据行为的重要性程度、完成难度赋予象征性的分值：期望行为赋予正分值，非期望行为赋予负分值。家长可以有意识地把自己所期望的良性行为或孩子身上难改的不良行为予以较高的象征性分值。

第二步，为孩子建立一个“奖赏强化清单”。父母首先让孩子说出自己喜欢什么样的奖赏物（强化物），家长一一予以记录，并根据自己对孩子喜好的把握，予以补充、引导。父母综合孩子列出的和自己开列的奖赏物条目，对它们进行整理，分成两类：一类是父母较容易提供的、不需要花费太大成本和时间的强化物；另一类是父母较难提供的、代价较高或需花费一定时间的强化物。然后分别给这些强化物评估分数（孩子得到这些强化物需要的正分数值）。这里父母可以根据得到奖赏物的代价（成本）高低、难易程度予以估定分数。父母在为孩子开列奖赏物清单时，要注意把物质激励与精神激励手段相结合，正确引导孩子的需要，不仅要让孩子关注感官需要（物质需要）的暂时满足，还要促使孩子的需要不断从低层次向高层次发展。

第三步，操作执行，兑现奖励。待上述两份“清单”列好（可以列在一张纸上，也可以分列）以后，准备工作也就完成了。之后家长就可以操作执行了：孩子每表现出父母期望的良好行为，就根据“行为分值清单”记录孩子应得的正分值（清单上若没有，可以随时增删、补充和完善）；孩子每表现出非期望的不良行为，就扣减相应的分值。随时累积孩子的分数（让孩子也随时了解自己“挣得”的分数），根据情况适时予以兑现奖励。上述方法，家长执行起来要严肃认真，但也要注意灵活掌握。若孩子因正分值没有达到相应等级的奖赏要求而无理取闹，家长一般不应迁就、妥协。若实在无法坚持，则可以退一步，明确告诉孩子：“这次可以满足你的要求，但有一个条件，你必须完成……的任务，以补回所欠缺的分数，且下不为例。”这种方法实施后就会收到“立竿见影”之效。不用父母督促和提醒，孩子就已经自觉养成了一些好的行为习惯，改掉不良习惯。

5. 提高流动儿童承受挫折能力的方法

（1）引导孩子正确认识挫折

要让流动儿童认识到挫折是个人生活的组成部分，每个人都有可能经受挫折。但是挫折并不可怕，关键是看我们如何战胜挫折。罗曼·罗兰（R. Rolland）说过：“痛苦这把犁刀一方面割破了你的心，另一方面掘出了生命的新的水源。”流动儿童家长可以通过一些具体实例的介绍，让流动儿童认识到生活中的挫折和磨难既能给人带来痛苦，也能使人变得坚强起来。

（2）树立积极乐观的生活态度

由于流动儿童的挫折感一部分源于家庭背景等因素，他们可能会因此对家庭感到悲观和失望。这不仅不利于建立良好的亲子关系，也不利于流动儿童自身的健康成长。所以，流动儿童的家长要教会孩子树立积极乐观的生活态度。告诉孩子不能因为目前的状况就对未来失去信心，要相信通过自己的努力奋斗，终将摆脱困境并走向成功。

（3）扬长避短，减少挫折感

流动儿童与城市儿童相比，也有自身的优势，比如真诚淳朴、热爱劳动、乐于助人，有些流动儿童还有体育特长。但很多流动儿童的家长似乎更关注孩子哪些方面比别的孩子差，而对孩子的这些优点往往视而不见。实际上，充分发扬流动儿童身上的这些优点，提高其自信心，正是战胜挫折的一个好方法。因此，在日常生活中，家长应尽可能挖掘孩子身上的优点，让其充分体验到自己成功的快乐，这样时间长了就会让其对战胜挫折更有信心，也会知难而进。

6. 培养流动儿童交际能力的方法

（1）创造平等和相互尊重的交往氛围

家长在和孩子进行交流沟通的时候，不能总是板着一副权威的面孔。学会在交往中创造平等和相互尊重的氛围是非常重要的。孩子对新事物接受更快，也可能比父母更能适应城市的生活，因此，家庭中的事情也可以适当让孩子参与讨论和决策。

（2）鼓励孩子多交朋友

交往是一种相互的过程，交往的技能只有在与他人交往的过程中才能学会。因此，家长应尽可能给孩子创造交往的场合和机会。同时，也要鼓励孩子自己多交良师益友。

（3）教给孩子基本的交往技能

交往是一门艺术，孩子的交往技能也是在交往中逐渐形成的，因此学校要指导家长教给孩子一些基本的人际交往技能，如分享、轮流、协商、合作等。这些技能的传授往往都是在潜移默化中进行的，需要家长以身作则。

7. 增强流动儿童社会适应性的方法

（1）提高家长自身的社会适应能力

流动儿童的家长常常被称为第一代城市移民，因为对城市生活还不够了解，人际交往范围有限，往往其社会适应能力以及社会融合度较差。这对流动儿童的社会适应性造成了一定的影响，因此要改善流动儿童的社会适应性，首先要提高家长的社会适应性。

（2）给流动儿童创设良好的社会适应机会

社会适应能力以及社会融合程度需要更多的社会生活实践。但是，流动儿童的家长对于城市生活不是十分了解，因此，学校要指导家长如何给儿童创设良好的社会适应机会，比如业余时间都可以带孩子到哪些地方参观游览等。

三、学校对家庭心理健康教育指导的形式

为了更好地指导流动儿童家长进行家庭心理健康教育，学校应当坚持不懈地采用各种途径和多种形式，让家长相互交流、相互学习，取长补短，以此帮助家长不断地提高家庭心理健康教育水平。

（一）举办讲座和开讨论会

举办讲座和开讨论会是比较常见的指导家长开展心理健康教育工作的方式。可以由学校或班主任主持召开，根本目的在于普及心理知识，帮助家长认识家庭心理健康教育的重要性，帮助家长改进心理健康教育的方法，促使其在实际生活中达到教育目的。学校可以邀请有关心理健康教育、家庭教育等方面的专家和学生家长共同讨论家庭心理健康教育的内容、途径和方法。讲座和讨论会的主题可结合本校和本班具体情况确定，例如，如何适应新的环境，如何鼓励流动儿童养成良好行为习惯等。讲座和讨论会的开展，既要注重心理知识的普及，又要讲究实际操作，使家长在平日的家庭心理健康教育过程中，能够做到优化流动儿童心理素质，增进流动儿童心理健康，培养流动儿童健全人格和良好个性，进而提高流动儿童社会适应能力，促使他们全面自由地发展。

（二）建立规范性家访

建立规范性家访是教师或家长根据个别学生的心理健康教育问题而展开的个别交流，可以是任何一方主动，教师可以进行家访，家长也可以到校走访教师，互相通报学校（主要是孩子所在班级）、家庭的基本情况，以及近期发生的重大变化。通过规范性家访可以了解学生所在学校、班

级、家庭的基本情况；可以相互交换教育学生的意见，共同商讨进行心理健康教育的对策等。家访具有其独特的不可替代的功能，因为教育对象的很多“第一手资料”需要借助家访获得，如此才能全面客观地掌握流动儿童的家庭状况，有的放矢地展开心理健康教育。要更新传统的家访，探索流动儿童家访工作的新思路、新途径，使之成为沟通学校与家庭的“心桥”。教师可以采用多种方式开展家访工作，除传统的上门家访外，还可以通过电话、短信、家校联系卡、家长会、家长接待日、学校开放周（月）、开放班级课堂等各种不同方式与家长沟通，将学校的心理健康教育要求和学生的近期表现及时告知家长，让家长将孩子在家的表现和心理健康状况及时向教师反馈。互访中教师与家长都应采取热情、求实、负责的态度，而且还要经常互访，否则双方只会获取一些过时信息，影响教育的效果。

（三）创立家长委员会

家长委员会是由学校组织的、由家长代表参加的群众性组织，是按班级人数推选出一定数量的家长代表而成立的。家长可以定期向委员们提建议或汇报学生的心理健康情况。老师与委员们可以通过开委员会会议交换信息，共同研究如何对流动儿童进行心理健康教育。综合来说，在开展心理健康教育的过程中，家长委员会的作用主要是收集对于开展家庭心理健康教育有指导意义的意见和建议，通过家长委员会制定或贯彻学校关于开展家庭心理健康教育指导工作的内容和方法。家长委员会作为学校与家长联系的桥梁，既可以及时反映家长对学校工作的意见和建议，又可协调家长之间、家长与学校之间的关系，协助学校做好家长工作。

（四）设立家长学校

家长学校是近年来各地中小学里普遍开设的一种对家长进行指导和培训的组织形式，其主要任务是向家长系统传授教育子女的知识，交流推广成功的教子经验，提高家长的教育能力和水平。一些流动儿童学校较早设立了家长学校，如南京所街小学。这些学校的家长学校在指导家长开展心理健康教育工作的过程中发挥了巨大作用。在开展心理健康教育的过程中，学校可以通过家长学校对家长进行有关心理健康知识的专题讲授，组织典型经验的交流。通过家长学校的指导和培训，广大家长能够系统地了解有关心理健康教育的基础知识，确立正确的心理健康教育观念，增强培养孩子良好心理的意识，同时也能掌握一些培养孩子良好心理素质的常用方法，对形成心理健康教育的合力，以及全面提高孩子的心理健康水平，起到了重要的作用。

（五）开展家庭心理辅导工作

家庭心理辅导是由心理健康教育和家庭教育方面的专业人员或心理辅导教师为家长提供专业辅导的形式。这种辅导不同于一般教师在平时的家长会上或是与家长的交谈中对家长进行的教育指导，是对需要辅导和帮助的家长进行辅导，针对家庭教育中所遇到的心理问题，有针对性地实施帮助，提高家长自身的心理健康水平。辅导的方式可以是多种多样的，可以针对个别家庭进行单独辅导，也可以针对一些普遍存在的问题进行团体辅导。学校应该配备专业心理辅导教师，帮助流动学生家长更好地处理家庭心理健康教育中遇到的诸多问题。

链接：

父母的教育方式对儿童的发展有重要影响，鲍姆林德(D.Baumrind)最早研究了这一问题。她按照情感和控制两个维度，将父母的养育方式分成了三种类型：专制型、权威性和溺爱型。后来的学者又根据这两个维度提出了忽视型。专制型的教养方式中父母很少给孩子情感上的温暖，但是对孩子设定的控制却很多，父母比较武断和霸道。权威型的教养方式往往是比较理想的，父母既能够给予孩子一定的积极情感，也会给孩子提出合理的要求，这种教养方式是以积极结果为导向的。溺爱型的教养方式是父母仅给予孩子无条件的各种关爱，但是对孩子不提任何要求，这样的孩子做事情容易不考虑后果，没有底线。忽视型的养育方式中父母很少关注和关心孩子，对孩子既不给予情感上的温暖，也不提任何要求，这种冷漠的教育方式，容易使孩子产生很多内化和外化的问题行为。

第 5 章

流动儿童的学习心理

我们先来了解一下小学生张康的经历。

张康起初就读于离父亲单位较近的1所公办小学S小学，入学时一次性交纳3000元赞助费，读完小学6年。一年后，因为S小学拆迁，全部学生就近转入B小学。B小学是南京市鼓楼区一所重点小学，校方认为张康应该重新一次性交纳一万元赞助费才有资格入学。在张康父亲单位领导的协调下，学校勉强接受其入学。张康入学后，该校教师多次以B小学主要招收高干子女，张康不属于这个群体范围且成绩差为由劝其退学。无奈之下，张康从B小学转到打工子弟学校Y小学。在Y小学就读一年后，因为原先居住的租赁房屋拆迁，现居住地离Y小学过远，父母担心张康的安全问题，便将其转入离家较近的M小学。下学期，张康面临第4次转学，因为他父亲原先就职的单位倒闭，新近谋职的单位距离M小学很远，于是全家决定再次搬迁，在邻近父亲单位的地方替张康再找一所打工子弟学校入学。

（1）张康在B小学的情况

B小学教师不管张康的真实成绩水平，始终给他贴上差生“标签”，经常对其批评和给予否定。除了把张康列入差生行列外，教师还对张康施以不平等待遇。

“原来那个学校（B小学）的老师对我很不好。我考试考八九十分，老师还要把我叫到办公室去批评我。老师还经常当着全班同学的面跟我说，你下学期不要来上课了。老师就是看不起没有南京户口的学生。”（张康）

“他（张康）在B小学上学的时候，人家都有红领巾，老师歧视他，就他没有，就不给他发红领巾。我送他去上学，好多小孩在一起，人家就喊他一起走，他就是不跟他们一起走。在家我问他，上学人家都喊你，你跟人家一起上学不是蛮好的嘛。他说，我不跟他们一起走，他们都有红领巾，我没有红领巾，人家会笑我的。开始就是不给，后来上了两个学期了，人家小孩都有了，不知是搞什么活动，老师就叫交钱，给他买了一根红领巾。”（张康的母亲）

（2）张康在M小学的情况

张康转入打工子弟学校后，处在同样生源的同伴群体中，按理说成绩应该有所回升。但是，张康却由原来在及格线边缘徘徊逐步沦落到不及格。除张康本人原因外，打工子弟学校的师资力量弱、教学方法落后、教师态度差等外因又在一定程度上加剧了他的学习困难。

M小学的教师流动率非常高，每学期都有教师辞职甚至不辞而别，这学期中途又有3名教师突然离职。每次教师离职后，学校的教学计划和课程安排都要重新调整。张康所在的四年级（2）班，本学期已经更换了3名数学教师。加之张康本学期刚刚转入M小学，任课老师对他的情况都不是非常了解，班主任也未进行过家访。现任班主任牛老师是期中考试后接手他们班的。

研究者（以下简称R）：你教四年级数学课，对张康的情况了解吗？

牛老师（以下简称N）：我听说过张康这个名字，但是人和名字对不上号，只知道他的数学成绩很差，作业写得一塌糊涂。我刚刚接手他们这个班，好多小孩的名字还都叫不上来，对学生的情况不太了解。

R：张康数学成绩差，有没有对他进行额外辅导？

N：哪有时间，我又要带英语，又要带数学，还要做班主任，一个礼拜有二十几节课，上完课有一大堆作业要改，根本没时间。上完课就走人，跟学生接触很少。

R：像张康这样多次转学、学习上比较后进的学生，老师上课时会特意照顾他们吗？

N：一般不会。很多学生都会，就几个不会，我不可能停下来专门给他们讲。我就按照正常进度讲，他就这样跟着听呗，听不懂下课问其他同学，实在不会就算了。

问题：

读完本章的内容，想一想我们该怎么帮助像张康这样的学生？

流动儿童的学习动机

一、什么是学习动机？

动机是直接推动有机体活动以满足某种需要的内部状态，是行为的直接原因和内部动力。有机体的各种行为和活动都是由动机所引起的。学生的学习行为也同样受着动机所支配，这种动机就是学习动机。学习动机是直接推动学生进行学习的内部动力。一个学生是否想要学习，为什么而学习，喜欢学习什么，以及学习的努力程度、积极性、主动性等，都能够通过学习动机加以说明。

学生的学习动机可以根据不同的标准划分为不同的类型。

（一）正确的学习动机与错误的学习动机

根据学习动机的社会意义不同，可以把学习动机分为正确的或高尚的学习动机以及错误的或低下的学习动机。例如，“为中华之崛起而读书”涉及的学习动机是正确的学习动机，为将来享乐而学习涉及的学习动机是错误的学习动机。

（二）直接的近景性学习动机与间接的远景性学习动机

根据学习动机起作用时间的长短不同，可以把学习动机分为直接的近景性学习动机和间接的远景性学习动机。直接的近景性学习动机可以简称为直接动机或近景动机，间接的远景性学习动机可以简称为间接动机或远景动机。例如，为明天的考试而学习涉及的学习动机是直接的近景性学习动机，为将来成为科学家而学习涉及的学习动机是间接的远景性学习动机。

对于直接学习动机和间接学习动机，我们需要明确的是，两者是互相影响的。学生如果受到直接的学习动机推动能够把眼前的事情都做好，会有助于他们形成间接学习动机。同时，如果学生确立了远大的理想，被远期的目标所推动，也会影响他们近期的行为。因此，在教育教学中，既要注重培养学生的规划能力，也要注重加强对学生进行理想教育。

（三）主导性的学习动机与辅助性的学习动机

根据动机起作用的大小不同，可以把学习动机分为主导性的学习动机和辅助性的学习动机。例如，有的学生努力学习有两个原因，主要原因是为了得到父母的表扬，次要原因是为了学习知识，那么这个学生的学习动机包括由想得到父母表扬而产生的主导性的学习动机和由想获得知识而产生的辅助性的学习动机。

对于不同的学生来说，主导性的学习动机有所不同。我们在教育教学时应该利用学生的主导性学习动机来激发他们的学习积极性。例如，小学低年级的学生比较容易被教师或家长的表扬所激励，中高年级的学生探究知识的欲望比较高。那么，对于低年级的学生，教师应该对学生的进步给予更多的鼓励；对于中高年级的学生，则可以逐渐给他们分配一些有挑战性的学业任务。

（四）外来学习动机和内在学习动机

根据学习动机的动力来源不同，可以将学习动机分为外来学习动机和内在学习动机。外来动机是指由学习结果或学习活动以外的因素作为学习的目标而引发的推动学生学习的动力，学习活动只是达到目标的手段，故外来动机也称为外部学习动机。比如，一个学生为了考试和好的分数、班级的排名、教师的表扬或其他的各种奖励而学习就是外来动机的作用。内在学习动机是指由学习活动本身作为学习的目标而引发的推动学生学习的动机，学习者在学习活动过程中获得满足，故内在学习动机也称为内部学习动机。例如，某个学生因为对数学感兴趣而探究难解的数学题目。

对于外来学习动机和内在学习动机，我们需要明确的是，两者是独立的两种学习动机。对于一个学生来说，既有可能两种学习动机都强，也有可能两种学习动机都弱，当然也可能一种学习动机强，另外一种学习动机弱。当然，两者也会发生互相影响。当学生对某种学习活动有内在学习动机时，如果给他们提供额外的奖励，使用外来学习动机激励他们，则有可能会削弱他们的内在学习动机。当学生对某种学习活动毫无兴趣的时候，我们可以使用外来学习动机激励他们，当他们逐渐对这种学习活动产生兴趣的时候，我们再逐渐减少对他们进行的额外奖励。

流动儿童的学习动机特点

一、一些流动儿童不能形成正确的学习动机

正确的学习动机和错误的学习动机是从社会意义划分的。一般来说，随着年级的升高，随着儿童认知能力的提高和学校教育的引导，学生会逐渐形成正确的学习动机。在低年级，即使学生能够表达出正确的学习动机，也未见得真正形成了正确的学习动机。流动儿童由于学校教育的不稳定、不连贯，加之流动儿童在生活变迁的过程中，父母一方或双方不能陪伴在身边，导致流动儿童的家庭教育也会出现缺失。这样会使流动儿童对学习意义的认识更为模糊。另外，一些流动儿童由于家境困难，或者面临与父母的分离之苦，他们迫切希望能够通过学习改变自己的命运。这种想法无可厚非，但需注意的是，要注意孩子的心态的调整，防止孩子形成过于强烈的学习动机，或对社会抱有敌意，或怨恨自己生在不好的家庭。

二、一些流动儿童既无近景学习动机，也无远景学习动机

在学生的学习中，不论是近景学习动机还是远景学习动机都是非常重要的。近景学习动机可以促使学生把当下的事情做好，远景学习动机可以使学生的学习活动持之以恒。人们常说，人无远虑，必有近忧。当学生拥有了远景学习动机，他们就不会被眼前的事情困扰，会朝向自己的目标不

断努力。

一些流动儿童由于生活居住地不断变化，使他们的学习生活常被打乱，这使他们既难以确立近期的目标，不知道学习的意义，过一天算一天，同时也无法思考自己的远期理想。对于中学阶段正要形成自我同一性的流动儿童来说，这种影响更大。自我同一性是心理学家埃里克森提到的一个重要的概念。埃里克森认为，中学阶段是个体确立自我同一性的关键时期。所谓自我同一性，就是个体要回答我是谁的问题，明确自己的兴趣、能力，未来要从事的职业。自我同一性的确立和个体的远期目标有着紧密的联系，和个体远景学习动机的形成有着紧密的联系。变动的生活使一些流动儿童对于自己的未来比较茫然，阻碍他们形成远景学习动机。

三、一些流动儿童内在学习动机和外来学习动机都较低

内在学习动机和外来学习动机是两种独立的学习动机，由于家庭因素和学校教育因素的影响，一些流动儿童的这两种学习动机都不是很强。流动儿童的家庭经济水平可能会影响他们的学习动机，一般来说，收入水平较低家庭的流动儿童其学习动机较差。这一结果不难理解，家庭收入和父母的职业类型、父母的学历以及空闲时间有很大的关系，父母收入越高，父母的学历较高的可能性比较大，空闲时间也较多，对孩子的学习状况也比较关心，孩子也不会因为家庭居住地的变动而影响学习。相反，低收入家庭的父母则可能无暇顾及孩子的学习情况，也缺乏辅导孩子的知识和理念，这导致他们的孩子也不太关注学习，学习兴趣较低，受外部诱因而引发的外来学习动机也不强。

四、一些流动儿童的自我效能感较低

自我效能感是指个体对自己某一领域能力的评价和判断。当一个学生在某一个领域的自我效能感比较高时，就表现出较强的自信心，相反当一个学生在某一领域的自我效能感比较低时，就表现出较强的自卑感。自我效能感对学生的学习成绩会产生较大的影响，也就是说不仅一个学生的智力和能力会影响他的学习成绩，这个学生对自己智力和能力的评价也会影

响他的学习成绩。这是因为，当学生的自我效能感较高时，他会选择比较有挑战性的任务去完成，面对困难的任务也会心无旁骛，情绪高昂，勇于坚持。

由于家庭居住地的不断变动，特别是由落后地区转入发达地区生活时，一些流动儿童无法适应新的学习环境，觉得自己各方面不如新同学，由此导致他们缺乏信心，自我效能感较低。面对老师布置的各种任务，学校举办的各种比赛，他们退缩回避；一旦考试成绩较低，他们就找到了自己能力不足的证据，放弃努力；完成老师布置的任务时，他们不设法完成任务，而是充满焦虑的情绪。

提高流动儿童学习动机的教学策略

一、培养流动儿童的学习兴趣

内在学习动机是激发学生学习的重要动力，其中学习兴趣是引起内在学习动机的重要原因。我们经常提到兴趣是最好的老师，但是如何培养学生的学习兴趣呢？要回答这个问题，首先我们应该明白引起学习兴趣的因素是什么，在此基础上我们才能找到培养学习兴趣的方法。

（一）学习兴趣从哪里来？

学习兴趣主要源于学生的能力倾向和知识基础。当学生在某个领域越是擅长或是了解越多的时候，他们越是对相应的任务感兴趣，越可能对相关的内容产生好奇心。正如井底之蛙这个故事所讲的，当一个人对外面的世界毫无所知时，他就没有什么感兴趣的东西了。如图所示，圆圈内代表一个人已经掌握的知识，圆圈外代表一个人未知的领域。当个体掌握的知识越多的时候，他所感知到的未知领域就越多，就会对更多的领域产生兴趣。

图　掌握的知识越多，感兴趣的领域越多

（二）怎样培养流动儿童的学习兴趣？

1. 利用擅长的方面引导不擅长的方面

美国心理学家加德纳（H. Gardner）1983 年提出的多元智力理论认为智力的内涵是多元的，它由八种相对独立的智力成分构成。每种智力都是一个单独的功能系统，但这些系统相互作用，从而产生整体的智力行为①。八种智力成分分别如下：言语智力，指的是阅读、写文章以及日常会话的能力；逻辑—数学智力，指的是数学运算与逻辑思考的能力，比如逻辑推理；空间智力，指的是环境、辨别方向的能力，比如查阅地图等；音乐智力，指的是对声音的辨别与韵律表达的能力，比如弹钢琴等；身体运动智力，指的是支配肢体完成精密作业的能力，比如跳舞等；人际智力，指的是与人交往且能和睦相处的能力，比如理解别人的行为情绪等；自知智力，指的是认识自己并选择自己生活方向的能力；关于自然的智力，指的是识别自然界中的模式的能力，比如识别不同物种之间的关系，或者预测明天会有什么样的天气。

每个学生总有他擅长的一面，也有他不擅长的一面，流动儿童也是如此。几乎很难找到一个在所有领域都很擅长的人。学生对于他们所不擅长的领域，很可能会不感兴趣。此时利用他们擅长的领域引导他们学习他们

① 霍华德·加德纳. 多元智能［M］. 沈致隆，译. 北京：新华出版社，2004：8—9.

不感兴趣的内容不失为一种好的方法。例如，对于一个乐于学习音乐不愿意学习语文的学生，可以利用歌词教他识字和写作，也可以让他学唱一些古诗词。

2. 注重积累，以渐进式的方式培养学生的学习兴趣

既然知识基础是兴趣的重要来源，那么教师就可以通过小步子原理使学生渐渐掌握他们不喜欢的领域，当学生在某个方面掌握的知识越来越多了，能力越来越强了，他们对学习这个领域的兴趣就会大大提高。例如，在语文的教学中，一些学生不喜欢阅读，此时，教师给学生布置阅读任务时可以根据学生的知识基础，给他们提供他们有所了解的阅读领域。也可以根据阅读任务，教师先教给他们一些有关的知识，让学生对阅读内容产生兴趣。又如，一些学生不喜欢古文的学习，教师可以每天教学生一句话，一周让学生朗读一首古诗，时间久了，学生古诗文知识积累多了，阅读能力提高了，自然就会对古文感兴趣了。

3. 从情境性兴趣到个人性兴趣

根据兴趣产生的来源可以将兴趣分为情境性兴趣和个人性兴趣。情境性兴趣是由环境特征所引起的兴趣，它是一种相对被动的、短暂的情绪状态。个人性兴趣是由个体内部所激发的兴趣，它体现了持久的个体价值。

为了培养流动儿童的学习兴趣，首先要激发学生的情境性兴趣。教师要了解流动儿童对什么感兴趣，上课时以学生感兴趣的内容作为教学材料，布置的教学任务亦能引起学生的情境性兴趣。其次，教师也要关注学生的个人性兴趣。流动儿童有他们独特的人生经历，教师要关注他们内心深处的情感，在教学中能够唤起他们的情感，由此激励他们产生学习兴趣。教师也要发现每个流动儿童心中的独特追求，将他们的追求与他们的学习活动联系起来，使他们对学习活动产生浓厚的兴趣。

二、提高流动儿童的自我效能感

（一）自我效能感从哪里来？

为什么有的学生自我效能感高，有的学生自我效能感低？学生的自我效能感主要受到下面几种因素的影响。

1. 个人以往的成败经历

如果学生以往在学校生活中的成功经历较多，他的自我效能感就会比较高，反之就会比较低。一些流动儿童由于受教育过程的波动导致其学习成绩较低，在学校中各方面的表现不如同学，这会使他们的自我效能感较低。

2. 同伴的经验

当流动儿童听到或看到和他们一样的孩子在学校中遭遇失败，也会使他们觉得自己不如同学。

3. 父母和老师的说服教育

父母和老师如果比较关心流动儿童，能够体察流动儿童的心理感受、心理变化，并能根据流动儿童的心理状况对他们进行说服教育，使流动儿童认识到他们并不比其他人差，他们各方面的表现绝不会因为家庭居住地的变化受到影响；帮助流动儿童明确只要努力，他们在各个方面也会有出色的表现。

（二）怎样培养流动儿童的自我效能感？

1. 给流动儿童布置难度适当的学业任务

每个学生的基础不同，教师在给学生布置学业任务时，应考虑到学生已有的知识基础和能力水平。为不同的学生提供不同的学业任务，这正是因材施教的体现。当学生都能够成功完成他们的学业任务时，他们的自我效能感也就能渐次提高了。当然，当教师对学生进行分类，布置不同的学业任务时，应该与家长和学生进行沟通，使他们明白教师的用意，杜绝由此造成的误解。我们看到，一些流动儿童的学业能力不足，他们完成不了教师布置的作业，父母也不能对他们进行有效的辅导，他们就照抄同学的作业。这样一来，学生的自我效能感越来越低，学生的学习成绩也越来越差。因此，一定要根据学生的学习情况给学生布置合适的作业，确保他们的学习是有效的学习。

2. 给流动儿童提供学习资源

家庭经济水平较差的流动儿童由于无法获取较多的学习资源，会导致他们的学业表现不如其他同学。班级或者学校应采取一些措施给流动儿童提供一些必要的学习资源。例如，学校可以通过建立图书馆、丰富图书藏书的方式给学生提供阅读资源；学校在建立才艺社团的时候多考虑那些没有机会在校外参加培训的流动儿童。

3. 帮助流动儿童学会学习

造成学生学习成绩表现不同的一个重要原因是学生会不会学习，因此帮助流动儿童学会学习，是提高流动儿童学习成绩，提高他们自我效能感的一个有效途径。

4. 引导流动儿童进行恰当的学业归因

面对较差的学业表现，有的学生依然信心十足，有的学生却一蹶不振。导致学生出现这种差异的一个原因就是学生对自己的学业表现进行归因时会有所不同。学习成绩不好时，有的学生会说自己努力不够，有的学生却说自己是个不聪明的学生。当学生将自己的学习成绩不好归结为能力不足时，他们往往会产生较低的自我效能感。因此，作为教师，一定要引导他们进行适宜的归因，让他们认识到，只要努力，善于运用好的方法，每个人都会取得较好的成绩。

三、培养流动儿童良好的学习习惯

（一）在学校内注重培养流动儿童的学习习惯

学生有相当一部分时间是在学校里度过的，因此教师有责任在学校内培养流动儿童的学习习惯，而不是一味地将培养流动儿童的学习习惯的责任推卸在家长身上。良好的学习习惯体现在方方面面，具体包括如下一些方面。

第一，珍惜时间的习惯。学生应该在学校中学会有效利用时间，提高自己的学习效率，不轻易丢掉时间。例如，学生可以利用一些零碎的时间背一首诗，学几个英语词汇，日积月累，学生的学业成绩就会在不知不觉中有所提高。

第二，自主学习的习惯。教师应该将学生培养成学习的主人。随着年级的提高，学生在学校中可以自主利用的时间越来越多，学生应该学会去使用这些时间。一个自主学习者，他会清晰地知道自己的学习目标，也清晰地知道自己怎么能够达成目标。因此，教师应该促进学生不断地省视自己的学业任务，帮助他们确立学习规划，使他们能够有计划地完成学业任务。

第三，学业求助的习惯。任何学生都不可能解决所有的学业问题，因此，学生应该学会求助教师或同学。一些流动儿童担心自己被教师或同学耻笑，遇到学业问题不愿意求教于教师或同学。所以，教师要用心去关心那些流动儿童，使他们能够感受到教师对他们的爱，不会因此而回避教师的帮助。教师也该鼓励同学之间的相互帮助、相互合作，促进学生的共同进步。

第四，态度、行为认真的习惯。一些流动儿童觉得不管我怎么努力，我的学习成绩也不会太好。这导致他们会应付他们的学业任务。因此，教师应该对这类学生进行特别的关注，向他们传递态度决定一切的理念，使他们能够以认真的态度完成每一道题、每一个学业任务，使他们在完成任何一个学业任务的过程中都能有所收获。另外，也要帮助学生养成良好的书写、坐姿等行为习惯。

（二）在家庭中注重培养流动儿童的学习习惯

教师除了在学校中要培养流动儿童的学习习惯之外，也要促进流动儿童将在学校中养成的学习习惯迁移到家庭中，这一方面需要教师对学生提出相应的要求，一方面也需要教师与家长进行沟通，达成学校和家庭协同教育的目的。具体来说，在家庭中，要注意培养流动儿童以下几个方面的学习习惯。

第一，及时完成作业的习惯。要注重完成家庭作业的效率和效果，做到既快又好。当前，教育部门以及社会各界人士特别关注教育减负的问题，教育部也规定了各个年级的作业量，例如小学一、二年级不留书面家庭作业，小学其他年级书面家庭作业控制在一个小时以内，初中家庭作业不超过一个半小时。但是有一个问题也是需要关注的，教育部规定的作业量是时间，而每一个学生完成作业的速度是不一样的。同样的作业，有的学生半个小时就完成了，有的学生两个小时也完成不了。因此，不管是教师还是家长，必须重视学生完成作业的习惯。学生回到家中，首先要明晰有哪些家庭作业，其次要及早开始做作业，再次要重视完成作业的效率和效果。如果学生做作业比较拖拉，每次作业可以给学生倒计时，也可以将作业分成几个部分，每个部分规定完成作业的时间，使他们产生紧迫感，防止他们注意力分散。

第二，自主学习的习惯。学生不仅在学校中要养成自主学习的习惯，在家中更应如此。学生在完成家庭作业之后，应学会合理安排他们的休闲时间，分配好体育锻炼、休闲娱乐、拓展阅读、科学探究的时间，而不是无所事事，更不能将时间都用在玩游戏、看电视上面。

四、帮助流动儿童确立近期目标和远大理想

（一）教会学生树立合理的近期目标，帮助学生规划自己的学习活动

要增强学生学习的动力，就要帮助学生树立可以企及的目标。一些流动儿童非常茫然，觉得自己不如别人，过早地放弃了努力。这就需要教师根据学生现有的学业表现，协助他们确立一个适合他们的目标，使他们确立奋斗的方向。这个目标可以包括纵向目标和横向目标。纵向目标就是让学生和自己的过去比，横向目标就是让学生和同学比。两个目标都不要过高。通过这样目标的设置以及目标的实现，来达到促进学生学习的目的。

“凡事预则立，不预则废”讲的是计划的重要性。当学生确立了目标之后，还要帮助他们进行规划，因为规划是实现目标的手段。如果没有规划，盲目地设置目标，最终目标没有达成，会进一步打击学生的信心。

（二）帮助学生认识自己，确立个人的理想

“人无远虑，必有近忧。”若流动儿童有了自己的人生理想和奋斗目标，他们就不会因为自己一时一地的不如意而灰心丧气了，相反，他们完全可能会为了自己的理想而持续地努力。在帮助流动儿童确立他们的人生理想时，千万不能采取空喊口号的方式来完成。教师应该给学生提供体验各种职业的机会，也可以请各行各业的家长来给学生讲述不同职业的特点，教师也要帮助学生了解自己的能力和兴趣，在此基础上，再促进学生对自己的未来进行深入思考，以此来确立自己的职业理想。

流动儿童的学习策略

一、什么是学习策略?

关于学习策略，不同的学者给出了不同的定义。从微观上说，它可以是解决某个问题的具体方法，例如小学一年级学生在计算 2+8 这个数学题时采用的方法的改进。从中观上说，它可以是面对不同问题要采用何种方法时的一种决策。从宏观上说，它可以是对整个学习过程的规划。在这里，将学习策略概括地定义为：学习策略是学习者为了提高学习的效果和效率，有目的、有意识地制定的有关学习过程的复杂方案。

上一节学习动机部分讨论的是流动儿童是否愿意学习的问题，这一节学习策略部分则讨论的是流动儿童是否会学习的问题。是否会学习，对学生来说是十分重要的。会学习就会达到事半功倍的效果，不会学习，就会造成事倍功半的效果。正如，我们选择不同的交通工具，我们旅行的速度会大大不同。我们在学习的时候，采用的方法不同也会造成学习的效率和效果大大不同。当一个学生学习动力十足，学业表现长期没有改进，那么作为教师，我们就该考虑这个学生是不是在学习策略上出问题了。

心理学家麦基奇（Wilbert James Mckeachie）认为学习策略主要包括认知策略、元认知策略和资源管理策略三种类型。认知策略针对的对象是学习材料或要解决的问题；元认知策略针对的对象是学习者的学习过程；资源管理策略针对的是学习者可用的学习资源。

（一）认知策略

认知策略是加工信息的一些方法和技术。这些方法和技术能使学习、记忆及问题解决等信息加工活动有效地进行。常用的认知策略包括复述策略、精加工策略和组织策略三种。复述策略是为了保持信息而对信息进行重复的过程。精加工策略是一种深加工策略，能帮助学习者将信息存储到长时记忆中去，它是通过在新旧信息之间建立联系来实现的。所谓精加工，又称精细加工（elaboration），就是通过把所学的新信息和已有的知识联系起来，以此来增加新信息的意义，也就是我们应该利用已有的图式和已有的知识使信息合理化；而精加工策略（elaboration strategies）就是指人们为了更好地记住所学的东西而对学习材料做充实意义性的添加、构建和生成。组织实质是一种编码过程，但比编码更复杂，层次更高，是对信息进行更深度的加工。组织策略是将学习材料分成一些小的单元，并把这些小的单元置于适当的类别中，从而使每项信息和其他信息联系在一起。

（二）元认知策略

元认知策略（metacognitive strategies）是指个体为实现最佳的认知效果而对自己的认知活动所进行的调节和控制。认知策略是学习过程不可缺少的工作；元认知策略则监控和指导认知策略的运用。也就是说，可以教学习者使用许多不同的策略，但如果他没有必要的元认知技能来帮助他决定在某种情况下使用哪种策略，或改变策略，那他就不是成功的学习者。元认知策略主要包括计划策略、监控策略和自我调节策略。

计划策略指学习前对学习目标、过程等方面做规划与安排的元认知策略。包括设置学习目标、安排时间、预测重点难点、产生待回答的问题以及分析如何完成学习任务等。监控策略指学习过程中根据学习目标对学习进程、所采用的方法、效果、学习计划情况等方面进行有意识监视的元认知策略。调节策略指根据学习进程的实际情况对计划、学习进程、所用的策略等进行调整的元认知策略，包括调整预先的目标或计划，改变所使用的策略，有意识地矫正学习行为，以及在局部目标尚未达到时采取补救措施等。

（三）资源管理策略

资源管理策略（resource management strategies）是辅助学生管理可用的环境和资源的策略。它主要包括时间管理策略、学习环境管理策略、努力管理策略、寻求支持策略等。成功的使用这些策略可以帮助学生适应环境，以及调节环境以适应自己的需要。

二、流动儿童的学习策略特点

一般来说，当个体不能使用某种学习策略时，往往是存在可用性缺陷或产生性缺陷。可用性缺陷是指个体不知道某一策略因而不会使用这一策略。产生性缺陷是指个体不知道在何种条件下使用某一学习策略。流动儿童与非流动儿童相比，在学习策略使用方面存在更多的可用性缺陷和产生性缺陷。

在一些流动儿童家庭中，特别是低社会经济地位的流动儿童家庭中，由于家长不能对子女的学习活动进行引导，不是十分关注子女在学习策略方面的改进，流动儿童本身对学习也不够重视，在学校教育中，教师也不是很重视学习策略的重要性，这导致了这些流动儿童缺乏使用学习策略的意识，他们知道的学习策略也就不多。

还有一种情况就是，一些流动儿童虽然知道学习策略对学习有帮助，也学习过一些学习策略，但是他们并不能灵活使用学习策略，不知道各种学习策略的使用条件。我们都知道“纸上谈兵”这个成语故事，说的是赵括虽然能够熟读兵法，但是实战能力却不行。学生学习策略的使用也是如此，仅仅记住了一些学习策略是没有用的，还需能够灵活使用。教师在学习策略的教学中往往忽视这一点，以为对学生说了某种学习策略是一种好的学习方法，学生就能够熟练运用了。

帮助流动儿童使用学习策略的教学策略

一、常用的学习策略

下面介绍几种常用的学习策略。教师需要注意的是，每个学科、每部分内容都有独特的较优的策略，教师一方面要不断探索好的学习策略提供给学生，另一方面也要让学生明白，学生自己不仅是学习策略的使用者，更是学习策略的探索者，教师要不断促使他们自己找寻和使用适合他们自己的学习策略。

（一）复述策略

复述策略就是反复背诵所要记住的材料。复述策略看似是一种简单而低效的方法，但实际上却是一种非常有用的方法。一些学生，特别是低年级的学生并没有意识到复述策略是提高学习成绩的好方法。学生在学习的过程中，需要记住大量的基础知识，因此学生必须善用复述策略。作为教师，首先，应该提醒学生，复述策略是学生在学习中必须使用的学习策略，不能觉得这种方法费时费力就不去用它，有的时候最笨的方法就是最聪明的方法。其次，教师在教学生使用复述策略的时候，要教给他们一些能够增强记忆效果的方法。这些方法包括如下几个方面。第一，及时复习。学习一段材料之后，要尽早进行复习，防止遗忘，而且要多次复习。第二，分散复习。对于要记住的一段学习材料，不要花一整段时间去背诵，而是要每次使用少量时间，分多次去背诵。第三，过度学习。对于要记住的一段学习材料，不能刚刚能记住就不再背诵了，还要多背诵几遍。第四，尝试回忆。对于要记住的一段学习材料，背诵一段时间之后，尝试回忆背诵过的内容，检测哪些部分记得不好，再多花些时间去背诵这些内容。

（二）精加工策略

精加工策略实际上也是一种复述策略，只是这种复述策略强调新的知识之间的联系以及新旧知识之间的联系。具体的精加工策略主要有三个方面。

1. 位置学习法

位置学习法就是在学习者的头脑中确定一条熟悉的路线，在这条路线上确定一些特定的点，将要记忆的项目全部视觉化，并按顺序和这条路线上的各个点联系起来，以帮助记忆的方法。

2. 谐音联想法

谐音联想法就是用相同或相似的读音将无意义材料变成有意义的材料以帮助记忆的方法。运用这种方法的例子很多。例如，马克思的诞辰是 1818 年 5 月 5 日，年月日是无意义材料，不好记，可以用谐音联想法处理成：马克思一巴掌一巴掌打得资产阶级呜呜直哭。

3. 记笔记法

记笔记是对所学信息进行适当的记录以促进理解和记忆的方法。记笔记的作用主要表现在三个方面。首先，记笔记可以引导注意，明确重点；其次，记笔记可以帮助学习者对学习材料进行组织，建立材料间的内在联系，不仅是信息的外部存储工具，还能促进新信息的精细加工和整合；再次，记笔记可以帮助学习者在所呈现的信息与已有知识间建立起外在联系，有助于信息学习的迁移。

（三）组织策略

组织策略是将学习材料分成一些小的单元，并把这些小的单元置于适当的类别中，从而使每项信息和其他信息联系在一起的策略。下面选取两种常见的组织策略加以介绍。

1. 概念图

概念图是一种由各概念单元（通常用圆圈圈起来）及它们之间的相互关系（通常用线、单词或短语表示）所构成的图解。

若学生在学习中遇到许多概念，这些概念间又存在着各种各样的关系，就可以利用概念图的方式对这些信息进行组织，来促进理解和记忆。另外，教师可以通过查看学生所画的概念图对其学习效果进行检查，并发现其知识掌握上的错误。

2. 列提纲

列提纲就是将所学材料的纲目要点列成纲要以促进对材料的学习的一种组织策略。列提纲有助于对细节的回忆，能收到纲举目张的效果。

列提纲可以按下列步骤进行：（1）学习研究材料，理解其基本思想，并确定自己的学习目标；（2）根据学习目标，勾画或摘录教材的要点或重点部分；（3）考虑材料之间的关系，确定提纲；（4）复述提纲，使用提纲解答问题。

（四）元认知策略

元认知策略主要包括计划策略、监控策略和自我调节策略。

1. 计划策略

计划策略指学习前对学习目标、过程等方面做规划与安排的元认知策略。包括设置学习目标、安排时间、预测重点难点、产生待回答的问题以及分析如何完成学习任务等。

2. 监控策略

监控策略指学习过程中根据学习目标对学习进程、所采用的方法、效果、学习计划情况等方面进行有意识监视的元认知策略。监控策略主要包括领会监控、策略监控与注意监控。

领会监控主要指调控学习过程的元认知策略。包括警觉自己在理解方面的问题，监视自己的速度与时间，审视目标是否达到，对材料自我提问等。

策略监控主要指调控自己对策略的使用的元认知策略。包括有意识地根据学习任务策略，审视所使用的策略的有效性等。

注意监控指调控自己的注意过程的元认知策略，包括对学习过程注意力的自我管理，有选择地对主要信息加以注意，有意识地抑制分心等。

3. 调节策略

调节策略指根据学习进程的实际情况对计划、学习进程、所用的策略等进行调整的元认知策略，包括调整预先的目标或计划，改变所使用的策略，有意识地矫正学习行为，局部目标尚未达到时采取补救措施等。

二、教流动儿童在自主学习的过程中尝试使用各种学习策略

心理学家齐默尔曼（Zimmerman）等人提出的自主学习的教学过程对于培养学生使用学习策略特别有指导意义①。这里我们来介绍齐默尔曼等人的自主学习的教学过程。

齐默尔曼等人认为学生要在自主学习的过程中学会使用新的学习策略，每学习一种新的学习策略需要四个阶段（五个星期为一个周期）。

1. 第一阶段，自我评价与监控

这个阶段需要一周的时间。

（1）给学生提供一个监控自己学习情况的表格，帮助学生监控自己的学习。

（2）提供作业和测验，促使学生评估原有学习策略的有效性。

（3）同伴合作，关注彼此的学习策略。

2. 第二阶段，计划与目标设置

这个阶段在第一周结束或第二周开始时进行。

---

① 齐默尔曼，邦纳，科瓦齐. 自我调节学习：实现自我效能的超越［M］. 姚梅林，徐守森，译. 北京：中国轻工业出版社，2001.

（1）引导学生评价原有学习策略的优劣。

（2）提供改进学习策略的建议。

3. 第三阶段，策略执行与监控

这个阶段需要一周的时间。

（1）学生监控自己执行新学习策略的情况。

（2）学生对新学习策略进行讨论。

4. 第四阶段，结果监控与策略改进

这个阶段需要三周的时间。

（1）要求学生对学习策略的有效性进行监控。

（2）提供各种机会评价改进后的学习策略的有效性。

（3）回顾每个自主学习的环节。

流动儿童的学习适应

一、什么是学习适应？

适应是指当个体所处的环境发生改变时，个体在生理、心理等方面做出改变以应对环境变化的过程。当流动儿童从一个居住地迁移到另外一个居住地时，他们所处的生活环境、社会环境、学习环境都发生了或多或少的变化，此时，学生如果具备了较强的适应能力，或者学校和家庭对他们进行了适时的辅导，给予他们更多的关心和帮助，给他们提供了较好的支持，他们就能够应对这种变化。反之，环境的变化可能会对他们的生活、学习等诸方面产生消极的影响。

当学生的居住地发生变化之后，流动儿童需要适应的学习方面有很多，主要包括如下方面。

（一）教师的变化

“亲其师，则信其道。”师生关系在学生的受教育过程中起着非常重要的作用，特别是对那些年龄较小的学生更是如此。教师的不断变化，使学生对课堂产生较强的陌生感和疏离感，使学生和学校之间的黏性降低，使学生对于学校的归属感降低。另外，不同教师的教学方法、教学风格、班级管理方式也会有所不同，这都会造成流动儿童的不适应。

（二）同学的变化

随着年龄的增长，同伴关系对于学生来说越来越重要，同学中的好朋友在学生心目中的地位越来越高。友谊的中断会对一些流动儿童造成严重的打击。他们可能在这个过程中怨恨父母、厌恶学校、厌恶学习甚至厌恶新的同学。他们可能时时将新的同学与原先的同学进行比较，如果此时他们新的同学不愿意接纳他们，他们也会排斥新的同学。

（三）教材的变化

在近二十年来的教育改革中，教材采用一纲多本的模式。一门课程有多个版本，不同的地区可以自主选用教材。虽然各个版本的教材都是遵循课程标准编写，但是对于学生来说仍可能会造成不适。另外，虽然大部分地区的中小学采用六三制，但是一些地区的中小学采用五四制，这也会造成跨地区转学的流动儿童学习的教材差别较大，从而使他们产生学习适应问题。从 2017 年开始，中小学的语文、历史以及道德与法治三门课程开始使用统一编写的教材，这会一定程度地降低学生的学习适应问题，但是其他的课程教材可能是不同的，教师需要关注新转入的学生此前教材使用的版本和当前班级使用的教材版本的差别。

提高流动儿童学习适应能力的对策

一、教师要关爱流动儿童

著名心理学家罗杰斯（C.R.Rogers）提出的无条件积极关注学生这一师生相处原则可以用来作为教师对待流动儿童的原则。无条件积极关注指的是教师要不讲条件地关注学生的好的方面。教师要无条件地关注每一个学生，不管这个学生是不是流动儿童，不管这个学生是不是聪明、漂亮，不管这个学生是否喜欢和接纳自己。刚刚进入班级的流动儿童，他们可能成绩不够好，他们可能会不够听话，此时，作为教师不仅应该关心他们，而且应该把更多的爱给他们，了解他们的处境，了解他们的需要。这样能使流动儿童尽快地接受新的教师，减少因为教师改变而给他们带来的学习适应问题。

二、教师要教会学生与同学互相接纳

教师要教会学生与同学互相接纳、互相关心，要促使同学间形成良好的人际关系，要促使新的同学尽快融入新的班级中来。教师可以从以下几个方面入手。

第一，教师要让学生们看到自己是如何关爱流动儿童的。榜样的力量是无穷的，教师不仅要关心那些流动儿童，也要让其他同学感受到教师对流动儿童的爱，使这种爱弥漫在班级中。

第二，教师要把关心他人作为重要的教学内容，要重视学生心理品质的培养。教师可以在学科教学中渗透关心他人的心理品质，也可以在道德与法治课堂或者心理健康教育课堂进行专门的讲解和讨论，也可以通过班会或班级活动的方式开展相应的教育活动。

第三，教师也要与家长进行沟通，对于流动儿童家长和非流动儿童家长都要进行相应的教育理念的传播。要通过流动儿童家长鼓励他们的子女积极投入到新的班级中来，要让非流动儿童家长不要在自己的子女面前发表歧视流动儿童的言论，鼓励他们的孩子和流动儿童成为朋友。

三、教师要给流动儿童提供学习资源和学习支持

前面提到，可以通过给流动儿童提供学习资源，提高流动儿童的学习成绩，提高他们的学习动机。给流动儿童提供学习资源，也是使流动儿童尽快适应新的学习生活的重要保障。流动儿童可能会因为教材的改变、教学进度的不一致、家庭迁移过程中学习时间的不足而导致学习成绩的下降，对新的学习环境不适应。此时，教师如果能够给他们提供足够的学习资源，了解他们在学习上的不足并提供可靠的学习支持，会使他们较快地适应新的学习生活。

链接：培养学习兴趣的好方法

1.使孩子学会主动学习

同样一件事情在别人的要求下去做，还是自己主动愿意去做，它的效果会有很大的不同。对于学习也是一样，如果父母和老师要求孩子去学习，孩子可能会感到厌烦，甚至觉得是为了他们在学习，觉得学习没有意思。但是，如果孩子能主动地去学习，可能会有一种不一样的感觉，因为他会觉得是为自己在学习，会找到更大的学习乐趣。

2.鼓励孩子

当孩子在学习中取得进步的时候，要学会及时鼓励和表扬孩子。虽然，这些进步可能看起来是那么微小，但这些都是他们努力的结果，是值得肯定的。当我们看到了他们与过去相比有了进步时，表扬就会使他们对学习更有自信，也会使他们觉得学习是一件有意思的事情。

3.帮助孩子掌握恰当的学习方法

如果孩子掌握了良好的学习方法，他们会觉得学习更轻松。一般来说，对于会做的事情，孩子比较有兴趣去做；而对于不会做的事情，孩子便不愿意去做。所以，当孩子学会了如何学习时，他们肯定就对学习更感兴趣了。

第 6 章

流动儿童的情绪特点

有一个小男孩脾气很差，于是他的父亲就给了他一袋钉子，并告诉他，当他发脾气的时候就钉一根钉子在后院的围篱上。第一天小男孩钉下了 37 根钉子，由于钉钉子很辛苦，一天天过去，小男孩钉下钉子的数量逐渐减少了。他发现控制自己的脾气要比钉那些钉子来得容易。

终于有一天，小男孩再也不会失去耐性，乱发脾气了。他把这件事告诉父亲，父亲告诉他，现在开始每当他能控制自己情绪的时候，就拔出一根钉子。随着时间一天天过去，小男孩把所有的钉子都拔出来了。他非常高兴地把这件事告诉了父亲。父亲握着他的手对他说："你做得很好，我的好孩子。但是看看那些围篱上的洞，这些围篱将永远不能变回原来的样子。你生气时候说的话像钉子一样在别人心中留下疤痕，不管说了多少次对不起，那个伤口将永远存在。话语造成的伤痛就像真实的伤痛一样令人无法承受。"

情绪是什么?

生活中，我们有高兴、快乐、兴奋的时候，也有难过、悲伤、痛苦的时候。这些都是围绕在我们身边的情绪，它就像空气一样，每时每刻都在影响着我们。情绪是怎么产生的？又对流动儿童的生活有什么影响呢？我们应该怎样帮助流动儿童疏导自己的消极情绪呢？

一、情绪和情商

情绪是人对客观事物的态度体验及相应的行为反应。情绪由独特的主观体验（如喜悦、悲伤和愤怒等）、外部表现（如面部表情、身体姿态、动作等）和生理唤醒（如皮层、皮层下神经活动等）三部分组成。情绪一直被心理学家们认为是影响人类行为的一个重要方面，它与其他的心理过程（如认知、动机）有复杂的相互作用关系。同时，情绪也是人脑的高级功能，保证着有机体的生存和对环境的适应，对个体的学习、记忆和决策有着重要的影响。因此，每个人都希望能够驾驭自己的生活，最大限度地发挥情绪的积极作用，同时尽可能减少其消极作用。

情绪是指伴随着认知和意识过程产生的对外界事物的态度，是对客观事物和主体需求之间关系的反应，是以个体的愿望和需要为中介的一种心理活动。对于情绪的定义，一般可以从三个方面进行理解。首先，随着情绪的发生，个体会产生一系列的生理变化，主要表现在呼吸系统、循环系统、消化系统和腺体活动的变化上，这些变化都可以作为情绪变化的指标。比如，当我们紧张时，会手心出汗、心跳加快，严重时还会出现肾上腺素升高和尿频的现象。其次，当我们产生某种情绪时，会有表情的变化，主要包括面部表情、姿态表情和言语表情。面部表情是指个体五官的变化，例如眼神温柔、横眉冷对、咬牙切齿、面红耳赤等都是个体通过面部表情表达情绪的方式。除了面部表情外，人的全身动作也有表达情绪的作用。比如恐惧发怒时全身发抖，高兴时手舞足蹈，悲哀时动作缓慢、步履沉重，另外，趾高气扬、垂头丧气、呆若木鸡等都是形容个体产生情绪时姿态的变化。言语表情也是情绪表达的一种表现，主要是通过说话时的声音、语调、节奏等体现。比如悲哀时语调低沉、节奏缓慢，高兴时语调高昂、节奏加快，爱抚时言语温柔，愤怒时言语生硬等。最后，情绪还包括主观体验，指的是个体对不同情绪的自我感受。每种情绪有不同的主观体验，比如高兴时心情愉悦，哀伤时心情沉重。人的主观体验和表情反应存在着某种相应的关系，如愉悦体验必然伴随着欢快的面部表情或者手舞足蹈的姿态表情。

与情绪相关的一个概念是情商，这一概念是由哈佛大学的心理学博士丹尼尔·戈尔曼（Daniel Goleman）完善的。情商是情绪智力商数（Emotional Intelligence Quotient）的简称，也就是EQ。它是衡量个体情绪调节能力和社会适应能力高低的一个指标。情商通常包括五类能力：①了解自己的情绪，能及时察觉自己的情绪，了解产生情绪的原因；②控制自己的情绪，掌握情绪调节的各种方法，善于摆脱消极情绪；③自我激励，懂得整理情绪，确定切实可行的目标，并朝着一定的目标努力，培养克服困难的信心和能力，善于自我鼓励、自我监督、自我教育；④善于了解他人情绪，理解他人的感觉，觉察他人的真正需要，具有同情心；⑤维系融洽的人际关系，能够理解并适应他人的情绪，包容、大度，积极处理人际交往中的问题，主动与人沟通。

二、情绪的种类

关于情绪的类别，长期以来说法不一。我国古代将人的情绪分为喜、怒、忧、思、悲、恐、惊七种基本形式。现代心理学一般把情绪分为快乐、悲哀、愤怒和恐惧四种基本形式。

快乐是指在现实生活中，盼望已久的目标达到之后，或者是从对某一事物的极度紧张中解脱出来的一种情绪体验。即享乐所带来的心理上的愉悦、快乐和舒适，最高的快乐是满足和幸福感。比如，当我们背起行囊去向往已久的地方旅行时，就会有一种幸福感油然而生。

悲哀是最普遍、最一般的负性情绪。人的一生中，从出生到死亡，痛苦是不可避免的。一般来说，悲哀与自己所喜爱的事物落空有关。引发人悲哀的事情可能是轰轰烈烈、惊天动地的大事，也可能只是一桩不起眼的小事。悲哀的程度取决于失去的事物对自己的价值，失去的东西价值越大，引发的悲哀程度越强烈，反之，价值小的事物引发较小程度的悲哀。

愤怒作为最基本的情绪之一，是人类演化的产物。它是指个人目的不能达到或一再受到妨碍从而逐渐积累到紧张时，而产生的情绪。挫折不一定引起人的愤怒，但如果我们认为阻挠是不合理的，甚至是恶意的，则最容易引起愤怒，这种愤怒有时会引起攻击行为。

恐惧是个人企图摆脱、逃避某种情境而又无能为力时所产生的情绪。恐惧与快乐、愤怒不同，快乐和愤怒都是会使个体接近事物的情绪，而恐惧是一种会使个体企图摆脱危险的逃避的情绪。如在遇到大地震时，往往会恐惧万分。引起恐惧的关键因素是人缺乏处理可怕情境的力量。此外，熟悉的环境发生了意想不到的变化也会引起人的恐惧情绪。

三、情绪的功能

虽然情绪是心理学家关注较晚的一个心理过程，但是它对个体的影响是非常巨大的。中国古代的《黄帝内经》就曾经指出“怒伤肝”“喜伤心”“思伤脾”“忧伤肺”“恐伤肾”的观点，并提出“百病之生于气也，怒则气上，喜则气缓，悲则气消，恐则气下……惊则气乱，劳则气耗，思则气结”。情绪作为脑内的一个监测系统，对个体的心理和生理都有影响。

（一）情绪对心理的作用

情绪对心理活动具有组织的作用。一般来说，积极情绪对心理活动起协调、组织和促进作用；消极情绪对心理活动起瓦解、破坏和阻断作用。研究表明，情绪影响认知操作的效果，其影响效果取决于情绪的性质及强度。中等唤醒水平的积极情绪会为认知活动提供最佳的情绪背景。一般来说，学生考试时如果非常焦虑，成绩肯定不理想；相反，如果一点也不紧张，成绩也不会太理想。只有把考试当作一种挑战，虽然紧张但是自己并不感到十分焦虑，大脑处于中等唤醒水平时，答题结果才可能是最理想的。但是对于消极情绪来说，如痛苦、恐惧的程度越大，操作效果越差。另外，与痛苦、恐惧情绪不同的是，由于愤怒情绪具有向外指向的惯性，中等强度的愤怒一旦爆发出来，有可能组织个体面对自己的任务，导致较好的操作效果。情绪也会影响个体的记忆效果。心理学研究表明，当人处在良好的情绪状态时，很容易回忆出那些带有愉快情绪色彩的材料；当人处于悲哀的情绪状态时，更容易回忆起那些带有悲哀色彩的材料；而且人们在愉快状态下回忆愉快的内容比回忆不愉快的内容更容易，人们在悲哀的状态下回忆愉快的内容比回忆悲哀的内容更不容易。总之，如果记忆和回忆都发生在同一种情绪状态下，这些记忆的材料更容易被回忆出来。

（二）情绪对生理的作用

情绪也会影响个体的生理活动。积极的情绪状态可以增强人的抵抗能力，消极的情绪状态则会对身体构成伤害。我国古代就有“七情内伤”之说，认为当人的“喜、怒、忧、思、悲、恐、惊”七种情绪过度时，就会使人产生心理疾病。凡是不能满足人们需要的事物，都可使人产生消极情绪体验，如愤怒、恐惧、苦闷、不安、沮丧等。现代医学证明，有些疾病的发生并不是器质性病变，而是与精神状态不佳、情绪异常有关。经常、持久的消极情绪所引发的长期过度神经紧张，会导致身心疾病。大量的研究证明，内心充满矛盾、心情压抑、具有不安全感和不愉快情绪体验的个体，内分泌紊乱，免疫力减弱，容易患癌症。情绪除了通过影响人体免疫系统而不利于人体健康外，还会通过影响人的行为方式、心理适应、求医行为和社会支持等决定身体健康的重要因素而影响人体健康。

总之，人们的行为常被当时的情绪所支配。一般来说，当人处于积极、乐观的情绪状态时，则倾向于关注事物美好的一面，态度和善，乐于助人，并且敢于承担责任；而消极情绪状态则使人容易产生悲观意识，失去希望，更容易产生攻击行为。了解情绪的这些作用，善于调节和把握自己的情绪，尽量发挥积极情绪的作用，减少消极情绪的不良影响，这样才能拥有快乐幸福的生活。

流动儿童情绪的一般特点

随着年龄的增长，儿童的情绪稳定性逐渐增强，情感体验日益丰富，其情绪理解和自我意识情绪均有所发展。然而，大量研究发现流动儿童和城市儿童在积极情绪和消极情绪上都存在显著差异，流动儿童比城市儿童体验到更多的消极情绪和更少的积极情绪。一般流动儿童的情绪体验在男生和女生之间没有差异，但随着年级的升高，流动儿童的积极情绪比较稳定，但消极情绪有逐渐增加的趋势；流动时间长短会影响流动儿童的情绪体验，随着时间的延长，流动对儿童情绪的消极影响有所降低。流动儿童体验到的消极情绪主要有焦虑、抑郁、孤独感、自卑、恐惧倾向等。由于上述消极情绪的存在，流动儿童的安全感和幸福感也相比城市儿童更低一些。

值得关注的是，虽然总体上流动儿童的情绪问题相对较多，然而，针对不同地区的研究结果并不完全一致。比如，近期针对公立学校流动儿童的一些研究发现，流动儿童孤独感的检出率与对照组并无显著差异，流动儿童的主观幸福感处于中等以上水平，并且他们的积极情感多于消极情绪。

流动儿童的情绪问题

一、焦虑

焦虑情绪是指一种缺乏明显客观原因的内心不安或无根据的恐惧，是人们遇到某些事情（如挑战、困难或危险）时出现的一种正常的情绪反应。焦虑情绪通常情况下与精神打击以及即将来临的、可能造成的威胁或危险相联系，主观表现出感到紧张、不愉快，甚至痛苦，以至于难以自制，严重时会伴有植物性神经系统功能的变化或失调。

近年来的多项研究都证明，焦虑是流动儿童最常见的情绪问题。首先，流动儿童来到城市之后，他们要适应一系列的人际关系，比如，同伴关系、师生关系以及邻里关系等。甚至，由留守儿童变成流动儿童，他们与父母之间的关系都需要一个适应的过程。因此，流动儿童刚刚来到城市之后，往往在重建这些人际关系的时候，由于流动儿童的身份认同感较低，会有较强烈的社交方面的焦虑情绪。这种对人的焦虑会随着流动儿童年级的升高而逐渐降低。但是，流动女生的社交焦虑水平普遍高于男生，独生子女家庭的流动儿童其社交焦虑水平也高于非独生子女家庭的流动儿童。其次，由于我国各城市之间，以及城市与农村之间教学环境、教学内容、教学方式等有所不同，一些流动儿童从农村或外地学校转入到城市新学校中，学习成绩会有所下降，所以，流动儿童也会在学业上产生一定的焦虑。多数研究发现，流动儿童的学业焦虑要高于城市儿童，并且这种学业焦虑情绪也存在年级和性别差异。有些研究发现，随着年级的升高，流动儿童的焦虑情绪逐渐升高，女生的学业焦虑情绪高于男生。因此，近年来的研究发现，学习焦虑是流动儿童最常见的心理健康问题。

二、抑郁

抑郁是一种感到无力应付外界压力而产生的消极情绪，常常伴有厌恶、羞怯、自卑等情绪体验。如果个体长时间处于抑郁状态则容易导致抑郁症。抑郁与性格特点有一定的关系，性格内向、逃避交际、多愁善感的人更容易陷入抑郁状态。

针对流动儿童抑郁情况的调查表明，在打工子弟学校的流动儿童与公立学校的流动儿童、本地儿童的抑郁得分上有显著差异，打工子弟学校流动儿童的抑郁得分显著高于本地儿童。并且，打工子弟学校流动儿童的抑郁检出率高于公立学校的流动儿童，而后者又高于本地的儿童。流动儿童的抑郁问题也存在性别差异，男生的抑郁得分要高于女生，这可能是因为男生和女生获得的社会支持和情感宣泄的方式有关。一方面，有研究发现，流动女生的社会支持要好于男生，有助于其降低抑郁水平；另一方面，女生的孤独感也少于男生，这在一定程度上增加了女生的情感宣泄途径，也有助于减少其抑郁情绪上的积压。虽然，随着流动儿童教育政策和制度的完善，大多数流动儿童已经进入到了公立学校就读，但是这一研究表明，剩下不到20%的流动儿童也应尽快进入到公立学校就读。这在一定程度上会降低流动儿童的抑郁比例。

三、孤独感

孤独感是个体对自己社交孤立状况的一种主观体验，是一种消极的、弥漫性的心理状况。虽然流动儿童会在父母身边生活，可以感受到父母的关爱和照料，但是学校也是学龄儿童的主要生活场所，同伴关系对于他们的成长也至关重要。然而这些流动儿童经常会面临频繁转学的问题，每当他们来到一个新学校的时候，经常面临一个人也不认识的状况，因此，面对新情境这些儿童会产生强烈的陌生感。他们在与他人进行交往中，胆怯、紧张、自卑，会体验到更多的孤独感。此外，由于城市社区对流动儿童的文化排斥，流动儿童和城市儿童难以正常沟通和交流，流动儿童缺少城市儿童作为好朋友，这也会增加他们的孤独感。一些流动儿童感到自己在城市中没有什么好朋友，也不好意思结交新朋友，不敢与同学进行交流，怕别人笑话自己。此外，一些研究发现，如果流动儿童在生活中感到自己受到了歧视，那么他们的孤独感也会显著增加。虽然流动儿童报告受到的歧视体验并不强烈，但是大多数流动儿童都报告曾经受到过歧视。因此，身处异乡的流动儿童其孤独感体验还是比较强烈的。

我国很多流动儿童在城市中生活感觉很孤独，特别是在公立学校中学习的流动儿童，有严重孤独感的人数最多。打工子弟学校的流动儿童其孤独感也较为强烈，并且这种孤独感并不会随着时间的流逝而消失。可见，流动儿童的孤独感问题不是随着流入时间延长或者年龄增长就可以解决的，这为流动儿童将来能否顺利融入城市社会埋下了一定的隐患。虽然，流动儿童的孤独感较为强烈，高于非流动儿童的得分，但在孤独症状的检出率上，有些研究发现，在打工子弟学校流动儿童、公办学校流动儿童与本地儿童中无显著差异。

四、自卑

自卑，即一个人对自己的能力、品质等做出偏低的评价，总觉得自己低人一等并因此悲观失望、惭愧、羞涩甚至畏缩不前。这种意识还能不断扩散到其他方面，并逐步形成否定自我的倾向。一个自卑的人，接纳自己是建立在一系列条件的基础上的，只有达到了某些标准，才能接纳自己存在的价值，如“获得好成绩，我才能得到大家的认可和喜欢”等。大量关于流动儿童的研究都发现，自卑心理是流动儿童心理问题的集中体现。流动儿童由于与城市儿童的家庭背景、经济条件、生活方式等多方面存在不同，通过与同学比较，他们往往对自己做出过低的评价，产生自卑心理。比如，流动儿童来到城市后，往往他们的生活习惯和语言等均不同于城市儿童，他们可能会因为在这些方面与城市儿童不同而感到自卑。

同时，老师、同学和社会各个方面的歧视又会加重他们的这种自卑心理。自卑心理对流动儿童的影响较大，往往会使他们变得胆小、不思进取、自我封闭，影响他们正常的人际交往和学习。这些自卑感严重的流动儿童，容易在他人面前胆怯、害羞，不敢参与到其他儿童的活动中，有了问题也不敢问老师，表现为比较“老实”。在这种情况下，他们的人生观和价值观容易出现偏差。一方面，在一些特定的条件下，这些流动儿童可能会由于自卑情绪的存在，导致有自责倾向。比如，把成绩不佳全部归为自身因素，从而导致一些内化的问题行为，比如自杀等。另一方面，自卑也会导致流动儿童出现心理失衡，进而使他们做出一些违法乱纪的事情来。

此外，流动儿童来到繁华都市后，由于各方面与城市儿童有一定差距，因此他们也容易出现自卑情绪。比如，他们的新玩具比城市儿童少，普通话说得不好，都会使他们感觉不如当地小朋友。

五、恐惧倾向

流动儿童的流动性，造成他们频繁转换学校，这在一定程度上导致这些儿童在成长中缺乏一定的安全感。而安全感的缺失又导致这些儿童常常有恐惧情绪。恐惧是指因受到威胁而产生并伴随着逃避愿望的情绪反应。人类的大多数恐惧情绪是后天获得的。恐惧反应的特点是对发生的威胁表现出高度的警觉，常见的生理反应有心跳猛烈、口渴、出汗、神经质发抖等。流动儿童的恐惧倾向高于常住儿童。这可能是由于流动儿童往往居无定所，他们对基本的生活保障会产生担忧，同时他们由于经常面对陌生环境、陌生的同学和陌生的老师，这在一定程度上也会使他们感到恐惧。流动儿童的恐惧倾向具有一定的性别差异，流动女童的恐惧症状比男生更多一些。在家庭结构上，非独生子女家庭的流动儿童其恐惧倾向会更少一些。

流动儿童的情绪调节

一、什么是情绪调节

情绪调节是指个体对具有什么样的情绪、情绪什么时候发生、如何进行情绪的体验与表达施加影响的过程。这一过程既包括对消极情绪的改善，也包括对积极情绪的调节。同时，情绪调节也不仅仅是一种外显的有意识的心理过程，这一过程也可能是无意识完成的。

情绪调节能力对人的心理和生理健康都很重要。情绪调节困难是导致情绪紊乱和焦虑的主要原因。情绪调节能力也是正常的社会交往所必需的一项基本技能，有效的情绪调节是机体良好适应性的关键。因此，是否具有良好的情绪调节能力往往也是小学生心理健康的标准之一。心理健康的儿童能够对外界刺激进行合理适度的反应，该大喜则大喜，该小愠则小愠。他们的积极情绪（即愉快、高兴等情绪）应多于消极情绪（痛苦、不满、悲伤等）。同时，心理健康的儿童也能够正确理解和表达自己的情绪，通过使用不同的情绪调节策略去处理人际冲突、调控行为。

二、调节流动儿童负性情绪的策略

我们在生活中，随时随地都会产生喜、怒、悲、惧等情绪情感的起伏变化，人的一切活动无不打上情绪的印迹。情绪像是染色剂，使人的生活染上各种各样的色彩；情绪又恰似催化剂，使人的活动加速或减速地进行。人需要积极、快乐的情绪，它是获得幸福与成功的动力，使人充满生机；人也会体验焦虑、痛苦等消极的情绪，它使人心灰意冷、沮丧消沉，若不妥善处理，还可能严重危害身心。儿童本身情绪情感就比较丰富，而流动儿童受多方面因素的影响，负性情绪较多。因此，有效调节流动儿童的负性情绪有助于流动儿童的身心健康发展。调节情绪的方法主要有以下几种。

（一）理智调控

理智调控包括面对现实、理性思考、遇事三思而后行以及换位思考。在调节情绪时，我们首先要考虑我们的消极情绪是不是由于我们对事件的不合理认识造成的；我们自己本身是如何看待这件事情的；这件事情本身有没有积极意义。换个角度看问题，常常可以使我们从负性情绪中解脱出来，保持心情舒畅。比如，有的流动儿童看到别人的家庭条件都很好，自己在城市中生活条件很差，就会觉得悲观失望。如果换个角度去想就会心情舒畅：自己现在多吃点苦，将来通过自己努力奋斗有了幸福的生活，自己就会倍感珍贵。

（二）转移调控

环境对我们的情绪有一定的影响。当我们在素雅整洁的房间中，光线明亮、颜色柔和，会让我们产生恬静、舒畅的心情。相反，昏暗、狭窄、脏乱的环境，会给我们带来不快的情绪，杂乱的噪声也会让我们烦躁焦急。因此，当我们情绪状态不佳时，可以采用转移环境、转移注意力、转移事件的方法。当我们沉浸在自我的抑郁情绪中难以自拔时，换个环境可能就会换个心情。比如，亲近大自然就是一个不错的选择。大自然的美景能够愉悦身心，对于调节人们的情绪活动，消除精神上的紧张和压抑感，有很好的效果。

（三）适度宣泄

心理学研究表明，情绪的产生能刺激体内产生能量，如极度的愤怒可使身体处于应激状态，消化活动被抑制，糖从肝脏中释放出来，肾上腺素分泌增多，使血压升高、体内能量处于高度激活状态。这种聚集在体内的能量如果不能被及时疏泄，长期积压就会影响身心健康。对不良情绪的适度宣泄包括倾诉法、运动法、日记法、沟通法、哭泣法等。过度压抑情绪不利于身心健康。通过将自己的情绪用恰当的语言表述出来，把闷在心里的苦恼倾诉出来，把所有的委屈全摆出来，能够得到别人的同情和理解，也能得到疏导和指导。同时，在遇到意外打击，产生较大的悲伤、愤怒、委屈时，也可以用痛哭的方式宣泄自己的情绪。生理学家经过化学测定发现，人的眼泪可以释放因压力而产生的化学物质，因此人们在痛哭流泪之后总会感到舒适轻松一些。另外，如果在没有诉述对象的时候，也可以面对沙包发泄一下愤怒情绪，或者到空旷无人的地方引吭高歌，同样能借此释放聚集的能量，舒解情绪，达到宣泄的目的。

（四）积极暗示

积极暗示包括听音乐、用名言警句激励自己等。暗示就是通过言语、体语、情境、物品等对心理过程施加影响的过程。暗示会使人的情绪发生变化，从而影响人的某些生理功能、健康状况和工作效率。比如，在发怒时，可以用言语暗示自己“要冷静，发怒会让事情更糟”；陷入忧愁时，提醒自己“忧愁没有用，于事无益”；当内心比较焦虑时，告诉自己“安下心来，要放松”。

（五）合理化

合理化是一种自我防御机制，有时有助于我们调节不良情绪，如“酸葡萄”心理、“甜柠檬”心理等。合理化调节方法的核心观点就是个人对一件事情产生的情绪不是事件本身引起的，而是由我们对这个事件的解释引起的。因此，改变我们对事件的态度和看法，我们就会改变自己的情绪状态。

（六）主动寻求心理援助

当流动儿童自己没有办法调节好消极情绪，且持续时间已经较长，这时就需要主动寻求心理援助，如找心理辅导老师等。每个人都可能有心理问题，国外的成功人士，左手是律师，右手是心理咨询师。当流动儿童有无法自己解决的困惑时，需要主动寻求专业人士的帮助。

（七）提高升华法

提高升华法是当个人欲望或需求因为各种原因不能实现时，将其原有的内部动机转化为社会性动机，以社会可以承认、接受、允许的方式，去追求更高的目标，获得新的更高级的精神满足。也就是说，将负性情绪产生的能量投射到战胜挫折，或者有益于社会和个人成长的活动中去，这是一种积极的情绪自我调控的方法。比如，当流动儿童感受到别人的歧视，内心很悲伤时，可以将这种悲伤升华为努力学习的动机，以改变自己不利的处境。

链接：

弗雷德里克森（B.Fredrickson）教授出版了《积极情绪的力量》一书，被积极心理学之父塞利格曼（M.Seligman）推崇为当代积极心理学的巅峰之作。书中归纳了提高积极情绪的方法。

方法1　真诚是重要的。不真诚的积极情绪完全不是积极情绪，它是消极情绪的伪装。

方法2　数数我们的福气。将看似平凡的事情转变为福气，所带来的收获可能在我们的人际关系中更加显著。

方法3　追随我们的激情。带着激情生活，给自己玩乐的权利，找到能够让我们获得心理体验的独一无二的活动。

方法4　利用我们的优势。最幸福的人每天都有机会做自己最擅长的事情，凭借自己的优势行事，更容易获得成功。

方法5　享受自然的美好。户外活动可以让我们看得更远，并拓展我们的思维，让我们对更多的事物感觉良好。

第 7 章

流动儿童的同伴关系

晓庆以前在河南老家的时候，有很多的好朋友和好伙伴，可以每天跟他们在一起玩。去了昆明以后，他就跟原来老家的朋友们没有什么联系了。晓庆刚开始在昆明的时候，没什么朋友，觉得很孤独、没意思。后来就慢慢认识了学校里和住在附近的一些伙伴们，他和小伙伴们在一起很快乐。但是，后来晓庆爸爸换了工作，去了苏州，又跟原来的伙伴们没有联系了，他周围没有自己认识的人，老师和同学也不熟悉。晓庆没多久又来了北京，到了现在的新班级后，班里的同学因为他是新来的，就老是欺负他。晓庆觉得心里非常烦，也不喜欢上学了。

流动儿童尤其是学龄期的流动儿童，面临的最大问题之一就是同伴交往问题。伴随着不断的流动，他们的同伴也不断地更换，导致很难保持持续的友谊。而且，在这一过程中，还有可能被同学歧视和嘲笑，这给流动儿童的身心发展带来了不利的影响。

同伴关系及其在儿童发展中的作用

儿童的同伴关系是儿童在交往过程中建立起来

的一种儿童间，特别是同龄人间的人际关系。同伴关系包括同伴接纳和友谊关系。同伴接纳反映群体对个体的态度，是一种关于群体指向的单向结构；友谊关系反映个体间的情感联系，是一种指向某个个体的双向结构。要想成为同伴或者具有同伴关系，必须具备两个条件：一是年龄相同或相似，二是心理发展水平相当。

同伴关系对儿童的情感发展和社会性发展有着成人替代不了的独特贡献。早在十九世纪，皮亚杰就曾指出，同伴关系在儿童的社会能力发展过程中起着不可替代的作用。在同伴关系中，儿童会与自己的同伴合作，并产生情感上的共鸣，这使得儿童的认知视野更加广阔。一些儿童成年后面临的心理健康方面的问题，如心理障碍、犯罪、酗酒、自杀等，都可能与童年时的不良同伴关系有关。研究者也发现，同伴关系对儿童成长所起的作用确实是无可替代的，与相同发展水平、不同发展水平同伴的交往对儿童的发展各有其优缺点，通常来讲，同时具备这两种同伴友谊是最为理想的。此外，同伴关系对个体的社会性发展有重要的作用。首先，良好的同伴关系可以提升个体的社会认知以及社会技能，它在个体社会化过程中有着重要的心理和社会价值。其次，同辈群体间的交往可以促使儿童摆脱自我中心并认识社会角色。这是因为同辈群体间的交往能够满足儿童的情感需求，帮助儿童获得生活经验以及社会信息。

流动儿童同伴关系的特点

同伴关系对流动儿童的发展也有着至关重要的作用。总结归纳国内外的相关研究，我们可以发现同伴关系对促进流动儿童的发展有以下几方面的作用：首先，它能为儿童提供有效的社会交往技巧，有助于儿童社会能力的发展；其次，它能帮助儿童适时塑造自我概念，有利于儿童人格的发展；最后，它满足了儿童成长中的心理需要，是儿童获取归属感及安全感的重要源泉。

对于儿童来讲，同伴关系会伴随其整个童年的成长过程，在儿童的发展中具有不可替代的独特作用和适应价值，甚至对其之后的人生发展都有可能有着重要的影响，因而外来务工人员子女的同伴关系问题是非常值得受到整个社会的关注的。在流动儿童成长和受教育的过程中，是否会由于流动儿童的身份特点而导致他们的同伴关系受到影响呢？流动儿童是一个相对特殊的群体，他们的家庭环境和成长经历决定了他们人际交往的范围及特点。根据来自全国各地的相关调查，流动儿童们除了留守原籍就读或者辍学以外，一般有如下三种就学途径：在父母工作城市的公立中小学借读；在父母工作城市的民办学校或私立学校就读；在父母工作城市的打工子弟学校或简易学校就读。在这几种就学情况中，与本地同龄儿童同处一校就读的民工子弟的同伴关系应该是最为复杂的，对儿童的影响也是最大的。

由于流动儿童与城市儿童不同的成长环境及其在学校的群体特殊性，流动儿童的同伴关系可能会与城市儿童有所不同，他们经历了频繁的搬迁，有着不同的成长经历，在融合的过程中形成了自己独特的特点。那么，流动儿童的同伴关系具体会有哪些特点呢？总体来看，同非流动儿童一样，流动儿童同伴关系在学前期进入关系扩张的阶段，学前期的同伴关系已成为除家庭关系之外的第二大社会关系系统。并且，值得注意的是，男孩和女孩的同伴关系存在着性别差异，人类性别文化对儿童同伴交往关系中的性别分离有着不可忽视的影响。列宾娜分析了男孩和女孩的性别特点并指出，男孩朋友之间的互动作用更强，他们的友谊网会不断地延伸并扩大，容易形成广泛的友谊。和男孩相比，女孩友谊网的互动作用相对弱一点，她们的友谊以集中方式居多，且一般表现为二元形态。

一、流动儿童同伴关系的积极特点

流动儿童同伴关系表现出了多样化的特点，既具有积极的一面，又具有消极的一面。从积极的方面来看，流动儿童的同伴关系有时是十分积极、主动、富有发展弹性的。

（一）在建构同伴关系过程中的主动性较高

在同伴关系的构建过程中，流动儿童认为每个个体彼此之间都是平等的，并不存在所谓的阶级之分以及个体差异。对于流动儿童而言，他们与城里孩子建构同伴关系的意愿很高。这可能是因为孩子天真爱玩爱交友的天性促使他们向往与城里的小朋友建立和谐的同伴关系，因而他们迫切希望自己能融入新的环境中去，拓展自己的关系网络。当流动儿童进入一个新的陌生的环境中时，他的交往动机和交往意愿是非常强烈的，与此同时他的适应能力也会被充分地调动起来，促使其交往深度和交往广度得到进一步发展。最近的一些调查表明，大部分流动儿童表示热爱参加班级组织的集体活动，并且，大约 3/4 的流动儿童表示自己会主动帮助同伴解答问题。由此可见，绝大多数的流动儿童并非被动地建立自己的交际圈，而是采取积极主动的同伴交往模式。

（二）交往群体的广度从低年级向高年级呈不断上升趋势

有相关的研究表明，在流动儿童群体中，高年级的学生交友的数量和范围都比低年级的大。这种现象的出现可能与流动儿童的年龄及在校时间的长短有一定的关系。随着年级的上升，高年级的学生在之前的人际交往中积累了一定的交往技巧，这使得他们的人际交往能力比低年级的学生更强，更有助于他们交到更多朋友。此外，随着年级的上升，高年级学生的在校时间比低年级的多，他们接触和认识的人日益增多，交际圈也在日渐更新和扩展。因此，这也不难解释流动儿童交往群体的广度从低年级向高年级呈不断上升的现象。

（三）流动儿童可以实现弹性发展

对于流动儿童的研究，国内很多研究者都认可“处境不利—压力—适应不良”的直线模型，即流动儿童由于自身成长环境的局限性，在成长过程中会面临诸多压力，这些压力往往会造成流动儿童的适应不良。但值得欣喜的一点是，即使成长环境有不利条件，也依然会有一些流动儿童个体健康发展，适应良好。也就是说，流动儿童能实现自身的弹性发展。心理弹性是指个人面对逆境、创伤、悲剧、威胁或其他重大压力下的良好适应过程，也就是对困难经历的反弹能力。这是一种能够帮助个体抵御刺激、促进良好适应的积极心理品质。具有良好的心理弹性的流动儿童不仅能忍受逆境或者应付逆境，并能在逆境中表现出积极的发展状态。从弹性发展的角度来看流动儿童，有利于我们重新认识“流动”给儿童带来的积极影响。

二、流动儿童同伴关系的消极特点

与此同时，不可否认的是，流动儿童的同伴关系也有消极的方面及其局限性。比如，人际空间相对狭窄，交往形式单一、不稳定等。

（一）关系网络规模小，人际空间相对狭窄

虽然，流动儿童在建构同伴关系过程中的主动性较高，向往与城里的小朋友建立和谐的同伴关系，但在实际的日常生活中，他们的交际圈仍然会受各方面的限制而显得非常狭小。有研究发现，流动儿童与非流动儿童在同伴交往上存在显著差异，流动儿童比非流动儿童更可能多地感受到自己被忽视了。这可能与流动儿童和城市儿童居住地、就读环境以及课余活动不同有关。由于流动人员往往居住在市郊房租比较便宜的地段，因此他们很难与当地的城市儿童有直接接触和交流，居住地点不同限制了他们与城市儿童的交往。此外，很多流动儿童都就读于打工子弟小学，而城里的孩子很少去打工子弟小学就读，因此这在一定程度上减少了流动儿童与城市儿童的交往机会。还有，由于自身家庭经济条件的影响，外来务工人员通常不会送孩子去上各类课外兴趣班和辅导班，这也在一定程度上限制了流动儿童人际交往的规模。因此这些因素很有可能导致的结果就是，流动儿童的同伴关系以同乡同班关系为主，且与城市儿童建立的关系较少。

（二）交往形式单一，缺乏多元化

我们知道，儿童的交往很多都是以游戏的方式进行的，而大多数的游戏类型都需要儿童和其他儿童发生交互，如旁观游戏、平行游戏、联合游戏、合作游戏等。在这些游戏过程中，儿童观察同伴的玩耍过程，或者和小伙伴们一起玩玩具，或者和小朋友们做情境扮演等。由于自身生活圈子的限制，流动儿童通常更经常和离自己比较近的儿童聚在一起玩游戏。同时，由于经济条件的限制，流动儿童可能没有那些种类繁多的游戏，也更少地去参加各种课外兴趣班、辅导班、夏令营等，相比较而言，他们接触不到丰富多样的环境刺激，课余生活不够丰富，一起玩耍的小朋友也主要局限在流动群体的小圈子内，交往形式比较单一。且与非流动儿童相比，

流动儿童较易出现更多的问题行为，尤其是内化问题行为，他们的孤独感更加强烈，更不愿意和人交往，这也限制了他们交往形式的多元化发展。

（三）不稳定性

流动儿童的本质特征是“流动”，他们随着自己的父母，从乡村流动到城市，或者从一个城市流动到另一个城市。他们没有固定的生活城市，交往的同伴也在不停变动。在 6~14 岁的流动儿童中，约有 1/3 的儿童的流动时间超过了 6 年，这表明很多流动儿童的流动时间是相当长的。由于“流动性”这一特点，流动儿童需要不断离开原有环境，进入新的环境，这导致的结果是他们可能刚刚在一个新环境中建构起自己的关系网络，就不得不接受这些关系网络的断裂，并努力在另一个新的环境中重新建构新的关系网络。这种不断迁移带来的同伴关系的转换，使得流动儿童的关系网络很不稳定，难以维持长久稳定的同伴关系。同时，新旧环境的转换要求流动儿童不断地适应新的环境，这对流动儿童的适应性也提出了很高的要求，新环境带来的种种不适可能会影响流动儿童积极地去构建自己的同伴关系，这也是影响流动儿童同伴关系的一个重要因素。

同伴关系是流动儿童最重要的社会关系之一，对儿童的社会适应和未来发展具有深远的影响。根据上述关于流动儿童同伴关系的探讨，我们可以发现，流动儿童在和同伴交往过程中虽然会有许多问题，如人际空间相对狭窄，交往形式单一、不稳定等，但他们的同伴关系是十分积极、主动且富有发展弹性的。我们需要辩证地看待流动儿童在同伴交往过程中展现出的两面性，多多鼓励、支持、引导流动儿童和流动儿童内群体以及城市儿童群体建立友谊，促进流动儿童同伴关系的构建。

流动儿童同伴关系的影响因素

流动儿童同伴关系的影响因素有很多，从主观方面来看，影响流动儿童同伴关系的因素有流动儿童自身交往的意愿和交往的主动性、自身的心理状态、个人交往策略和技巧等。自身交往意愿和交往主动性更强的、孤独感更低的、有着更成熟的人际交往策略和交往技巧的流动儿童，更容易构建起良好的同伴关系。从客观方面来看，家庭、教师、同学、学校、社会等都能对流动儿童的同伴关系造成影响。恰当的家庭教养方式、适宜的教师引导策略、友好的同学关系氛围、有效的学校交往指导策略、良性的社会风气等，均有利于帮助流动儿童构建和谐的同伴关系。

一、流动儿童自身交往的意愿和交往的主动性

从行为层面上看，流动儿童自身交往的意愿和交往的主动性影响着其同伴交往行为。虽然有研究表明，在同伴关系的构建过程中，流动儿童认为每个个体彼此之间都是平等的，并不存在所谓的阶级之分以及个体差异，且他们天真爱玩爱交友的天性促使他们向往与城里的小朋友建立和谐的同伴关系，因而他们在建构同伴关系过程中的主动性较高。但是，流动儿童的流动性特质使得其经常需要面对各种新的陌生环境，而在适应新环境过程中发生的角色转换并不是一下就能完成的。虽然流动儿童可能一开始进入一个新环境时与其他同学交往的意愿比较强烈，但在交往的过程中，流动儿童和本地儿童在言语交流、行为模式上可能存在一些明显的差异，这些群体差异很可能构成两个群体间的壁垒，导致两个群体的沟通困难，久而久之，流动儿童和本地儿童交流的积极性会受到打击，在交往中也逐渐变得不那么主动积极。

二、流动儿童的心理状态

从心理状态层面上看，流动儿童通常同伴接纳感更低，也更容易感受到孤独。流动儿童由于很多是跟随父母从乡村流动到城市，他们很多都认为自己依然是“外地人、农村人、乡下人”。他们在心理上常常并没有真正地融入城市中，且长期处于“边缘人”的状态，地位十分尴尬。与城市儿童相比，流动儿童会觉得自己不被同伴接纳，孤独感也更加强烈。一旦遇到老师或同学的批评指责，他们出于自我保护，就很容易在潜意识中将自己封闭起来，以此保护自己脆弱的自尊心。同样地，由于流动儿童在与本地儿童交往时，存在着文化、地位、家庭背景等方面的差异，加之很多城市儿童对流动儿童的偏见，流动儿童在交往的过程中很容易形成自卑心

理，在和本地儿童交往的过程中不够自信。这些都阻碍了流动儿童与城市儿童建立正常的同伴关系。

三、流动儿童的个人交往技巧

很多调查结果都显示，虽然流动儿童同伴关系的构建会受个人能力、家庭背景、学校指导、社会风气等诸多因素的影响，但个人交往能力，尤其是个人交往技巧才是对流动儿童同伴关系影响最大的因素。有约1/3的流动儿童认为，对同伴交往影响最大的因素是个体的交往能力，更具体来讲就是个体的交往技巧。相应地，有大约一半的流动儿童认为，自己选择同伴时，遇到的最大困难通常是“缺乏交往技巧”。这些数据表明，流动儿童同伴关系明显受到个体自身交往能力，特别是个体交往技巧的影响。这可能是因为，有着良好人际交往技巧的流动儿童，更懂得与同伴之间交往的分寸，他们能清晰地了解别人和自己的行为动机、情绪状态，并能使用恰当的沟通方式和城市儿童进行交流和互动。在这种情况下，学校、家庭、社会等的作用就会变得不那么强，只要拥有良好的人际沟通技巧，流动儿童就很容易建立起良好的同伴关系。

四、流动儿童的家庭因素

（一）家庭背景情况

通常情况下，流动儿童的父母都是从乡村流动到城市，或从小城镇流动到大城市的外来务工人员。他们家庭的经济来源以打工为主，经济状况并不十分理想。这就使得流动儿童不能像城市儿童那样可以接触到各式各样新奇的玩具、游乐场所，也很少去参加各种各样的兴趣班、辅导班，也更少有机会参加夏令营、出国行等丰富多彩的活动，生活圈子局限在居住在一起的群体内的小朋友中。同时，有些流动儿童的家庭并不是独生子女家庭，而是有着好几个兄弟姐妹，而在外工作的父母又没有多余的时间和精力去照顾自己的弟弟妹妹。这就意味着，流动儿童有可能还需要花费更多的时间在照顾弟弟妹妹上，而兄弟姐妹也成为他们主要的玩伴。因而照顾家中的兄弟姐妹也在一定程度上削减了流动儿童和本地儿童在学习生活上的互动时间，使得他们之间更难建立友谊。

（二）频繁的搬迁

我们知道，流动儿童的最明显特征就是“流动性”。他们跟随自己的父母从一个地方搬迁到另一个地方。他们没有固定的生活城市，需要不断离开原有环境，进入新的环境，这导致他们交往的同伴也在不停变动，可能他们刚刚在一个新环境中建构起自己的关系网络，就不得不面临这些关系网络的解体。这种不断迁移带来的同伴关系的转换，使得流动儿童的关系网络很不稳定，也难以维持长久稳定的同伴关系。新旧环境的转换要求流动儿童不断地适应新的环境，这对流动儿童的适应性无疑是一个新的挑战。新环境带来的种种不适（如缺乏社会文化心理认同、没有固定的邻居与小伙伴等）可能会影响流动儿童新的同伴关系的建立，因而频繁的搬迁也是影响流动儿童同伴关系的一个重要因素。

（三）父母教养方式

父母未能给予合适的引导，导致流动儿童缺乏人际交往的经验。儿童与同辈群体交往的质量会受到家庭交往倾向性的影响。由于流动儿童的父母工作时间繁忙，因而他们常常无暇与孩子的沟通，有很多流动儿童认为其家庭“不太关心其交友状况”。除了沟通时间不足之外，很多家长和孩子的沟通质量也不高。亲子关系不仅取决于亲子交往的频率，更取决于亲子交往的质量。很多流动儿童的父母对孩子的交往需求缺乏敏感性和反应性，使孩子在家庭中缺乏人际交往的经验，当孩子遇到交往问题时，父母又不能提供具体有效的交往策略，这使流动儿童与同伴沟通的技能和参与活动的积极性很差，给孩子的同伴关系带来了消极影响。

五、流动儿童的教师因素

（一）师生关系

作为教师，理应尊重和理解流动儿童，给予其更多的关心与宽容，为他们创设一个安全的心理环境。但有很多教师对流动儿童有着歧视和偏见，他们不能一视同仁地对待城市儿童和流动儿童，不能包容他们和本地儿童的差别。在孩子出现错误行为时，完全没有耐心，当着全班同学的面直接批评、指责流动儿童，肆意破坏流动儿童脆弱的自尊心。在流动儿童表现良好时，他们也不会及时给予其鼓励、肯定和赞扬。

流动儿童和本地儿童一样，需要得到平等的尊重，教师要给予流动儿童足够的关爱，培养其自尊心和自信心。只有这样，才能让流动儿童真正地融入本地儿童群体中，在集体中建立和谐的同伴关系，在友爱的环境中健康成长。

此外，儿童对同辈群体的接纳会受到师生关系的影响。良好的师生关系（如亲密型的师生关系）有助于儿童形成对学校的积极的情感态度，有助于促进学生积极参与班级活动和学校活动，有助于帮助流动儿童与同学形成积极的情感联结，养成良好的个性品质，形成较强的社会适应能力。因此，教师在向同学教授文化知识的同时，也不能忽视对流动儿童心理上的关注，要引导儿童树立对自己的正确认知，培养儿童的自尊自信，培养儿童人际交往的能力。

（二）教师的教育方法

不当的教育方法会影响儿童的同伴关系。有的教师缺乏对流动儿童的尊重和理解，对流动儿童存在歧视，经常用严苛、强硬的态度来要求他们，一旦孩子出现错误，就对孩子进行批评否定，甚至训斥指责。长期处于这种缺乏关爱、接纳、赞扬和肯定的环境中，很容易导致被否定的流动儿童怀疑是不是自己有问题。同时教师对流动儿童的否定评价也容易导致其他同学对流动儿童态度冷淡。流动儿童被教师及同伴拒绝，内心会极易产生挫败感和嫉妒感，进而引发流动儿童的攻击性行为或其他心理问题。

同时，流动儿童和本地儿童之间的交往缺乏教师针对性的指导也是影响流动儿童同伴关系的一个因素。在儿童的成长过程中，同伴交往的重要性毋庸置疑。流动儿童与城市儿童的交往对双方的成长、发展都具有特殊的意义。对于流动儿童来说，与城市儿童的交往是其城市生活中的重要内容，是他们融入城市社会的重要桥梁。对于城市儿童来说，与流动儿童的交往也是他们全面认识社会、了解世界的一个重要途径。无论是学校管理者，还是教师，也许都为促进流动儿童与城市儿童的同伴关系举办了各式的教育活动，但有时效果却并不理想，这可能是因为他们之间的交往缺乏教师针对性的指导。对此，教师应该积极分析尝试，总结出一套分别适用于流动儿童与城市儿童的同伴交往的技巧。

六、流动儿童的同伴因素

（一）同伴与流动儿童之间的距离远近

流动儿童在选择同伴的时候有其自己的特点。一般来说，他们更愿意选择与自己一样的流动儿童作为同伴，同时，也会考虑选择同班、同校或者住得比较近的同学作为同伴。可见，流动儿童最倾向于和距离上比较接近的人发展同伴关系。这可能是因为儿童同伴关系往往建立在彼此相互接触的基础上，空间上的接近为同伴之间的接触和沟通提供了更多便利和机会。空间上比较接近的小伙伴，他们有更多的时间和机会聚在一起，共同玩耍和分享的机会也比较多，自然容易形成亲密友谊。而距离比较远的同学，流动儿童并没有太多机会和其接触，他们的共同经历比较少，彼此之间感到陌生，也互相不了解，不容易形成亲密的同伴关系。所以，流动儿童会优先考虑和同班同学交往，其次是和同校同学以及家庭住址比较近的同学交往。

（二）同伴是否具有良好的品德

流动儿童在选择同伴的时候，大约有一半的儿童会优先考虑对方的品德。此外，流动儿童也希望自己的同伴具有真诚、平等、宽容待人等品质。而选择与“认真学习”的同学成为亲密伙伴的流动儿童仅占 9.7%。这说明与认真学习相比，流动儿童还是更倾向于和具有良好品德的同学建立友谊。良好的个人品德对流动儿童的同伴交往有着更大的促进作用，容易使彼此受到良性约束而便于双方交往的顺利开展，从而使彼此形成稳定的同伴关系。流动女童比流动男童更加关注品德，可能是她们比流动男童相对弱小，良好的德行规则更有利于她们建立同伴关系；流动小学生比流动初中生更加关注品德，可能是他们不像流动初中生那样有着广泛的兴趣，良好的德行是他们形成同伴关系的重要标准。

七、学校因素

（一）学校资源的丰富程度

从环境对个体发展的影响来看，校园内活动场地的大小与流动儿童同伴关系的建构有一定的关系。这可能是因为，流动儿童在拥挤的空间内会更多地表现出攻击及竞争行为。因此，学校资源的限制和匮乏，比如没有完善的娱乐设施，没有多种多样的课外活动，没有相应的实验室，等等，都有可能影响儿童同伴关系的建立。

（二）学校交往指导

有效的同伴交往指导是影响儿童同伴关系的重要因素。但是，大多数学校并不太关心学生的交友情况，缺少对学生同伴交往的指导。流动儿童所在学校对其同伴交往情况不够关心并且疏于指导，可能是因为，相比于学生同伴交往问题，流动儿童所在学校更关心学生的学业问题，忽略了关心学生同伴交往问题的重要性；也可能是因为，校方认为流动儿童年龄尚小，或者儿童完全可以自发地进行同伴交往，并没有必要过多地关注这一方面的问题。

这一点上表现比较明显的是很多学校缺乏针对性的心理健康课程。流动儿童正处于身心发展的关键期，他们生理、心理的发展，社会阅历的丰富及思维方式的转变都会引起他们学习、生活、人际交往、自我意识等方面的困惑，因而关注学生的心理健康并开展心理健康课程尤为重要。对于流动儿童来说，从一个环境换到另一个环境，他们的内心都要经历一个起落的过程，他们在流入地也必然会面临城市适应和融合的问题，同伴关系正是流动儿童社会适应的重要内容与衡量指标。一项研究表明，流动儿童在与本地同学、家乡同学交往时，他们的身份认定常常游离于外乡人、流入地人之间，并且流动儿童与城市儿童社会比较的结果往往是流动儿童获得消极评价。这会使流动儿童的自尊受到影响，他们非但不能得到积极的社会身份认同，反而会受到社会认同的威胁，产生心理上的疏离感和自卑感。

八、社会因素

儿童不是生活在真空的环境中，他们也会受到社会风气的影响。社会攀比对儿童建立良好的同伴关系有着极强的负向影响，这对于流动儿童来说也不例外。实际上，对流动儿童建立同伴关系具有破坏性的社会风气比较多，比如，攀比是否具有贵重的手机、电子产品，家里是否有经济实力，是否拥有流行的服饰和学习用品，等等。不良的社会攀比风气会抑制儿童良好同伴关系的建立，因此，需要有效引导儿童养成正确的价值观。

综合来看，流动儿童同伴关系的影响因素有很多，既有主观因素，又有家庭、教师、同学、学校、社会等客观因素。从流动儿童自身来看，影响流动儿童同伴关系的因素有交往的意愿和交往的主动性、自身的心理状态以及个人交往策略和技巧；从家庭方面来看，影响流动儿童同伴关系的因素有家庭背景情况、搬迁的频繁程度、父母教养方式；从教师方面来看，影响流动儿童同伴关系的因素有师生关系、教师的教育方法；从同学方面来看，影响流动儿童同伴关系的因素有同伴与流动儿童之间的距离远近、同伴是否具有良好的品德、同伴家长是否有较好的修养；从学校方面来看，影响流动儿童同伴关系的因素有学校资源的丰富程度、学校交往指导；从社会方面来看，影响流动儿童同伴关系的因素有社会攀比风气状况、相关法律法规是否健全、公共社区教育服务功能是否完善。

在这众多的影响因素中，流动儿童的个人交往技巧可能是对其同伴关系影响最为明显的因素。流动儿童在学习生活交往中还不成熟，在新的环境中，他们自身不能很好地与本地的儿童进行交往，人际交往圈狭窄，交往形式单一，被同伴接受的程度不太高，在陌生的环境中难以建立平等的关系，很难在交往中取得彼此的相互认同。因此，帮助流动儿童改善人际交往技巧显得至关重要，这不仅需要社会上对流动儿童的普遍认可，同时更需要家庭、学校和教师三方面共同的配合。

培养良好同伴关系的策略

影响流动儿童同伴关系的因素有很多，既有流动儿童自身的主观原因，又有周围环境所造成的客观原因。那么，有哪些方法可以降低这些因素对流动儿童的影响，增进其良好同伴关系的构建和形成呢？根据这些影响因素，我们依然从流动儿童自身、家庭、教师、同学、学校、社会这几个方面总结了相对应的同伴关系培养策略，以帮助流动儿童构建更和谐的同伴关系。

流动儿童在建立同伴关系时，会受到来自主观方面因素的影响。流动儿童可以采取增强自己交友的主动性、提高自身交往能力、抵制社会攀比风气等策略，减轻主观因素的影响。

一、引导流动儿童增强自己交友的主动性

我们知道，流动儿童具有很强的流动性特点，他们经常要面对新旧环境的转换，他们好不容易在一个环境中建立起自己的友谊圈子，有了知心的朋友，却不得不在随后的搬迁中被迫断开刚刚建立起来的关系网络。在进入一个新的环境后，他们需要重新花费很多的时间和精力去适应新环境，完成自己的角色转换。在这个过程中，对新环境的不断适应对流动儿童来讲是一个极大的挑战，而在此同时，再要求他们拿出相当的时间和精力去重新构建新的关系网络是很难的，但这并不意味着流动儿童就完全没有一点精力去寻找新的小伙伴，他们可以拿出一小部分时间来，主动积极地尝试着和周边的小伙伴进行互动和交流，比如课上遇到不会的问题一起讨论，体育课和小朋友一起玩耍，课间和同伴在校园里跑跑跳跳。

除此之外，有一些流动儿童不愿意和本地儿童交往是心理上的原因。虽然流动儿童在一开始进入一个新的环境时仍旧会有比较强烈的与其他同学交往的意愿，但到了一个新的环境时，流动儿童和本地儿童之间存在的言语交流、行为模式的差异很有可能造成两个群体间的隔阂，久而久之，流动儿童和本地儿童交流的积极性会受到打击，在交往中也逐渐变得不那么主动积极。这个时候，他们通常同伴接纳感会比较低，也更容易感到孤独。他们在心理上并不能真正融入城市中，长期处于“边缘人”的状态。加之很多城市儿童对流动儿童的偏见，流动儿童在交往的过程中很容易形成自卑心理，一旦遇到老师或同学的批评指责，他们出于自我保护，就很

容易闭锁自己的心扉。这种情况下，流动儿童自身的主动性就显得十分重要了。只有他们愿意自己敞开心门，多跟周边的小朋友交流，才能减轻这种心理上的隔阂。流动儿童可以主动分享自己的生活经历和成长经历，主动向有困难的小朋友提供帮助，为班集体做贡献，积极参加班里组织的活动。在交往的同时也要做到不卑不亢，时刻保持自尊和自信，既不目中无人，也不妄自菲薄，勇敢、积极、主动地去和新环境里的小伙伴们做朋友。

二、指导流动儿童提高自身的交往能力

陈春勇的研究表明，有接近半数的流动儿童认为自己在选择同伴时遇到的困难是“缺少交往技巧”，绝大多数流动儿童认为其父母“不太关心其交友情况”；学校里也存在对流动儿童尤其是流动小学生的同伴交往不够重视、疏于指导的问题。为此，家庭和学校应当重视起来，及时了解流动儿童的交往需求，对流动儿童在这方面给予适当的关心和指导，家长和学校也可以联合起来，共同了解流动儿童在交往过程中遇到的困难和疑惑。流动儿童也要努力和身边人进行沟通，从家长和老师那里学习、模仿一些交往的艺术、方法、技巧，并学以致用。

儿童解决社交问题的策略或自身的交往能力是儿童社会认知能力的一种综合体现。研究表明，儿童的社会认知能力与其社交地位之间存在着密切的关系。周宗奎、林崇德曾使用访谈法，考察了在不同的交往情境中，不同年级以及不同社交地位的小学阶段儿童解决社交问题的策略。研究中分别设立了发动交往、维持交往和解决冲突三种假设的交往情境，在这些情境中，他们发现，“言语沟通类”的策略是小学阶段儿童在解决社交问题时首选的策略。相比于低年级儿童，高年级儿童解决冲突的有效性和发动交往的适当性都比较好，被拒绝的儿童更多地借助第三方来发动交往，表现出更高的依赖性，而被忽视的儿童发动交往的有效性最低。因此，流动儿童可以积极地和小伙伴们进行言语交流和沟通，主动发起交往，在出现问题和冲突时及时有效地解决。

在具体交往时，还需要流动儿童留意自己同伴交往的深度和广度。在

同伴关系中，流动儿童既要有可以深度交心的小朋友，又要保持和班上绝大多数小朋友的友好关系。有的小朋友在交友时只关心几个和自己玩得来、志趣相投的小朋友，对班里的其他小朋友则漠不关心；有的小朋友能和班上绝大多数的小朋友保持友好的关系，却只是泛泛之交，没有深度交往的比较贴心的朋友。因此，需要引导流动儿童注意一下自己交友的深度及广度，在拥有亲密伙伴关系的同时，也可以做到和大多数品行端正的小朋友保持和睦。具体的做法有：积极和小伙伴们分享自己的玩具、零食，讲述自己的新发现和新想法，在遇到同学时热情礼貌地问好，多多站在其他小朋友的立场考虑问题等。

三、引导流动儿童自觉抵制社会上的不良攀比风气

调查表明，攀比社会风气对流动儿童的同伴关系有十分重要的影响，有近四成的流动儿童认为，对其同伴关系影响最严重的的社会风气是名牌服装和贵重电子产品的互相攀比，还有两成以上的流动儿童认为对父母钱财和权势的攀比也会对同伴关系造成影响。针对这种情况，家长们应该以身作则，注重节约，避免因为想把一切最好的给孩子而盲目追求超出自己消费能力水平的名牌贵重产品；学校也要积极引导流动儿童树立正确、健康的消费观、交友观，消除虚荣心理，拒绝盲目攀比。在同伴交往的过程中，流动儿童可以换一种更加良性的攀比方式，将攀比财物、权势这些“炫富”行为，改为“攀比”团结同学、热爱师长、文明交往等良性竞争。鼓励和引导流动儿童在日常的生活中养成勤俭节约、互助友善等习惯，停止恶性攀比，杜绝不良风气。具体的做法也有许多，比如在班级中评选文明标兵、勤俭节约标兵等，对这些方面做得比较好的同学给予表扬，给大家树立学习的榜样；上学时统一要求大家穿戴整洁，或要求同学们穿校服，禁止奇装异服和盲目攀比；多多举办废物利用活动，进行辛劳体验，让同学体验勤俭节约带来的乐趣，理解父母生活的艰辛和不易。

四、提升家长素养，改善孩子的交往能力

流动儿童在选择同伴的时候，不仅会考虑对方的家庭社会经济地位，

而且更重要的是，还会考虑对方家长的特点。比如，更多的流动儿童希望同伴的家长是“和气待人”“热情”“文化水平高”的。这从一个方面印证了流动儿童家长的素质修养在孩子同伴交往过程中所起到的重要作用。因此，如果想要为自己的孩子做出表率，使其能够结交品行良好的伙伴，家长就应当努力提升自身的品行和文化素养，多读一些有关文化修养、文明礼仪、儿童心理的图书；借助家长学校、继续教育、家庭教育指导委员会等不断学习，提升自身的素质和修养，学习充实养育知识，更新育儿观念和手段；多抽时间和孩子聊天，了解孩子的交往需求以及在交往时遇到的问题，必要时给予适当的引导；把孩子的朋友当成自己的朋友，参与到孩子的同伴关系中去，真诚热情地对待孩子的朋友。

五、增强教师指导，提升儿童的交往技能

卢梭（J.J.Rousseau）曾说过：“每个人的心灵都有着自己的形式，必须按照它的形式去指导它；必须通过它本身的形式而不能通过其他的形式去教育，才可以使你对它花费的苦心取得成效。”因此，教师必须关注每一个流动儿童的心理，因势利导，使其向健康的方向发展。教师对流动儿童的关爱对其心理健康有着不可忽视的影响，年龄越小的儿童对教师的关爱越为需要。流动儿童随着父母来到新的陌生地方和陌生班级，他们内心充满着不安感，在融入新环境的过程中可能存在着许多问题。

教师应该尊重和理解流动儿童，给予其更多的关心与宽容，为他们创设一个安全的心理环境。教师要积极关注流动儿童的心理健康，平等地对待流动儿童，宽容地看待他们和本地儿童的差别，同时对他们的不良行为加以适当的引导。在流动儿童的教育过程中，教师要把握好流动儿童的教育尺度。作为教师，要宽容地对待流动儿童的不足。在孩子出现错误行为时，要多一分耐心，不要急于当着全班同学的面直接批评、指责流动儿童，最好单独找其谈话，委婉地指出其做得不合适的地方。在流动儿童出现不良行为时，教师也要适时地进行反思，研究出有效的教育方法。在流动儿童表现好时，及时给予其鼓励、肯定和赞扬，对该行为进行强化。流动儿童和本地儿童一样，需要得到平等对待和尊重，教师要给予流动儿童

足够的关爱，培养其自尊心和自信心。只有这样，才能让流动儿童真正地融入本地儿童群体中，在集体中建立和谐的同伴关系，在友爱的环境中健康成长。

六、运用小组合作的机会，提升同伴关系质量

在学校教育中，经常会采用小组合作学习的形式。小组合作是以两个或者两个以上的个人组成的小组为单位进行合作的方法。小组合作法主要为通过有目的的小组活动及组员间的互动，帮助小组成员共同参与一些集体活动，从中获得经验，处理人际问题以及人与环境之间的问题，恢复和发展个体的社会功能，开发个体潜能，从而获得个人成长。小组合作法主要采用小组讨论、游戏、角色扮演等参与性强和互动性强的形式。通过这些活动，可以帮助流动儿童与年龄相仿、兴趣爱好和知识背景相近的同伴建立友谊。对于学生来讲，小组合作学习也是常用且比较有效的方法。通过集体参与富有实践性、趣味性和创造性的活动，能够激发流动儿童的积极性，使其得到同伴交往方面的策略，提升其同伴交往能力。合作学习的方法强调小组的作用，小组发展的过程也是小组成员成长的过程。

七、利用学校资源改善流动儿童的同伴关系

（一）创设良好的校园文化，接纳流动儿童

学校要为流动儿童同伴关系的发展提供良好的交往环境。学校是儿童学习生活的重要场所。对于流动儿童的父母来说，学校为流动儿童提供了很好的容身之所，解除了他们的后顾之忧。为了帮助流动儿童适应新的环境，与城市儿童建立良好的同伴关系，学校应积极发挥引导作用，创设一个包容接纳的环境，让本地孩子们更好地接纳流动儿童。流动儿童来自不同的城市，他们有着当地富有生趣的民间文化，更强的独立性、主动性等。校方要重视流动儿童们带来的创新与活力，创设有利于流动儿童的班级文化，比如在平时活动时，可以有意识地引起同伴对流动儿童的注意，多多组织能发挥流动儿童特长的活动，同时要鼓励他们参加这样的集体活动，让流动儿童们在集体中发现快乐和自信，不再有被忽视的感觉。如流

动儿童一般都比较喜欢体育活动，那么教师就可以把体育活动作为帮助流动儿童培养自强精神、消除不良情绪、认识自身价值、树立自信心的有效途径。

（二）家校合作，促进流动儿童良好同伴关系的建立

首先，学校可以根据流动儿童同伴关系的一般特点，及时寻找培养儿童良好同伴关系的策略，编写一些资料、小册子等，发放给流动儿童的家长，让家长一起关注亲子关系的培养。当流动儿童在同伴交往方面取得进步时，及时地给予表扬和强化。其次，及时召开家长会，通过家长会，帮助流动儿童家长了解家庭教育的方法，还可以把流动儿童在同伴交往过程中产生的问题抛给家长们讨论，共同制定对策，如从认知角度（解决人际问题的认知技能训练）、情感角度（移情训练）、行为角度（榜样策略、行为塑造）等多个角度对流动儿童同伴关系进行训练及干预，帮助流动儿童建立友谊，让孩子在健康的氛围中茁壮成长。

（三）改善校园的环境及氛围

比如进一步完善学校的硬件设施，建立各种适合孩子们进行户外活动的娱乐设施；改进教师的教学模式，树立正确的教学理念，给流动儿童提供平等的学习其他知识的机会；请教育专家对学校教师进行相关的专业培训，加强学校教师的职业道德素养与专业素养，帮助其树立正确的儿童观与教育观，还可以派教师到其他学校参观和学习，观摩优秀教师的课堂教学活动，提高学校教师的专业水平。

（四）开设富有针对性的心理健康课程

流动儿童同伴交往中同伴支持对象单一、同质性严重，并且少数城市儿童对流动儿童存在排斥。因此开设心理健康课程，尤其是对流动儿童与城市儿童分别具有针对性的心理健康课程是十分必要的。通过课程的设置，可以让流动儿童了解心理健康知识，掌握调节心态的方法，提升人际交往的技能。

八、利用社会资源改善流动儿童的同伴关系

（一）完善公共社区教育服务功能

比如成立家庭教育指导中心、建立小型社区图书馆，提供包含家庭教育指导的文化教育和居民互助平台。如果社区中有年龄相当的流动儿童，可以对其家庭实行结对帮扶，促进流动儿童家庭之间的交流。如果流动儿童家庭与普通城市居民家庭进行结对帮扶，则更加有利于流动儿童快速地融入城市社会，给流动儿童带来多方位的支持。

（二）成立专门的家长学校

流动儿童父母的文化水平大多不高，不少流动儿童的父母无力指导孩子，因此有条件的社区可以成立专门的家长学校，创新家庭教育活动形式，及时向流动儿童家长传授教育理念、探讨先进的家庭教育手段，以促进流动儿童家长家庭教育观念的转变。因为家庭教育对儿童的学校适应至关重要，儿童的学习习惯、情绪问题、同伴交往模式都深深存在着家庭教育的烙印。目前，家长学校已经成为社区教育的正式组织形式，在全国很多城市中颇具规模。

（三）利用各种传播媒介开展家庭教育辅导

如开通家庭教育求助的热线电话、创办家庭教育广播、出版发行贴近流动儿童家庭生活的报纸以及开设家庭教育专栏电视节目等，利用现在发达的社会媒体和传播媒介，让流动儿童及其家长能够从多种渠道受到全方位的教育。

综合来看，帮助流动儿童构建良好同伴关系的策略有很多，从流动儿童自身来看，可以引导流动儿童增强自己交友的主动性、指导流动儿童提高自身的交往能力、引导流动儿童自觉抵制社会上的不良攀比风气；从家庭方面来看，可以提升家长的素质和修养、增强流动儿童家长在家庭教育上的责任感，改善不良的家庭教养方式；从教师方面看，可以促使教师适时进行反思，总结出有效的教育方法，平等和宽容地对待流动儿童；从同伴方面看，可以采取小组合作法，激发流动儿童的积极性，使其得到同伴

交往方面的策略，提升其同伴交往能力；从学校方面看，可以创设良好的校园文化，与流动儿童家庭建立良好的互信关系，为流动儿童家长提供科学的育儿策略、开设富有针对性的心理健康课程；从社会方面看，可以健全相关法律法规，保护流动儿童的合法权利，完善公共社区教育服务功能，成立专门的家长学校，利用各种传播媒介开展家庭教育辅导。最好能够将各个方面的策略综合起来，从流动儿童自身，到家庭、教师、学校、社会，大家一起全面营造有利于流动儿童同伴关系发展的氛围，多方面互相反馈、一起协同配合、交流策略和方法，对流动儿童的同伴交往给以适当的关注和指导。相信在全民和全社会的共同努力下，流动儿童和谐良好的同伴关系的构建指日可待。

链接：奇妙的心理现象：交往中的“皮格马利翁效应”

在古希腊的神话中有这样一个故事。塞浦路斯国王皮格马利翁酷爱雕塑艺术。有一次，他在制作一座少女雕像时倾注了自己全部的心血和情感，并不禁对这尊美丽的少女雕像产生了爱慕之情。他的热望加上维纳斯女神的帮助，使少女雕像突然活了，变成一位美丽的女人，与皮格马利翁相聚在一起。这个神话故事中所反映出的“爱”的效应，被美国心理学家罗森塔尔称为“皮格马利翁效应”，意为对一个人长期的坚定的期望，而最终导致期望变成现实，即你认为对方是什么样，对方最终就会变成什么样。例如，丈夫认为自己的妻子很美丽，就会以认为她美丽的方式待她，而她是否真的美丽并不重要，结果，妻子对丈夫的方式给以积极的回应，从而更加有信心，更加透出由内到外的美丽，这就成了一个良性循环，两人的关系当然会越来越好。

第 8 章

流动儿童的亲子关系

作为父母，很多人都在竭尽全力给予孩子尽可能优质的物质条件，来满足儿童的物质需要。于是一些经济收入低的父母选择了外出打工来增加家庭收入。然而，对于孩子的身心健康发展来说，是否只满足物质需要就足够了呢？

发展心理学家哈洛（H. Harlow）却发现，爱和情感可能是与饥饿和干渴一样强烈的基本需要，或者比它们更强烈。哈洛让新生的幼猴从出生的第一天起同母亲分离，并为它们制作了两只代理母猴——铁丝母猴与绒布母猴。这两只代理母猴均由铁丝制作，绒布母猴则在铁丝外面包裹着柔软的海绵；铁丝母猴的胸前挂着奶瓶，绒布母猴却没有。在观察幼猴更倾向于与哪只代理母猴待在一起时，哈洛发现所有幼猴每天二十四小时中有将近十八个小时与绒布母猴待在一起。幼猴沉浸在绒布母猴带来的舒适抚触中，享受着对母亲的依恋。幼猴只有为了吃奶才会迫不得已离开绒布母猴，在铁丝母猴那里吃完奶后便迅速回到绒布母猴的怀里。幼猴之所以都极端地偏爱绒布母猴，是由于绒布母猴包裹着海绵和毛织物能够给予幼猴提供一种“接触安慰”，更容易建立情感温暖的亲子关系。这个实验说明，哺乳动物对于被爱的情感需要，与吃喝的生存需要同等重要。

当幼猴受到环境中的恐惧刺激所带来的惊吓时，都会选择奔向绒布母猴，并且趴在它们的怀里，慢慢地安静下来。因为绒布妈妈能够给它提供安全感，这才使得幼猴敢于再去探索环境。

将哈洛的研究结果推广到人类，认为成功养育的关键不是仅仅满足孩子生存需要的哺乳能力，而是父母给予的具有温暖情感的良好亲子关系。由此可见，每一个儿童不但有物质需要，更需要获得被爱、被照料、被保护的亲子关系，才能构建更安全的自我，以应对外部各种挑战。

父母需要给孩子提供的不仅是充足的物质条件，也不仅是给他们自由的空间，更重要的是给予孩子一段充满温暖关爱的亲子关系，从而给孩子提供社会支持。然而，流动儿童的父母由于一直忙于生计，很难给孩子提供耐心的陪伴和温暖的关怀。

什么是亲子关系

亲子关系指的是存在于父母与子女之间的关系，是儿童最早建立的人际关系，是家庭中最基本也是最重要的关系。尤其在儿童进入青春期时，亲子关系仍然占据着突出的地位。良好的亲子关系有利于儿童学习知识、增加自信、塑造有追求的人生观和积极的价值观，以及帮助儿童掌握建立人际关系的社交能力。这些在亲子互动中发展出来的能力有利于帮助儿童提高社会化水平。儿童在亲子活动中掌握社交能力，与其说是通过父母的实际行为起作用，不如说是儿童对亲子关系的体验在这个过程发挥着巨大作用。也就是说，儿童感受到亲子关系糟糕并不一定是由于父母没有给予他关爱，而是儿童对于这种关爱的方式无法理解。也就是说，儿童怎么看待父母对待自己的方式，怎样评价互动过程，实际由儿童在互动中的体验所决定。

相对于留守儿童，流动儿童能够在父母身边入学和生活，拥有较多的亲子互动的机会和亲子互动时间。即使流动儿童经常看到的是早出晚归、疲于奔波的父母，即使工作一天的父母回到家可能已经没有更多的精力关心流动儿童的学习情况和校园生活，但客观上流动儿童仍然拥有比留守儿童更多的父母陪伴。毋庸置疑，这对他们的成长有一定的益处。总体上，大多数流动儿童的亲子关系较为良好，子女比较能够体谅父母出来务工的辛劳，也能够理解父母是为了让自己有更好的生活条件而做着劳累辛苦的工作。

但相对于本地城市儿童，由于流动儿童的父母受教育程度低，且往往从事较低层次的体力工作，工作时间一般较长，没有足够的时间陪伴和教育儿童。他们也往往与孩子很少有互动，即使有互动，方式也比较单一，内容也仅涉及作业是否完成等内容。这些原因使得流动儿童在亲子沟通上与本地城市儿童相比存在着一定的差距。与城市儿童相比，流动儿童的亲子沟通频率低、沟通时间短，亲子双方沟通的主动性都较低。现实生活中确实存在少数父母对于跟随自己来到城市中的子女生活照顾不周，或者是由于缺乏提供良好家庭教育的经验知识，使得流动儿童父母与孩子之间的沟通方式简单粗暴。这进一步导致他们忽视了孩子的情感需求，不能很好地理解孩子。因此，流动儿童的亲子关系存在一定程度上的疏离或冲突。

亲子关系的特性

流动儿童的亲子关系的总体特征可以通过六个维度来进行描述，包括依恋性、控制性、亲密性、自主性、冲突性、平等性。

依恋性	思念父母，对父母的情感需要强，不愿父母离开
控制性	父母处于权威地位，听从父母支配，不具决定权
亲密性	向父母敞开心扉，分享情感和秘密
自主性	自己独立的判断、决定、行动
冲突性	反抗父母权威，与父母敌对
平等性	具有话语权，意愿和需求得到尊重

首先，儿童对父母依恋需求高。但在与流动儿童的父母交流时发现，有些流动儿童的父母不能满足孩子的依恋需求。他们认为随着孩子慢慢长

大，孩子应该具备独自照顾自己的能力，于是将重心放在赚钱上，而在生活上给予孩子的照顾和关心非常少，要求孩子不要依赖父母并且独自解决生活中遇见的困难。但一些研究认为，青少年在获得独立自主的同时，仍然需要保持与父母的依恋，并且在这种情况下才更有可能发展成为健康而快乐的成人。个体化和与父母的依恋性不应看作对立的，而是互补的。

"在我 15 岁的时候，我就离开老家跟着我表哥到城里来打工了。那时候 15 岁在农村早就已经不被当作孩子看了，地里的农活要帮着家里干，吃饭什么更是不会像现在城里孩子那样饭来张口。到了城里，我遇见的大事、小事都得自己处理。老家的父母大字不识几个，更没见过什么世面，没得到父母的照顾我不是也活得好好的？我都这样过来了，小孩子哪里那么娇气。现在我的孩子到了初中，我让他上着学已经对他够关爱了。我们这些打工的经常去各工地找活干，哪有时间陪着他去逛公园，给他做饭？"（来自对一名流动儿童父亲的访谈）

像访谈中的父亲一样，流动儿童的父母大多成熟较早，较少倚靠父母而是靠着自己打拼。所以他们在对于孩子的教育中，强调用自己的经历教育孩子，并让孩子学会靠自己，从而忽视了孩子对父母的依恋需要，也不会去满足孩子的依恋。如果孩子过多地要求父母陪伴，便训斥孩子不懂事。如果流动儿童对父母的依恋需求没有得到满足，在孤立无援的大城市里会产生孤独感和无助感。尤其当流动儿童在学校遇见一些困难时，例如与同学相处时发生人际冲突，或者遇见校园欺凌事件，他们无法向父母诉说，也就没有机会得到父母的保护和指导。

有些流动儿童的父母在与孩子的互动中强调自己对家庭的掌控权，否认孩子与自己在人格上平等。这可能与流动儿童的家长教育观念落后有关，他们仍然认为长辈无论对错都对子女具有决定权，孩子的意愿不需要考虑在内。这使得这些流动儿童在自己的事情上丧失了自主权，需求得不到满足。这样会导致一种高控制性、低平等性、低自主性的亲子关系类型的产生。

爸爸常在家里说："我赚钱养这个家，你花着我的钱，我就是这个家的老大，而且我是你老子，你还是个小孩，我说的都是对的，你必须得听

我的！这个学没必要上了，浪费时间浪费钱，还不如赶快和爸爸一起出去打工赚钱。”(来自一名流动儿童的咨询)

流动儿童与母亲的亲密性一般来说低于城市儿童，但往往他们与父母的冲突却高于城市儿童。一部分原因可能是因为父母缺乏家庭教育知识，家庭教育理念较落后，使得流动儿童父母较少关注孩子的内心想法，导致对孩子的情绪变化不敏感，从而不了解孩子的内心感受。除此外，还可能由于流动儿童父母的沟通方式简单粗暴，使用孩子所不能接受的沟通方式，进而导致亲子关系矛盾加剧。

多多在家里总觉得父母不能理解自己。每当多多感到学习很吃力时，总会觉得自己特别需要父母的鼓励和支持。这时候多多却会听到妈妈开始哭诉：“我出来打工，这么辛苦就是为了让你好好学习，将来才有出路。结果你现在学习这么差，你对得起我这么辛苦打工吗？”多多每次听到妈妈这样说就感觉自己更加差劲，常常暗地自责，使得学习情绪更加烦躁，有时还会忍不住和妈妈顶嘴。(来自一名流动儿童的咨询)

在这个案例中，多多在随父母流动到大城市之前所接受到的乡村教育水平非常落后，这使得多多与城市儿童相比，学习基础较为薄弱。而且父母在多多的教育成本上，投资相对城市儿童较少，这也使得多多在与城市儿童的学习竞争中处于劣势。当多多考试成绩不好时，他自己也感到非常伤心。这时候多多心里希望向母亲倾诉自己在学习中的无力感和伤心，希望得到母亲的理解与支持。但母亲的不理解使得多多没有办法向其诉说自己的内心感受。而且母亲话语里的指责，更加剧了多多与母亲之间的亲子关系冲突。

亲子关系的重要性

一、亲子关系对师生关系和同伴关系的影响

积极的亲子关系有利于流动儿童发展出更好的师生关系和同伴关系。积极的亲子关系会使儿童感受到爱与被尊重，对自己、他人和周围环境有积极、乐观的认识和期望，同时，从积极亲子关系中体验到的愉悦感让儿

童更加乐于和父母以外的人交往。儿童通过和父母间的良好沟通中学习到的沟通技巧可以迁移到日常与老师、同伴的沟通中。反之，糟糕的亲子关系，会使儿童产生低价值感、低自尊的心态，并且会将亲子关系中消极的沟通模式带入到与他人的交往中。

一段糟糕的亲子关系会影响流动儿童的情感表达。例如，如果流动儿童从与父母的互动中没能体验到自己的感受是允许被表达的，那么他可能会认为自己的需求向老师、同伴表达出来也是不会得到满足的。如果流动儿童总是感受不到来自父母的理解，那么他会形成一个固定信念："他人是无法理解自己的。"这可能会使得他们在人际交往过程中封闭自己。于是，在沟通中表现出不擅于向老师表达自己的感受和需求，不愿倾诉自己的困惑，或不愿向老师寻求帮助等。

除此之外，儿童有时会效仿大人的沟通方式。流动儿童如果在亲子关系中很少得到父母的夸奖和欣赏，也很少看到父母之间彼此表达欣赏，他就难以学会向他人表达自己的欣赏。那么他们在与同伴相处的时候，可能会缺失一些对同伴的正向表达。如果流动儿童从父母口中常听到一些粗俗的用语，也有可能在人际交往中会使用一些粗俗的言辞，这使得他们在同伴人际交往中的魅力降低。

二、亲子关系对儿童自尊发展水平的影响

儿童的自尊表现指儿童在多大程度上接受、尊重并积极评价自己。简而言之，自尊就是一个人心里对自己的积极评价。评价越积极，自尊越高。心理学家库利（C. H. Cooley）1902 年曾研究并提出自尊形成的镜像（self-glass）观点，在与他人的人际关系互动中，他人和社会就像是自己的一面镜子，我们通过照镜子时所看见的镜子里的自己来认识自己。一个人对自己的判断取决于自己如何看待他人和社会眼中的自己。后来研究者米德（G.H.Mead）提出重要他人的认可是个体自尊的重要来源。对于大多数人来说，最早的重要他人就是父母。在长期的家庭教育中，儿童对父母的信任使得他们非常看重父母对自己的评价。亲密和谐的亲子关系中，父母会给予儿童更多的正面肯定，促使儿童评价自己更积极，这对儿童的自

尊发展有着显著的促进作用。

由于有些流动儿童的父母缺乏家庭教育知识，很少采用正面管教，而更多采取批评责罚作为对孩子严格要求的方式。这使得流动儿童在亲子关系中较少获得父母的认可，从而导致对自己形成消极的评价，从而影响了流动儿童的自尊水平。

三、亲子关系对儿童问题行为的影响

受欺负的流动儿童往往具有较多的问题行为，而良好的亲子关系能够缓冲或者降低流动儿童的这些问题行为。然而，在儿童学龄前家庭中如果父母与孩子发生的冲突较多，流动儿童则会表现出更多的攻击行为。这些攻击行为包括儿童与同伴发生冲突、给他人或物造成伤害的行为，还包括儿童违背社会规范的破坏行为。实际上，如果父母经常对儿童不关心，忽视儿童的需要，儿童就容易表现出较多的社会退缩和攻击行为；更为甚者，如果父母采取责备、打骂、威胁、拒绝等教养行为，儿童就更容易表现出较多的攻击、反社会等外显问题。

四、亲子关系对儿童学业成绩的影响

除智力低下和受教育机会缺失之外，儿童由于家庭环境和亲子状态不良均可导致学习困难。亲子关系并不是直接影响儿童的学业成就，而是通过影响儿童的情绪和行为，从而影响学业成就。

建立良好的亲子关系

如果你是一名在流动儿童不占多数的学校里任教的老师，那么你可以针对亲子关系恶劣且对流动儿童有严重影响的个别家庭做干预，可以采用家庭咨询或者流动儿童个体心理辅导。如果你是一名在流动儿童占多数的学校里任教的老师，采用家庭咨询的话工作量是难以应对的，那么你更多地需要采用团体活动，例如可举办家庭教育讲座、亲子课堂、亲子关系团体辅导等活动对流动儿童的亲子关系做干预。无论是做家庭咨询还是亲子

关系团体辅导，都可以将亲子关系的沟通姿态作为主要内容去干预。

一、改善亲子沟通姿态

家庭咨询重在强调家庭体系中存在的动力和力量。在家庭咨询中，心理辅导员会邀请多名家庭成员参与，通过改进家庭成员之间的沟通方式，将改变带入整个家庭。在一个家庭系统内，影响了家庭成员关系的是每个人自己惯常使用的沟通姿态。沟通姿态影响着我们日常与家庭成员的互动，甚至也影响着我们与其他人的人际关系。

在良好有效的沟通中，人们更常使用的是一种表里一致的沟通姿态。那到底什么是一致性沟通呢？所谓的一致性沟通就是你与他人交流时所传递的言语信息和你在表达过程中透露的情感信息是一致的。情感信息是指互动过程中的非言语沟通，包括声音特征、面部表情、身体姿势、手势、肌肉颤动、皮肤色泽和呼吸方面等。言语信息就是交流时所使用的语言表达。一致性沟通的状态指在互动过程中，非言语展露出的是与内心真实感受一致的情感，并且所说出的言语也与内心真实想法一致。

例如，教师观察到班级里小明同学的神情悲伤凝重，便去询问："小明，你可以告诉我，发生了什么事吗？"小明眼睛里含着泪水说："我没事，我挺好的。"你会发现小明此时采用的是非一致性沟通。他的情感通过非言语表现出的是悲伤，但他的语言表达的却是"我挺好的"。这就出现了与情感不一致的言语。

在流动儿童的家庭中可能出现的非一致性沟通姿态包括四种：讨好、指责、超理智和打岔。流动儿童作为孩子，还会效仿家长的沟通姿态。有时流动儿童会去模仿一位不断讨好别人的家长，有时则会模仿不断责备别人的家长。流动儿童父母常常由这些表里不一致的沟通姿态所主导，而讨好和责备的沟通姿态对亲子关系的影响最为深远。作为教师，可以在亲子关系恶劣的流动儿童家庭中帮助他们觉察并分析他们在家庭中常用的沟通姿态。

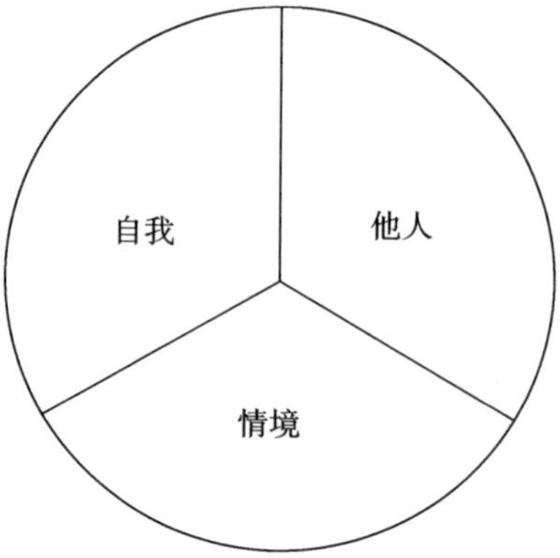

图　判断沟通姿态的三个要素

判断沟通姿态的三个要素具体如下。自我：我是否考虑到自己的感受与需求。他人：我是否关心到对方的感受与需求。情境：我是否注意到事情发生时所处的环境和客观条件。

a. 讨好

讨好者在三要素中会非常强调互动中他人的感受和情境，而忽略了自己的真实感受。讨好者以牺牲自己的需求为代价，并传递了“我是不重要的”这样的信息。讨好者内心认为“我不值得被爱”“我不能对别人愤怒”“全是我的错”“我不可以冒犯任何人”。

b. 责备

责备者在三要素中会非常强调互动中自己的感受和情境，而忽略了他人的真实感受。当责备发生时，责备者常常被形容成敌意的、攻击的、暴力的、挑剔的、苛责的。责备者为了保护自己，不断烦扰和指责他人或情境。责备者通常很少会向其他人表露出自己的脆弱，因为担心别人看见低自尊的自己，所以表现出的总是富有攻击性。

c. 超理智

超理智在三要素中会非常强调情境，而忽视了自己和他人的感受。超理智在家庭沟通中的表现更多的是理智较多、情感较少。沟通中常通过讲道理来进行沟通，不关注事件发生时自己和他人的感受，忽略了对方的情感需要。在流动儿童亲子冲突的案例中，超理智的沟通姿态对亲子关系的破坏性较小。

d. 打岔

打岔者不能将注意力集中在某一个客体上。无论是自我、他人以及情境都不具任何价值。他们总是企图将别人的注意力从正在讨论的话题上引开。在有关流动儿童的亲子关系案例中，打岔的沟通方式相较于指责和讨好带来的危害较小。

如果要将沟通姿态应用到亲子关系团体辅导中，可以采用体验与分享的方式。此处举个简单的例子：在一场流动儿童亲子关系团体辅导中，每组家庭邀请一位与孩子有亲子冲突的家长，同时让家长带着孩子一起参加，共 6 个家庭 12 人。可以设计如下的活动环节。

让所有家长和孩子围成一个圆圈，每人抽一张纸条，纸条上写着在家庭中常出现的一句代表指责型沟通姿态的话语。接下来请家长轮流站在中间，其他人站在椅子上（代表家庭地位），轮流对中间家长说出那句纸条上的话，说的时候注意还原生活中真实的语气。活动进行之后请每个人分享自己的感受。通过活动，许多人换位思考体验了被指责的感受，重新审视自己日常的沟通姿态。

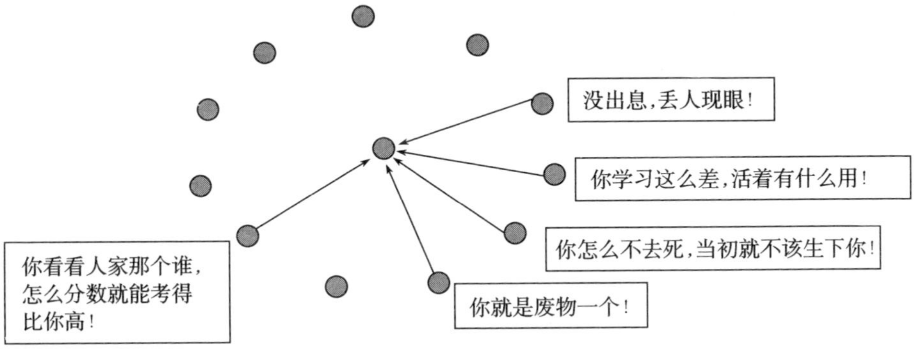

图　亲子关系团体辅导

二、建立良好的亲子沟通模式

沟通是一个双向的过程，在亲子沟通中，不能都是父母的说教，这种单边行动很难让孩子接受。要让亲子之间的沟通有效且和谐，教师对于亲子关系的干预可以从两个方面下手，一方面是家长，一方面是流动儿童。教师可以给流动儿童和家长开办一系列的亲子关系活动，内容可以涉及以下方面。

（一）沟通所需遵循的原则和理念

教师可以让班级里的学生排练以亲子沟通为主题的校园心理剧，并且邀请流动儿童的父母观看。校园心理剧是指在校园环境中，在老师的指导下由学生将生活经历再现出来，并探索解决问题的办法。这样做旨在向父母展示作为孩子在亲子关系中对一些沟通原则的需要。这种校园心理剧可以围绕以下主题进行。

a. 尊重：尊重意味着对孩子的接纳，既接纳孩子积极、表现好的一面，也要接纳孩子犯错和惹麻烦的一面，给予他们试错的机会。

b. 平等：父母与孩子在尊严、人格方面是平等的，不应随意侮辱孩子，孩子虽然不具备决定权，但仍有部分自主权。

c. 耐心：不厌其烦、循循善诱地讲解。

d. 共情：能够换位思考、设身处地地准确理解孩子的内心世界。

e. 辩证客观看待：不光总是看到孩子的短处、缺点方面，也要对孩子的长处、优点的积极方面给予认可。

除了校园心理剧，还有其他方法，这里为教师们提供一个亲子沟通的团辅案例。

【团辅案例】（《为爱画像》片段）

辅导老师："各位家长们，请与你的孩子面对面站好，盯着对方的眼睛，如果家长的个子比较高的，请蹲下来保持与孩子视线平齐。请孩子们告诉我，你从父母的眼睛里看到的是谁？"

孩子："我自己。"

辅导老师："是的，是你们自己。"（对家长）在生活中亦是如此，孩子都是通过家长的眼睛去看见他们自己的，从家长眼睛里所看见的那个形象，就是孩子看待自己的形象。家长怎样评价孩子，孩子就通过你的评价看待自己。平日里，也许因为家长们的工作比较忙碌，很久没有这样看过孩子了，这又导致我们对孩子的了解不全面，认识有偏差。接下来，我们要进行的是《为爱画像》活动，请家长以“我眼中的你”的说法向孩子描述你眼中的他。我们每位家长先来做一个练习，请面对孩子说：“我眼中的你的体形是……。”接下来按照同样的句式选择或补充你认为贴近的词语描述你眼中的孩子的形象。然后孩子们需要对父母的每句“画像”做出回应，如果你认为父母对你的了解是准确的，请告诉他们：“是的，谢谢你这方面对我的了解。”如果你认为父母对你的了解是有偏差的，请告诉他们：“我希望你能更了解我一点，其实我是……因为我……”

“我眼中的你的体形”是高挑的、健壮的、结实的、瘦小的等。

“我眼中的你的五官”是精致的、好看的、俊俏的、帅气的等。

“我眼中的你喜欢的口味”是清淡的、酸甜的、麻辣的、香脆的等。

“我眼中的你的兴趣爱好”在运动方面、文艺方面、手工方面、娱乐方面等。

“我眼中的你的特长”是形象佳、运动强、厨艺精、才艺好、学习棒、社交强等。

“我眼中的你的性格”是外向的、内向的、稳重的、耿直的、幽默的、坚强的、害羞的、老实的、胆怯的、乐观的、冲动的等。

“我眼中的你的品质”是勤奋、坚强、坚持、刻苦、勇敢、善良、有责任心、自立、有担当、质朴、上进等。

“我眼中的你的进步”在思想方面、学习方面、品质方面、能力方面、技能方面等。

“我眼中的你的缺点”是脾气方面、为人处世方面、说话做事方面等。

通过该互动方式增加孩子对父母的沟通表达，增加父母对孩子的了解，让家长学会辩证客观看待：不要总是看到孩子的短处、缺点方面，也要对孩子的长处、优点的积极方面给予认可。

（二）增加沟通的频率

亲子关系是需要付出时间经营的。想要建立良好的亲子关系，父母应当尽量多拿出时间来陪伴自己的孩子，主动与孩子进行交流。流动儿童的父母不论有多忙，最好能养成每天与孩子交流的习惯。这种交流不一定时间很长，可能仅仅是短短的几分钟，就能够让流动儿童感受到父母的关爱，就可以改善与孩子之间的亲子关系。

教师可以通过布置每周一次的亲子沟通家庭作业，让孩子将作业的完成情况写在周记本上。可以布置的作业主题包括采访父母，以及向父母分享自己近期的生活经历，也可以是为父母做一件事情，也可以是与父母一起去做某件事等。总而言之，一切可以增加他们沟通频率的并且有助于增进彼此了解的话题都可以。我们这里提供如下四个话题。

1. 采访爸爸妈妈，他们在工作中遇见的一件印象最深刻的事是什么？然后将父母与自己分享这个话题的过程记录在周记本上。

2. 告诉爸爸妈妈，在学校里发生过的一件不开心的事情是什么，并且询问如果事情发生在他们身上，他们会有什么感受。然后将父母与自己分享这个话题的过程记录在周记本上。

3. 询问爸爸妈妈家里有什么事情是自己可以帮忙的，并且在实际行动上至少提供一次帮助。然后将帮助的过程记录在周记本上。

4. 采访爸爸妈妈，回忆自己在过去的生活中受到的一次来自于朋友的帮助，然后与爸爸妈妈聊一聊这位朋友。然后将聊天中了解到的关于这个朋友的事情记录在周记本上。

在一次布置亲子沟通家庭作业之后，教师邀请学生分享本周的作业。有一个流动儿童向大家分享道：

“这周我问了我爸爸，他在工作的过程中遇见的一件印象特别深刻的事是什么。我爸爸给我描述了他亲眼看见的工伤事故。当时是秋天，几个工友收工后决定去吃一些烧烤、喝点酒。当晚，几个人喝得都有点多，其中有一个人喝多了，感觉身子有些热，就脱了外套，还兴致勃勃地跟工友们聊起自己老家的孩子多么可爱。结果秋天的风还是蛮厉害的，他当时应该着凉了，但大家喝多了都没在意就回宿舍睡觉了。早晨起来，他感觉头痛剧烈，但吃了片工友给的感冒药就继续坚持着上工了。在十一楼正在给楼外墙装窗户的他，头一昏没站好，从11楼摔了下去。当时，我爸爸就在楼下搬建材，那个叔叔就直接掉下来摔在爸爸面前。爸爸说，他看到叔叔摔到地上之后还吐了好多血，过了好一会儿才不动。爸爸惊在那里吓坏了，好久才有了意识。那个叔叔最后死了。在听我爸说之前，我从来不知道爸爸那时候的工作那么危险。如果当时是爸爸从楼上掉了下来，或者那个叔叔掉下来砸到爸爸，那我现在就成为没有爸爸的人了。以前我老看到爸爸的手一直洗不干净，脏脏的，觉得爸爸很丢脸，听完这件事，我才知道爸爸的工作是多么辛苦。爸爸是冒着生命冒险为家里赚钱养育我。”（许多流动儿童听的过程中落泪了，也许是因为他们能够体会到自己的父母作为外来务工人员在这个大城市工作的不容易。他们更加能够理解到爸妈的很多行为，比如日常的精神劳累、个人卫生不好的原因）。

（三）提高沟通技巧

为了提高亲子沟通的质量，在进行亲子沟通时，流动儿童的父母还要注意自己在沟通时的方式和方法。教师可以通过组织家庭教育讲座时教会流动儿童父母一些沟通技巧。

1. 全神贯注地倾听

许多流动儿童的家长在家里很少愿意花时间听孩子倾诉自己在学校里的生活和想法，或者家长在听的过程中不愿停下手头的事情，不愿放下手里的手机等，倾听的注意力不集中。这会使得孩子感觉到自己发起的沟通没有得到父母的尊重，从而会影响孩子想要和家长沟通的主动性。

图　非全神贯注地倾听

图　全神贯注地倾听

2. 共情

当孩子在分享时，家长要注意询问孩子的感受。例如“你感觉怎么样？”而不是直接就发表自己对此事的见解。当孩子表达了自己的感受时，家长需要对孩子的感受表示共情，可以采用将孩子描述的感受重复一遍，或者归纳孩子的感受。这时孩子会感觉到自己的感受是被父母体谅、理解的，孩子的情绪就会更加积极。

图　共情

3. 梳理他们的实际想法

当孩子陷入烦恼的时候，由于正处在某种负面情绪中，孩子可能并不知道如何摆脱烦恼。这时，父母可以帮助孩子去梳理他是怎么想以及怎么看待这件事的，然后说出自己真实的想法。

明明："妈妈，我和我同桌今天绝交了。"

妈妈："可以告诉我，你们之间发生了什么吗?"

明明："他总是从我铅笔盒里拿走东西。"

妈妈："哦，他从你的铅笔盒里拿走了东西，那么他有归还吗?"

明明："就是因为他总是忘记还给我，我需要用的时候经常找不到我的笔，所以才和他绝交的。"

妈妈："你和他绝交的原因是因为他拿你东西而未经过你允许，并且没有按时归还，对吗?"

明明："嗯。"

妈妈："那么你是希望与他绝交再也不做朋友了呢，还是希望他能做到借东西前告诉你一声，并且用完放回你铅笔盒里呢?"

明明："我其实并不想失去这个朋友，我只是希望他改正。"

妈妈："或许你可以尝试将这点告诉他，如果他知道你对他的建议，也许会有改变，那样你们就不用陷入绝交的烦恼了。"

4. 适当的提问和建议

当然，在与流动儿童的沟通中需要父母表达自己的想法和观点。但在表达过程中，即使对孩子不满甚至批评时，也要遵循就事论事的原则，避免使用诸如"总是""从不"等词语，否则容易"以偏概全"，一下否定孩子的全部。尽可能采用平和的方式具体指出对方某一个行为的不当，不要一下子给孩子定性。

5. 非语言沟通的使用

流动儿童的父母在与孩子进行沟通时也要多注意使用非语言沟通的技巧。非语言沟通是指通过眼神、姿势、表情、动作、声调等进行沟通，包括身体语言沟通和副语言沟通。人的肢体语言传递的信息很多。交谈中的坐姿、手势、握手的方式、面部表情都包含着丰富的信息，需要我们在沟通时敏锐捕捉才能准确理解对方所表达的信息。特别是在亲子沟通的时候，一个拥抱、一个眼神或者一个轻轻的抚触，都能传递出父母对孩子的信任和关爱。有时流动儿童的父母不知道跟孩子说什么，这个时候这些非语言的沟通可以更好地发挥亲子交流的效果。

【团辅案例】（续《为爱画像》）

辅导员：“刚才，通过父母描述自己眼里的孩子的画像以及孩子给我们每位家长的回应，使得亲子之间增加了进一步的了解。亲子之间的沟通除了像刚才那样面对面语言交流之外，还可以通过肢体动作交流。请所有家长给孩子伸出点赞的大拇指，并且给予孩子一个温暖长久的拥抱，请所有的孩子投向家长的怀抱。”

6. 学会欣赏和认可

在冲突的流动儿童亲子关系中，我们会发现较少地出现来自父母的欣赏和认可，或者虽然出现了父母的表扬，但表扬不能起到很好的激励作用。当父母不能做到欣赏孩子时，孩子也没有机会学习到该如何欣赏自己。

一旦孩子出现一些父母期望的行为，如何让孩子将这样的行为保持下去呢？有些流动儿童的父母回到家看到孩子在认真地写作业，并不会对流动儿童表达欣赏和称赞，而是会选择忽视孩子的表现。这样孩子会感觉到自己的努力没有被看见，于是就不愿意保持这种行为。当然也有流动儿童父母能够做到夸奖，只是该如何去夸奖孩子才能更有效地让孩子感受到了被夸奖呢？如果孩子感觉不到父母欣赏过程中的真诚，慢慢地，孩子的这些行为也会变得越来越少。所以，家长在表扬孩子时需表扬具体的行为。比如：“宝贝，妈妈看到你能不挑食，乖乖吃饭，真感到开心！”“儿子，你帮妈妈把桌子擦十净了，妈妈可以省下时间，做更多的家务活！太感谢你了！”“宝贝，妈妈看到你在认真地写作业，我特别开心，这样我就能安心做饭了！”如果流动儿童父母能够这样具体化地来表扬孩子，强化孩子的积极行为，那么孩子在我们的表扬中成长，他的好习惯也就会越来越多。

【家庭教育讲座案例】（夸奖训练）

首先教师需要做到的是，在平时的教学管理中，经常找到一些流动儿童表现不错的事情，然后打电话告知家长，并且可以在电话里引导家长听完之后回去怎么对孩子说。

赞赏孩子的三个技巧：

A. 描述你所看到的；

B. 描述你的积极感受；

C. 把孩子值得赞赏的行为总结为一个简单的词。

例如：你打电话给流动儿童的父母说，孩子最近的作业稍有进步，他的作文得到了语文老师的表扬，单词背得有进步。请家长应用技巧可以尝试这么说。

“今天在电话里你们老师告诉我，你的作业有进步。作文写得还被你语文老师夸奖了呢。单词背得也较以前有了很大进步（描述所听到的）。我听了之后，看到了你的努力换来了进步和老师对你的认可，我非常为你感到高兴和骄傲，我认为你很不错（描述积极感受）。我希望你以后在学习上更多地努力进取，让老师更多地表扬你（值得赞赏的行为：努力进取）。”

（四）采用民主型的教养方式

父母的教养方式对儿童的社会化发展有重要影响。大量的研究发现，不良的教养方式可能会导致儿童出现较多的社会性发展问题，如学习困难、人际关系不良、身心疾病、问题行为等。流动儿童父母的教养方式对其学业有一定影响。然而，调查发现流动儿童家长的教养方式存在盲目性和随意性，他们往往言传重于身教，惩罚重于奖励，物质重于精神。

大多数流动人口家庭对孩子的教养方式是放任型、专制型和溺爱型，采用民主型教养方式的很少。还有一些家长对待孩子的方式是只养不教，把教育的责任完全推给了学校。因此，为了提高流动儿童的身心健康水平，流动儿童父母的教养方式还须改进，对孩子不仅要有要求，也要对孩子的表现有所反应，给予适当的表扬和鼓励。

（五）营造充满爱与信任的家庭心理气氛

良好的亲子关系是充满爱和信任的。父母对孩子的爱包含对孩子的理解与接受。爱可以让父母与流动儿童之间更亲密。但是爱不仅是给孩子充足的物质条件，也不仅是给他们自由的空间。流动儿童的父母还需要特别注意的是，爱孩子并不是把自己的前途和希望都寄托在孩子身上，这样孩子会为父母的爱背负太重的负担，会给他们带来太大的压力。美国心理学家派克说："爱不只是给予，它是合理的给与合理的不给；是合理的赞美和合理的批评；是合理的争执、对立、鼓励、敦促、安慰。"

同时，给予孩子充分的信任对于建立良好的亲子关系也有着至关重要的作用。相互信任是亲子之间愉快相处的基础，只有父母充分相信孩子，孩子才会相信父母，这样平等有效的沟通才会开始，真正的教育才会开始。父母对孩子的信任意味着对孩子的承诺一定要实践，同时也要给孩子做事情的机会，相信孩子可以独立把事情做好。

【案例1】

（一）基本情况介绍

乐乐是一名初一的学生，独生子，随父母流动到省会城市。父亲开店做生意，母亲有时在爸爸店里帮忙。乐乐的学习成绩在班级里处于中等偏下。乐乐在学校生活中，没有什么稳定的知心好友。乐乐为朋友付出的特别多，会把他们想要的都给他们。乐乐会通过给同学请客买零食或送礼物来换取朋友与自己的友谊。即使如此，乐乐还经常面临当自己没能做到给朋友请客时，朋友就疏远自己与其他人交往的困惑。由于发生了好多次突然间朋友就不跟自己玩，使乐乐怀疑自己。他认为都是自己的错，可能是自己不够好，比较招人讨厌。乐乐对于经常被朋友这样疏远感到伤心，也对于自己付出很多却换不来靠谱的友谊而困惑。

乐乐从小在家里经常目睹爸爸对母亲的责骂和家暴。比如有一次爸爸回到家发现妈妈还没有做好饭，就开始指责妈妈做饭做得慢，想要饿死自己，是个连做饭都做不好的废物。妈妈就为自己辩解了几句，说没想到他今天回来得这么早。然后爸爸就开始动手打妈妈，一边打一边说自己上班这么辛苦，回家早不需要得到批准。乐乐生活里比较顺从父亲，不敢违背父亲的想法。乐乐一直认为妈妈总是挨打，是因为自己不够强大、不够厉害导致无法保护妈妈。当乐乐做的事情不符合爸爸要求时，爸爸也会动手，这使得乐乐认为父亲不爱自己。

（二）问题分析

我们通过这个案例，判断一下亲子关系中乐乐和爸爸的沟通姿态。爸爸更多以责备姿态为主导，乐乐更多以讨好姿态为主导。爸爸非常苛责、挑剔妈妈，并且存在责备的极端形式——家暴。而乐乐出于保护自己，不敢表现出对爸爸的愤怒，害怕引发爸爸的责备（我不能对别人愤怒）。而且乐乐心里一直认为是由于自己太弱小了，没有力量保护妈妈，妈妈挨打都是自己的错（全是我的错）。乐乐被打之后在心里想，一定是因为我不够好，不值得被爱，所以爸爸才会对我动辄打骂（我不值得被爱）。正是由于在家庭亲子互动中，乐乐所形成的讨好姿态也被乐乐应用到了人际交往过程中。讨好姿态的内在信念使得乐乐在与他人交往过程中总是怀疑自己，归因到自己不够好，是自己做错了。这是一种取悦他人、低自尊的讨好姿态应用到结交朋友，使得结交到的友谊不稳定。

（三）心理辅导的过程

心理辅导之前做了以下准备工作。

我们在大量的流动儿童个案中发现，流动儿童所表现出的心理问题多数情况下与流动儿童所在的整个家庭系统有关。有时，在我们对流动儿童的心理问题做干预时，还需要对父母的教育理念及教育方式做干预。

因而，在上述乐乐这样的案例中，我们需要干预的是乐乐整个家庭成员之间的沟通互动，尤其要干预这个家庭中的家暴行为。那么要干预整个家庭成员的沟通方式，我们最难的起始工作就是如何邀请流动儿童的父母参与我们的家庭访谈。一方面原因是流动儿童父母的工作强度大，工作时间长，平时都难以抽出时间陪伴孩子。对于要从工作中抽出时间来到学校接受咨询是很困难的。另一方面原因是有些流动儿童的父母对于流动儿童的教育理念较为落后，不注重孩子的精神世界，不认为孩子的表现是一种心理问题。对于孩子出现的心理问题缺乏足够的重视，认为孩子有心理问题不是件大不了的事情，不愿花费时间和精力去改善。

因此，要邀请到流动儿童的家长需要付出特别多的努力，可以根据不同情况采用不同策略邀请流动儿童的父母。

1. 电话邀请。说明孩子在学校里所遇见的困境和孩子的痛苦体验。表达这个阶段的孩子对父母的需要和父母教育的重要性，以及如果孩子的心理困惑被解决掉对孩子成长与发展的好处。然后提出想要进一步与孩子父母见面来详细聊聊孩子的情况。

2. 如果情况条件允许，能邀请到流动儿童父母到学校，先不告知是到学校进行心理辅导更能减少家长对来学校的阻抗，而以“孩子遇见了成长的困难，我们为了更好地帮助孩子解决问题需要见面聊一聊”为目的更能说服流动儿童父母。如果父母的工作性质限制了他们到校谈话，可以采用家校活动中的家访形式。

3. 开始对整个家庭进行访谈之前，需要明确对这样的家庭访谈的定性。这里我们所应用的形式与专业的家庭治疗不同，家庭治疗是来访者有求助意愿想要解决问题、想要改变从而主动寻求治疗，并且遵守家庭治疗的设置和界限。但在学校工作中，通常是班主任和任课教师或者心理工作者发现孩子所出现的问题，并且想要帮助孩子改善问题，所以主动邀请家长来解决孩子的问题，而不是家长有一个意识认为自己的孩子需要干预。并且在学校里的教师并不是都有心理咨询师的资质和专业背景。所以，我们的家庭访谈形式多样，并不是正规的家庭治疗。但我们采用的流程和干预的方式可以应用家庭咨询中的访谈技术。因此，我们暂时认为这种干预方式是更适用于教育工作中的家庭访谈。

教师在学校所使用的这种家庭访谈与教育工作中的“请家长”不同，家长来到这里听到的不是教师的“告状”，也不是教师对孩子的“批评”，更不是对家长的“批评指责和教育”。所以被邀请的家长在这里体验到的将是尊重、热情、真诚和共情的访谈氛围。在整个过程中，孩子和家长都是我们的来访者，都将得到平等的对待。教师在这里以心理辅导员的身份进行干预，要规避因过度与孩子共情而指责家长的方式。明确了家庭访谈的性质之后同样也需要告知保密原则，家庭访谈中的内容不涉及伤害他人或自伤的情况下，都得到学校和教师的保密。这样可以降低家庭对访谈的阻抗。

4. 开始家庭访谈，营造访谈氛围，了解家庭情况，并带领家庭成员觉察家庭沟通方式。我们以乐乐的案例提供家庭访谈的方式。该案例发生在乐乐的两次个体心理辅导之后，通过与乐乐的咨询已掌握案例基本情况并有了初步分析后，邀请乐乐的爸爸妈妈来参加家庭访谈。所以，该案例进行时以心理辅导员已经与乐乐建立了较好的咨询关系为前提。

心理辅导员："很高兴你们每个人都愿意来到这里，我想这对于你们每个人都很不容易。我们整个家庭成员聚集在这里，都抱着一些自己的期望想要在这次家庭访谈中实现。（对爸爸）那么，乐乐爸爸你来到这里想达到什么样的目的呢？"

乐乐爸爸："我来这是听说我儿子出现了一些问题，我希望他能改掉这些毛病，在学校好好学习。"

心理辅导员："爸爸希望儿子改变，希望他好好学习，那么爸爸认为我们今天聚在这里是为了解决乐乐的学习问题吗？"

乐乐爸爸："应该是吧，他成绩一直不好。"

心理辅导员："爸爸想要改变的是乐乐的学习成绩。（对妈妈）那么，乐乐妈妈呢？是怎样的期待促使你来到这里呢？"

乐乐妈妈："我希望让我的孩子变得高兴一点，我听老师说他目前过得不好。"

心理辅导员：（对妈妈）"你认为是一种怎么样的不好呢？"

乐乐妈妈："我也不是很清楚，乐乐平时很少跟我们说，我们也不知道他在学校过得怎么样。"

心理辅导员（对乐乐）："那么乐乐，爸爸妈妈不清楚你过得怎么样，你能否尝试告诉爸爸妈妈，你过得怎么样？"

乐乐低头沉默。

心理辅导员："乐乐，今天我们到这里来是为了能够做出一些改变，让家里的每个人都能受益，所以我很需要你的配合，你愿意么？（乐乐点了点头）我希望你能尝试告诉爸爸妈妈你的感受和想法。"

乐乐（低头）："我过得很不好，非常不好。"（乐乐哽咽了）

心理辅导员（对爸爸妈妈）："当你们听到乐乐说出他的感受，你们有什么感受？"

乐乐妈妈："我感觉乐乐很伤心，我知道了他过得其实并不好，一直很少听他说，我以前并不知道。"

乐乐爸爸："天天给他吃穿，让他上学，他有啥子过得不好的？"

心理辅导员："听起来爸爸在这个家庭中承担着乐乐的生活开销，爸爸给乐乐提供了吃穿和上学的费用，可以感觉得到爸爸为乐乐的付出。那么爸爸现在可以尝试问问乐乐因为什么而感觉过得不好？”

乐乐爸爸（对乐乐）：“我一天天辛苦地做生意，给你的零花钱、生活费都没有比别的孩子少，哪里亏待你了，你有什么不高兴的？”

乐乐沉默。

心理辅导员：“我看到爸爸的问题让乐乐沉默了。（对妈妈）你现在感觉怎么样呢？”

乐乐妈妈：“我觉得乐乐他爸确实是为了乐乐付出了很多，孩子他爸做生意确实比较辛苦，平时也比较忙。”

心理辅导员：“嗯，爸爸工作很忙。（对乐乐）乐乐，你现在感觉怎么样？”

乐乐：“爸爸是工作很忙，为我上学花了很多钱，可是除了给钱以外他就没有关心过我。他总是认为他只用赚钱就是对我们好了。就因为我花着他的钱，所以他就认为我们该全部都听他的，我们都没资格不高兴，都得按照他的来。”

心理辅导员：“听起来我感受到乐乐有一些委屈，乐乐认为爸爸对自己关心较少，并且乐乐在爸爸这里不被允许表现出自己的不高兴。（对乐乐）这是你过得不好的原因吗？”

乐乐：“是，我在家里过得很不快乐，我每天害怕回家，他总是在家里对我们乱发脾气，他总是趾高气扬觉得所有人都该顺着他的心意，什么都得听他的！妈妈在家里也常常哭。”

心理辅导员：“听起来，乐乐不快乐的原因除了爸爸关心较少，还包括爸爸在家里乱发脾气，爸爸希望乐乐和妈妈什么都听自己的吗？（对乐乐）那么你曾经有告诉过爸爸你的感受嘛？”

乐乐：“没有，我不敢说，如果我说了我自己的想法，和他想法不一样，他就会说我顶嘴，说我是错的，说我听他的才是对的。如果我坚持自己的想法，还会挨打。”

心理辅导员：“似乎乐乐感觉在家里没什么话语权，这是乐乐第一次尝试向爸爸说出自己的想法吗？乐乐爸爸，你觉得你在家里是这样的么？”

乐乐爸爸："有时候是这样，我确实脾气不好，但是就算我脾气再不好我也是他老子，儿子就该听老子的。"

心理辅导员："所以，在这个家庭中，身份高低决定着家庭里话语权的大小？而且似乎在这个家庭里位置低的人需要对位置高的人绝对服从，为了更好地理解这个，让我们来再现一下家庭中的关系。"

心理辅导员邀请乐乐来负责雕塑家庭中的关系。

心理辅导员："乐乐，我们现在需要你来为我们呈现出你在家庭里所观察和感受到的家庭关系，通过用每个家庭成员站的位置、距离和姿势动作来将家庭中日常的表现形象化。"

乐乐："我不知道怎么做。"

心理辅导员："没关系，我们一步步来，当我们能够观察我们的家庭关系，我们每个人都会有所收获的。乐乐，现在请你邀请爸爸妈妈通过间隔的距离来代表你平时在家里感受到的爸妈之间的距离。"

乐乐让爸爸朝着妈妈相反的方向移动，来拉开爸爸与妈妈的距离。

心理辅导员（对乐乐）："在刚在的雕塑过程中，爸爸离妈妈的距离更远了，这是你的感受吗？"

乐乐："是的，在家里妈妈都会有点躲着爸爸。我心里面，爸爸离妈妈特别远。"

心理辅导员（对乐乐）："你觉得妈妈在家里为什么会躲着爸爸呢？"

乐乐："因为爸爸总是因为家里的小事而说妈妈，爸爸在的时候妈妈说话做事都比较小心翼翼，害怕被骂就会躲在离爸爸比较远的地方。比如，在厨房里做饭。"

心理辅导员："听到乐乐的描述，我们可以试着改变爸爸妈妈的姿态，雕塑出爸爸妈妈的交流状态。他们是面对面还是其他姿态？"

乐乐：妈妈背朝爸爸，爸爸目视前方，不看妈妈（按照所说让爸爸妈妈调整方位）。

心理辅导员："所以，妈妈在家庭中更多是背对爸爸的。（对妈妈）妈妈，你在家里是这样的感受吗？"

妈妈："确实像乐乐说的，他爸在家里脾气大，我平时尽可能不惹他爸。”

心理辅导员：“乐乐眼中妈妈背对着爸爸，并且离得很远。（对爸爸）你有什么感觉呢？”

乐乐爸爸：“我有时候确实是有点脾气，我也有感觉到乐乐和他妈更近一点，他们离我比较远。我看到我也不好受，我就这一个儿子，我咋不心疼他呢！”

心理辅导员：“这个时候，乐乐是像爸爸说的那样离妈妈近吗？（对乐乐）你在哪个位置？”

乐乐：“我在远远看着他们俩，我能看见爸爸怎么对待妈妈。”（将自己挪到角落，看着妈妈）。

心理辅导员（对乐乐）：“这个时候，你的感受是什么？”

乐乐：“我感觉很难过，我只能这样远远看着，却不能帮妈妈做什么，只能看她哭！”

心理辅导员：“听起来乐乐想要帮妈妈却帮不到，所以感觉很难过。（对乐乐）你想为妈妈做什么？”

乐乐：“我看到爸爸每次说妈妈、训妈妈的时候。我想站出来保护妈妈，帮她跟我爸讲道理。”

心理辅导员：“那我们雕塑一下这个过程，请乐乐站在爸爸妈妈中间并且请妈妈转过来面朝乐乐，乐乐伸开手臂保护妈妈。这时候每个人是什么感受？”

乐乐：“我平时不能这样做，我一直想保护妈妈，但我不敢，我对不起妈妈，都怪我太没用了。因为如果这时候我去和爸爸讲道理，爸爸也会把我骂一顿，甚至打我一顿，我害怕爸爸打我。我应该去保护妈妈的！”

心理辅导员：“妈妈听到儿子的话，是什么感受？”

乐乐妈妈：“我没想到儿子有这样的想法。（妈妈走到乐乐面前）儿子，其实不用跟妈妈说对不起，不是你的错。爸爸骂妈妈，妈妈都能忍的。你不要自责，你愿意保护妈妈，妈心里已经很感动了。”（妈妈哭了，乐乐也落泪了）

心理辅导员：“妈妈怎么看待爸爸的脾气呢？”

乐乐妈妈："我一开始和他在一起的时候，他也不是现在这个脾气。后来在做生意的过程中，他的脾气越来越大。我也跟他说过的，可是他还是这样的脾气。"

心理辅导员："所以妈妈是跟爸爸说过，希望爸爸改变他的脾气，但是爸爸的脾气没有发生变化，是这样吗？"

乐乐妈妈："是的，他的脾气越来越大。"

心理辅导员（对爸爸）："对于妈妈刚才说的，她希望你改变脾气，你怎么看待呢？"

乐乐爸爸："我……我想不到，我感觉他们是一个阵营的。他们好像都认为是我的错，都在说我脾气大，好像我在家里欺负他们娘俩一样。我确实脾气不好，但我确实没想过他们会这么伤心。"

心理辅导员："似乎爸爸意识到自己的行为使得娘俩很伤心。我在这个谈话的过程中，看到了这样的一幅画面：爸爸会在家庭中对妈妈有特别多的指责，妈妈在家里很隐忍，儿子在旁边看着很心疼妈妈却又畏惧爸爸。我们可以尝试雕塑这样的家庭沟通姿态：爸爸一只手叉着腰，一只手指向乐乐和妈妈；乐乐和妈妈一起单膝跪地，一只手捂住胸口，一只手前伸向乐乐爸爸。每个人体验这个姿势一分钟，我们请每个人谈谈自己的感受。"

乐乐："我在和爸爸相处的过程中就是这样的感受，我的位置很低很低，像是在取悦爸爸。我从来不敢表现出对爸爸的愤怒，也不敢去反抗他对妈妈的打骂。爸爸一直这样高高在上，却没有真正在乎我的感受，有时候我觉得爸爸根本就不爱我。我哪里说得不符合他的想法他就训斥我。我有什么烦恼根本没有办法告诉他们。"

心理辅导员："乐乐分享了他的感受，他体验到了自己在家庭中像一个讨好者。因为如果不符合爸爸的意愿就会受到爸爸的训斥，所以采用讨好的姿态，并且由于乐乐感受到在爸爸这里是不能表达自己的愤怒的，所以一直在压抑自己对母亲的心疼和无力感。乐乐爸爸呢，现在什么感受？"

乐乐爸爸："我也是突然发现自己在家里可能确实比较多地指责他们，我确实有做得不对的地方。看到他们娘俩抱一起哭，我才意识到为啥儿子一直和我不亲，不愿意和我说话。他心里害怕我，而且心里头生我的气，怨我打他妈。我怎么可能不爱我自己的孩子呢！我以后尽可能控制自己的脾气，不朝娃娃和他妈妈发火，多关心一下他。”

心理辅导员：“爸爸提出了一个很好的改变方向，爸爸在做出承诺想要改变自己的脾气，控制发脾气的次数。家庭成员中的改变需要每一个人的参与，妈妈和乐乐可以帮助爸爸监督他发脾气的次数。而改变可能也确实很难一次做到，我们也需要给爸爸时间慢慢改变。你们认为最开始爸爸可以被允许发脾气的次数是多少？”

乐乐：“我觉得他应该少向我妈发脾气，如果他很难一下做到不发脾气，我希望他一周发脾气不要超过一次吧！”

心理辅导员：“妈妈觉得呢？”

乐乐妈妈：“我觉得就像乐乐说的那样，慢慢改吧。”

心理辅导员：“那么爸爸认为呢？”

乐乐爸爸：“行吧，那我就尽量一周最多发一次脾气吧。”

心理辅导员：“所以家庭里有了一个大家都同意的承诺，我们每一个人都要去努力实现这个承诺，当我们能够做到之后，我们后面的咨询还可以再制定更高的目标。（对妈妈）你呢？有什么想要分享的？”

乐乐妈妈：“我也是突然意识到，我和他爸对儿子影响这么大。我没能好好给儿子做榜样，他跟着我一样对他爸爸比较害怕，比较胆小。其实他爸爸也是有关心他的地方的，只是他们俩之前都没什么机会交流。乐乐也从来没说出他这么多想法，我和他爸爸都不知道孩子心里这么难受。”

（四）效果

通过家庭访谈的方式，使得乐乐有机会宣泄自己在家庭亲子关系中累积的负面情绪。乐乐尝试摒弃压抑沉默的沟通方式，而开启一种通过言语化的方式表达自己真实的想法和感受，以此来和父母进行有效沟通。

1. 乐乐表达了自己对于未能保护好妈妈的自责（全是我的错），并得到了妈妈的理解和安慰。

2. 乐乐表达了对爸爸一直以来压抑的愤怒（动摇了“我不能表达愤怒”的信念）。

3. 乐乐表达了自己担心爸爸不爱自己，这让爸爸意识到要减少发脾气来改善与孩子的沟通方式，并且表达对乐乐的爱（挑战了“我不值得被爱”的信念）。

4. 爸爸和妈妈了解到自己对乐乐的消极影响，了解到乐乐的痛苦和自己身上存在的问题。

（五）案例点评

这个案例中，家庭成员在家庭访谈中通过雕塑更加清晰了目前家庭中亲子关系的冲突点和对乐乐带来的不良后果。雕塑技术的使用让家庭成员察觉到每个人所使用的沟通姿态带来的影响，并且通过引导让他们学会真实地表达自己的想法和对家庭成员的情感。这改善了整个家庭的沟通姿态，并且让家庭成员学习到更加表里一致的沟通方式，从而提高亲子沟通的质量。

该案例后期活动中探讨了乐乐在家庭中所形成的讨好的沟通姿态在人际交往过程中的影响。讨好姿态使得乐乐在与朋友交往过程中较多表现为低自尊，并且总是讨好朋友，因而人际交往出现困难。由于篇幅限就不展示该案例全过程了。

【案例 2】

（一）基本情况介绍

安安是一名高中女生。一天，哭得很伤心的安安来到了学校的心理咨询室。通过与她的会谈心理辅导员了解到，刚才午休的时候，安安被英语老师叫去了办公室背课文，赶回班级的时候已经开始上课了。班主任正守在教室门口，等着堵迟到的同学。结果安安被班主任堵了个正着，于是安安向班主任解释自己是被英语老师叫走的，一直在给英语老师背课文，背完后老师才让她回来的，所以迟到了。班主任并没有相信安安，认为她在说谎，在为迟到找借口。然后班主任带着安安立刻去英语老师办公室向英语老师求证刚才安安是否在这里背课文。虽然英语老师为安安做了证，班主任也承认了安安没有撒谎。但安安仍然觉得委屈得不行，自尊心受伤，哭得非常伤心。安安不理解自己为什么不被信任。

（二）问题分析

心理辅导员认为，安安对于不被信任的反应非常敏感，委屈感较强。心理辅导员猜测与安安过往经历中在家庭中的被信任感较低、出现不被信任时的应激反应有关。

（三）心理辅导过程

心理辅导员就向安安询问："在你以往的经历里，有没有发生过类似委屈的经历?"

安安告诉心理辅导员："我从小就不被爸爸妈妈信任。小时候，父母总觉得我是小孩子，说的话不可信。小学时，我告诉妈妈我看见爸爸和别的阿姨睡觉了，妈妈觉得我胡说，根本不相信我。但直到一天，妈妈也亲眼看见了爸爸的出轨才终于相信了我。"

心理辅导员："在那个时候，你告诉了妈妈你所看见的。对于当时那个小女孩，你清楚你看见的意味着什么吗?"

安安："我清楚，所以我告诉了我妈妈，可是她不相信我。"（哭）

心理辅导员："我看到你哭泣了，我感到你好像很难过，可以谈谈为什么吗?"

安安："因为我妈妈不相信我，她从来都不相信我。"

心理辅导员："那时候妈妈不愿意相信你，你是什么样的感受呢?"

安安："我很难过，因为我看到了爸爸和别的女人在一块，我感觉到自己对爸爸的信任坍塌了。然后，我去告诉妈妈，结果妈妈很严厉地指责了我，让我不要胡说。我真的好难受!"

心理辅导员："是的，我可以感觉到你的难受。本来你看见了爸爸和别的女人一起，你可能已经不知道可以相信谁了，结果自己的妈妈也不相信自己，这让你很伤心，很委屈。"

安安："是的，就是这样。"

心理辅导员："爸爸和别的女人在一起的事情对你和妈妈对爸爸的信任有什么影响吗?"

安安："影响到了，妈妈后来再也不相信爸爸了，好像从那开始妈妈也更不相信我了。"

心理辅导员："所以妈妈在爸爸那里经历了信任被辜负，使得她对其他人的信任感好像降低了，这里也包括了你。你觉得这有可能成为你在家里总不被妈妈信任的部分原因吗?"

安安："你这样一说，我倒是发现了好像是这样。从那以后妈妈除非求证了，否则她一直不会相信。前些日子，我月考数学考了64分，妈妈认为我考得很差。我告诉妈妈数学卷子难，班级里同学的平均分才59分，妈妈不相信我，她认为我在为考不好找理由。后来妈妈也是从数学老师那里得到确认才相信我。"

心理辅导员："听到你讲了这么多不被妈妈信任的例子，我理解到你在生活中常会体验到不被信任。不被信任会让每个人感觉委屈，你对于信任感的需求在家庭里似乎一直没有得到满足。这次在学校里发生的这件事也许对你来说很像那种不被妈妈信任，必须求证的感觉。"

安安："是啊，这次就是没想到一直特别爱戴的班主任会像妈妈一样选择不相信自己，我又体验了这种不被信任的感觉，所以我才这么伤心的。"

心理辅导员："是的，你对自己的觉察很好。正是过往家庭中信任感的缺失，不被信任带来的一种被否认感，导致这次情绪反应强烈。"

安安："我了解到了，其实并不是因为班主任的做法伤我的心了，而是我过往经历使得我对不信任过于敏感了。以后我会注意的。"

（四）效果

安安了解到这次不被班主任信任的情绪反应这么强烈的原因。自己在家庭中信任感缺失，故而对于不被信任的事过于敏感。而妈妈之所以总是不信任自己，也许和爸爸的出轨行为辜负了妈妈的信任有关。安安更好地理解了妈妈信任感低的原因，也更了解了自己为什么特别在意人际交往中的被信任。

（五）案例点评

该案例中，心理辅导员猜测到安安对生活中不被信任的应激反应与亲子关系中家庭心理气氛缺失爱与信任有关。心理辅导员大胆假设，谨慎提问。通过提问将咨询不仅停留在当前事件中，而且推动来访者探讨过往亲子关系中类似的经历，挖掘出家庭中过往的信任危机，帮助来访者了解到了信任危机的源头。使来访者知其然，亦知其所以然。心理辅导员做到了对澄清、共情、具体化、开放式提问、解释等技术的应用。咨询效果较为理想。

这个案例也向我们展示了在家庭中给予孩子充分的信任对于建立良好的亲子关系有着至关重要的作用。只有父母充分相信孩子，孩子才会相信父母。否则，除了安安所呈现的案例外，不被信任的孩子还容易出现“破罐子破摔”的心理。他们会认为无论我做得对不对或者我有没有撒谎你都选择不相信我，那我没必要再去在意你的信任，我就按照你选择相信的那样去做。

第 9 章

流动儿童的个性、自我与社会适应

我们每个人在生命中都可能遇到各种逆境。曾经有一个小女孩名叫高登（D.Golden），很小的时候她就有一个梦想：成为一名出色的滑雪运动员。不幸的是她竟患上了骨癌，为了保住生命，她被迫锯掉了右脚。后来，癌症蔓延，她又失去了乳房及子宫。接二连三的厄运不断地降临到她的头上，却从来没有使她放弃心中的梦想，她一直都告诫自己："我要为自己的生命负责！我要向逆境挑战！"她没有被病魔打倒。相反，她以顽强的生命斗志和无比的勇气排除万难，终于为自己创下了多项世界纪录，其中包括夺取了 1988 年冬奥会的冠军，并在美国滑雪锦标赛中赢得了 29 枚金牌。甚至到后来，她还成了攀登险峰的高手。戴安娜用自己的抗逆力战胜了人生中一个又一个挫折，最终成了美国历史上极具传奇色彩的著名滑雪运动员。

就像世界上没有两片相同的树叶一样，我们每一个人在这个世界上也都是独一无二的个体。由于流动过程中，可能会面临很多不确定性，所以，流动儿童的个性与一般儿童往往会有所不同，这在一定程度上又会影响到他们对新环境的适应。

儿童个性与自我的发展

在个体心理发展过程中，每个人表现出的独特的能力、气质和性格也被称为个性心理特征。有时个性也被称为人格，主要由气质和性格两部分组成，更强调一个人所具有的与他人相区别的独特而稳定的特质。

一、个性的结构及其测量

长期以来，大五人格因素模型一直是众多成人人格研究的基础。研究者得出比较一致的五个因素结构是：外向性、宜人性、谨慎性、情绪性与开放性。研究者们在不同文化、不同年龄阶段的人群中多次检验了该结构。依据该模型，特质心理学家们也探索了儿童的个性结构。通过对来自多个国家的3~19岁儿童的研究表明，儿童的个性结构有与成人类似的五因素。与成人“大五”结构相对应，儿童人格结构也被称为“小五”结构。因素1是外向性维度（也称为“内向—外向”维度），主要由快乐、健谈等词标定，或用精力充沛、愿意表达自己的情感等语句描述。因素2是随和性维度（也称为“友好合作—敌对不合作”），主要由为他人着想等正性词以及嫉妒、粗鲁等负性词标定，或由热心、对他人友善等语句描述。因素3是谨慎性维度（也称为“成功的意志”），主要由仔细、有计划等词标定，或由高标准要求自己、三思而后行等语句描述。因素4是情绪性维度（也称为“情绪稳定—情绪紊乱”维度），主要由神经质、紧张等词标定，或由对自己没有把握、容易受伤害等语句描述。因素5是对经验的开放性维度（也被称为“文化性”“智力”等），主要由想象力、好奇等词标定，或由聪明、从不同的途径看待事物等语句描述。我国研究者刘文和杨丽珠等人根据我国的历史、社会和文化特点，在全国6大区、10个大城市取样基础上，也编制了适用于教师评定的儿童个性评定量表。结果发现，我国小学儿童的个性结构也是由5个因素构成，分别是开放性、自我意识、亲社会性、宜人性和情绪性。同时，这五个维度又由自信、自尊、自我评价、独立性、关爱、同情心、稳定性、善良、焦虑、激烈性等31个特质组成。

二、个性特点及对儿童发展的影响

虽然总体上一个人的个性在其一生发展中是比较稳定的特质，但个性特点随着年龄的增长以及环境的变化也会有所不同。在小学阶段，儿童的认知能力逐渐提高，与同学和老师的交往逐渐增多，这些在某种程度上都会影响儿童个性的发展与变化。

小学生个性特点对其身心全面发展有两方面的影响。一方面，不良的个性对小学阶段儿童的问题行为有一定的预测作用。研究者发现，不同的人格类型与青少年的问题行为密切相关。在五因素人格测量中有极端人格的儿童，在青少年晚期有更多的内化和外化的行为问题。此外，个体具有的神经质和精神质特点与欺负有很强的相关，而精神质还可以预测儿童的欺负行为。另一方面，良好的个性能够促进小学阶段儿童的社会适应行为和心理健康水平，提升儿童的幸福感。

三、家庭流动性对儿童个性发展的影响

在我国现阶段有两种主要类型的家庭流动。一种是父母外出打工，孩子留在老家，这种儿童被称为“留守儿童”。另外一种是父母外出打工，把孩子带在身边，这种儿童被称为“流动儿童”。无论哪种家庭流动类型都会对孩子的人格发展产生一定的影响。

首先，家庭的流动对流动儿童有一定的影响。从农村到城市，流动儿童的周围环境发生了变化，他们常常被视为城市中的边缘群体，经常受到各种不平等的待遇，在这种情况下，流动儿童的个性发展也会受到一定的影响。采用艾森克人格问卷和卡特尔十六种人格量表对流动儿童的测量都显示，流动儿童更加缺乏自信、敏感、自卑、情绪不稳定、内向压抑，他们也会刻意与他人保持一定距离，甚至一些儿童对同伴和动物缺乏人类应有的感情。

其次，留守儿童与流动儿童刚好相反，他们的基本生活环境没有太大变化，但是父母的缺失和缺位却会导致他们个性发展上的一些问题。研究发现，留守儿童较一般儿童更为内向，不轻易表露内心的想法和情感；情

绪更为淡漠、消沉，对事物缺乏兴趣、态度冷淡；他们来自家庭领域的需要比一般儿童强烈得多，更需要父母的关爱与亲情，更重视与父母之间的情感交流与理解；与父母的分离增强了留守儿童的独立性。

四、儿童自我的发展

儿童自我的形成和发展是一个渐进的过程。在小学时期，儿童自我描述的方式变得更加现实、平衡和综合。在七八岁，他们的自我概念发展到达了皮亚杰理论所认为的第三阶段，即已经具备能力形成“表征系统”，能够把自我的不同方面整合为包罗万象的自我概念。从小学开始，儿童便能够对真实自我和理想自我进行比较，也能够通过社会比较来形成自我概念。并且，这些变化又影响着儿童自尊的发展。

（一）自我概述

美国心理学家詹姆斯（W.James）在《心理学原理》中关于自我的讨论奠定了现代心理学中自我研究的基础。在书中，他将自我区分为作为经验的客体我和作为环境中主动行动者的主体我。客体我是指具有特定身体、情感、智力等特征的被认识的客体，也称经验我，是经验与意识的主体，是自我知识的总和。他认为客体我是由三部分组成。（1）物质的自我，源于对躯体的觉知，包括个人的身体、衣物、房屋、家庭、财产等；（2）社会的自我，反映个体对两方面的看法，一是个体认为其他人是如何看待自己的，一是个体认识的社会的规范和价值观；（3）精神的自我，指知觉到自己的存在和弱点，包括个人的意识状态、特质、态度、气质等。主体我是行为的发生者，通过知觉、思考、记忆等成为认识的主体。主体我的核心是主观性，包括对生活事件的主观能动性的觉知，对个人生活经验的独特性的觉知，对个人连续性的觉知以及对自我意识的觉知。

最近，在有关儿童自我研究中，自我被认为可以分成三个独立而又相互关联的成分：自我知识、自我评价和自我调节。这三个成分组成了个体的自我系统。其中，自我知识也称为自我意识，是儿童关于自己的知识。这个成分关注的问题是：儿童知道自己哪些方面是独特的、持久的？他们什么时候获得了这种知识？这种知识与他们理解自己、社会和物理环境的其他方面有怎样的关系？自我评价是儿童自我系统中对自己和自己能力的看法。这个成分关注的问题是：儿童的自尊是高还是低？哪些因素影响了儿童对自己的认识？这些认识又怎样影响着他们的行为？自我调节是儿童系统中的自我控制部分。这个成分关注的问题是：儿童怎么能够获得自我控制？什么时候获得的？什么变量影响了这一过程？

（二）自我知识

儿童关于自我的知识在儿童期是稳步发展的，并且这种发展与他们的认知发展和社会化过程密切相关。儿童的自我知识是从婴儿期开始逐渐发展起来的。在婴儿 18 个月左右的时候，他们在看镜子中的自己时，会表现出自我识别。比如，给婴儿鼻子上抹上红点，把他放在镜子前，他会注意到这个红点，并用手摸自己的脸。但在婴儿 15 个月之前则没有出现自我识别。15 个月以上的婴儿也能够在录像中把自己从其他同龄婴儿中认出来。除了婴儿期的上述镜像测验之外，自我描述是心理学家用来检验儿童自我知识的典型方法。这种方法有许多形式，包括无结构访谈（例如，“你是谁？”）和结构化访谈（如，“你几岁了？”“你最喜欢的游戏是什么？”）。通过对自我描述的分析，研究者发现了自我知识发展的模式，详见下表。

表　儿童自我描述发展的三个阶段

年龄阶段	皮亚杰的发展阶段	自我描述	举例
儿童早期	前运算阶段	身体描述，财产，喜好	“我有雀斑”“我的猫是白色的”
儿童中期和晚期	具体运算阶段	行为特质，能力，情绪，成员	“我是一个歌星”“我是一个快乐的小孩”
青少年期	形式运算阶段	态度，人格特质，信念	“我很爱国”“我很有说服力”“我总是虎头蛇尾”

（三）自我评价

随着儿童的成长，他们不仅对自己有了更多的了解，他们也开始对自己进行评价。学校生活给儿童提供了与其他儿童进行比较以及形成自我印象的机会。这种自我评价，通常会给儿童带来“好”与“坏”两方面的信息，也会使儿童认识到自己的长处和短处都是什么，哪些是自己的积极特质，哪些是消极特质。与自我知识一样，自我评价也从儿童期开始发展，并受到认知和社会化发展的影响。儿童对自我的总体评价以及对个体不同领域的能力的评价也被称之为自尊或者自我价值。具体来说，自尊是指一个人对自我的评价以及对这种评价的情感反应。因此，自尊被假设为不仅包括儿童对自己能力的认知判断，也包括由此带来的情感反应（如骄傲、羞愧等）。苏珊·哈特（Susan Harter）提出了一个关于儿童自尊的多层次模式，这个模型中包含了学业能力、社会能力、运动能力、身体外貌和行为举止等多个宽泛的维度，每个维度又包含多个小的范围，如下图。

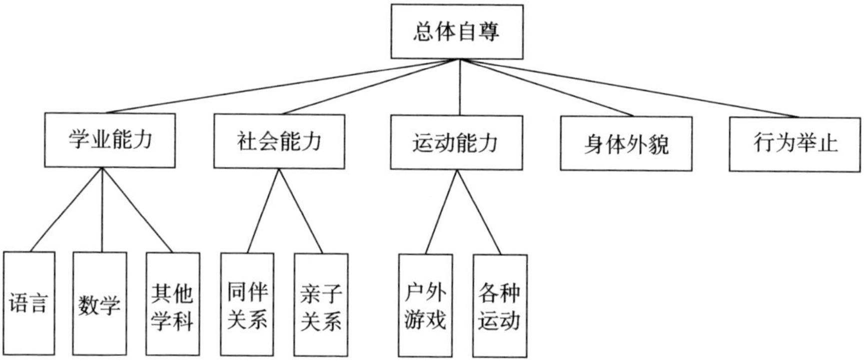

图　自尊的多维度多层次模型

（四）学业自我概念

儿童对学业能力的知觉作为自尊的一部分，也被称为学业自我概念。儿童的学业自我概念对其学业成绩有显著影响。有高学业自我概念的儿童追求成功的动机更多，在学习中更有坚持性，同时也会更加主动地寻找有挑战性的任务。即使这种学业自我概念高过了学生的实际水平，也有助于其形成高水平的自尊。然而，如果儿童仅仅具有高的学业技能，但是其自我概念较低，那么在学习中，儿童也倾向于付出少的努力。因此，对于一些孩子来说，学业成功不仅依靠良好的学习能力，还需要较高的学业自我概念。儿童的学业自我概念在幼儿园阶段最高，之后到小学4年级之前一直在下降。这种趋势在众多的访谈和问卷研究中，都获得了一致的结果。这可能是因为儿童意识到自我夸耀是不受社会欢迎的，所以他们刻意避免对自己能力的炫耀。

儿童的学业自我概念受到许多因素的影响。首先，最直接的因素就是儿童的学业成绩。大量实证和元分析研究均表明，儿童的学业自我概念与其学业成绩之间是相互影响的关系，先前的学业成绩会影响后来的学业自我概念，反过来，学业自我概念又会影响其学业成绩，即两者之间存在交互影响。其次，社会比较也会影响儿童的学业自我概念。与成人一样，儿童也会通过与其他人的能力比较来认识和评价自己，这个过程就是社会比较。著名的大鱼小池效应理论模型对这种影响做出了解释。根据该理论模型，相比于同等能力的学生，进入高能力水平学校或班级的学生，由于其将要和更高能力的学生进行比较，其学业自我概念将会降低。相反，进入低能力水平学校或班级的学生，其学业自我概念必将得到提升。即对于同等能力的学生来说，进入高能力水平学校或班级的学生要比进入低能力水平学校或班级的学生习得更低的学业自我概念。最后，学业自我概念也会受到一些社会因素的影响。比如恰当的表扬有助于儿童形成较好的学业自我概念。例如，有研究发现，如果儿童更多地认为能力与努力二者之间是正相关而不是负相关，努力取向的表扬会使儿童表现出更积极的自我概念以及更高的内在动机水平。

（五）自我调节

自我调节是人类发展的一个重要方面。如果儿童没有学会调节、控制自己的行为，那么，儿童就会时时刻刻处于被环境推着走的境地，因此，学会自我控制是儿童最大的成就之一。自我调节主要指个体的自我控制能力，自我控制是个体调节自身的行为，抑制不被接受的或与目标冲突的行为的能力，也是儿童社会化过程中的重要内容。如果儿童没有学会控制自己的冲动，可能他们就会侵犯别人的权利、打破规则、缺乏耐心或者牺牲自我以获得长期的目标。一项对 1000 名儿童从出生到 32 岁的纵向研究表明，随着自我控制能力的逐渐增加，儿童期的自我控制可以预测其身体健康、物质依赖、个人财产数量和犯罪行为。从发展的视角来看，儿童在 2

岁左右是自我控制能力发展的一个里程碑。这个时候儿童知道养育者的希望和要求，能够自愿遵守这些规定，表现出顺从行为。而当他们做了被禁止的事情时，也会表现出难过。但是 2～3 岁时，儿童有一个“逆反期”，他们有了“自主”的要求，变得不再那么顺从。如果儿童在这一时期解决好了埃里克森提出的发展任务“自主对羞愧”，那么，儿童自我调节的能力从 3 岁开始会得到迅速发展。在这一时期，由于执行功能的发展，幼儿在 3 岁左右获得了自我发展的同一性和连续性认识，开始把自己的行为与照看者的要求联系起来，进入了自我调节阶段。幼儿的自我调节能力在 3～6 岁之间有显著提高。采用延迟满足范式的研究发现，小学阶段儿童的自我控制能力随着年级的增长越来越好，最终在 10～12 岁时会表现出强烈的延迟等待倾向。并且，小学阶段儿童也会比幼儿有更多的策略来帮助自己实现满足，比如用一个与任务相关的陈述（如，“我正在等待一个棉花糖”）来指导自己的行为。儿童对这些策略的理解也比幼儿要好得多。例如，当给儿童展示几种延迟满足的策略，并询问哪种策略会更好时，幼儿表现出对有效策略了解得很少。然而，小学三年级的学生对这些策略的了解有了增加，到了小学六年级，大部分儿童能够清楚地知道分散注意是最有效的延迟满足策略。

对于儿童自我控制的研究除了采用延迟满足范式之外，问卷法和基于观察的等级评定法也是常用的方法。总体上，基于观察的等级评定法发现个体的自我控制在 3～23 岁之间随年龄而升高。专门针对儿童的研究发现，其整体自我控制能力在幼儿和小学中低年级会有一个快速发展时期，在中高年级则没有明显变化。但也有研究认为，虽然儿童整体的情绪调节能力在青春期前一直在增长，但是行为调节能力在 4～10 岁以及 6～12 岁之间没有变化。这说明，自我控制在童年期发展还有不稳定性。采用实验室观察法对我国儿童的研究发现，儿童 2 岁到 4 岁，自我控制能力明显提高，从 4 岁到 11 岁基本处于平稳发展阶段。从自我调节的影响因素上来看，儿童自我调节能力的发展有其生理的基础，研究发现前额扣带回是自我调节发展的关键。而认知成分中的执行功能（工作记忆、行为抑制以及任务转换）与成功的自我调节密切相关。但是，儿童的自我控制与其智力、社会阶层没有直接关系。因此，未来可以考虑通过训练儿童的执行功能来进一步提高儿童的自我调节能力。

流动儿童个性与自我的发展特点

流动儿童大多数能够吃苦耐劳，个性淳朴。但是，流动儿童由于居无定所，经常随父母流动，加上父母文化程度低，无法顾及孩子的教育，因此他们有时也会具有散漫、粗鲁、自控性差等性格特点，这部分儿童很容易出现问题行为。还有些儿童在不停变换的环境中，形成了孤独自闭的性格，不愿与周围新的环境接触，这在一定程度上会使流动儿童产生恐惧感和失落感。与本地儿童相比，流动儿童在负性人格特点上的表现更为突出，比如，敏感、易感情用事、自卑感强、抑郁，同时，他们在掌控感、外向性、宜人性、谨慎性、开放性等正性人格特质上的表现更少。

自尊是个体对自我价值的判断，表达了个体对自己所持的态度。流动儿童的自尊水平显著低于城市儿童。随着年级的升高，公立学校流动儿童的自尊呈“V”字形变化，初一最低；而打工子弟学校流动儿童的自尊则没有随年级变化的趋势；公立学校流动儿童自尊水平明显高于打工子弟学校流动儿童；随着流动时间增加，儿童的自尊水平有逐步提高的趋势。流动儿童的自尊受到其学业行为和师生关系的影响，尤其是其学习效能感、学习自信心，以及师生关系中的低冲突性、支持性、关系满意度等，都可以显著预测流动儿童自尊的发展情况。

流动儿童的人格特点与其所处的不利环境有一定的关系。在我国，城市社会对流动人口还存在一定的歧视，尤其是城市居民经常会给这些流动人口贴上一些具有贬低和讽刺意味的标签，比如“外地人”“乡巴佬”“土包子”“盲流”等。这些标签使流动儿童产生了刻板印象威胁，他们也会认为自己是外来人，感受到自己被歧视了。这些不良的感受和感知到的威胁，进而会让他们对城市居民产生对立感，对外界的人和事也变得敏感，甚至可能会因为一点小事而产生攻击行为。

儿童社会适应的发展

社会适应是个体逐步接受现存社会的生活方式、道德规范和行为准则的过程，对个人的成长和未来生活有重要意义。社会适应能力的高低，表征着个体的细腻成熟程度和社会化发展水平。根据前人的研究，社会适应包含个体、环境和个体对环境三个方面的适应能力。社会适应的主体是个体，环境与个体之间存在着互动关系，并对环境中的个体提出了在不同情境中的要求。适应是个体不断根据环境的要求来改变自己的过程，其核心是变化。社会适应能力是指个体在心理能力、生理以及行为上所做的各种适应性的改变，以便更好地适应社会，并且与社会达到和谐状态的一种能力。中国儿童发育特征调查的项目组对适龄儿童做了调查，研究结果表明：自我适应、情绪适应、社会认知、行为适应这四个部分是小学时期儿童需要具备的社会适应能力。

流动儿童的社会适应特点

流动儿童的父母来到城市工作，大多数都怀有改变自身社会环境的强烈愿望。不管现实情况如何，他们选择继续在城市中生活，这在某种程度上表明，他们还是比较容易适应城市生活的。但是对于流动儿童来说，他们的社会适应情况如何呢？

对于流动儿童社会适应的研究相对较多，心理学界和社会学界都探讨和研究过此类问题。从研究结果上看，一般可以分为两种。一种认为流动儿童在城市社会的适应状况不容乐观。这种研究主要从社会排斥出发，认为流动儿童虽然生活在城市社会当中，但是面临着教育、医疗、观念、社会关系、社区、休闲、认同等多方面的排斥，这种排斥对流动儿童适应城市社会有着消极影响。有两三成左右的流动儿童明显因为存在“非城市人”的身份而感到自卑，甚至产生“城市畏惧症”。他们会因为自己是外地人而感到自卑，也不认可甚至反感当地人的一些言行举止。另外一些立足于考查流动儿童在城市社会生活中的各种适应能力，如价值取向、学习、生活方式、人生理想等方面的适应能力，认为流动儿童具有适应城市社会生活的能力。比如，有研究发现，流动儿童适应状况较好，他们正在慢慢融入城市生活，掌握了城市语言，在行为方式和价值观念上也都实现着城市化的转换。

也有一些研究考查了不同校际之间，流动儿童社会适应之间的差异。多项研究结果均发现，在公办学校学习的流动儿童其社会适应状况要好于在打工子弟学校的流动儿童。从时间维度上看，流动儿童如果在打工子弟学校上学，他们更倾向于采用指向于过去的适应策略，即返回家乡；而公立学校的流动儿童则会选择指向于未来的适应策略，即认同城市文化，将来定居在城市中。这些分析结果进一步说明了不同校际间流动儿童社会适应的差异和表现。社会认同是社会适应中的一项重要内容，我国流动儿童整体对城市的认同高于老家，同化和分离模式为其最主要的适应模式。此外，还有一些研究者考查了流动儿童的生活满意度情况。与本地常住家庭的儿童相比，流动儿童的生活满意度相对要低一些。打工学校流动儿童的生活满意度最低，其次为公立学校的流动儿童，最高的是公立学校的本地儿童。

此外，面对周围人的歧视，流动儿童自身有什么样的感受呢？实际上，这种对歧视的知觉随着儿童自我意识的觉醒而逐渐加深，初中流动儿童比小学流动儿童具有较多的个体和群体歧视知觉经验。并且，打工子弟学校的流动儿童比公立学校的流动儿童具有较多的个体和群体歧视知觉经验。

流动儿童的自我发展问题

一、流动儿童的自我认同感低

虽然社会大环境和媒体一直在倡导公平对待流动儿童，但是有些老师和同学还是会对一些流动儿童进行冷嘲热讽，甚至有些老师直言将这些儿童称为“双差生”。在这种情况下，很多流动儿童对自我的认同也会降低，认为自己是一个失败者，甚至“破罐子破摔”，放弃自己。此外，从农村到城市，流动儿童的周围环境发生了变化，他们常常被视为城市中的边缘群体，经常受到各种不平等的待遇，在这种情况下，流动儿童往往也会产生身份认同的困惑。对于这些二代流动人口而言，他们是城市中的农村人，不知道自己到底是农村人还是城市人。特别是对于一些出生在城市的打工子弟来说，他们的这种困惑就更加明显，他们会想：为什么我也出生在城市，但却和其他的城市儿童不同呢？这种种困惑导致流动儿童的自我认同感低，很容易在自我认同危机中迷失自己，又容易导致流动儿童同城市儿童产生严重的心理隔膜，缺乏完整的城市归属感，这不仅让他们的城市适应发展既缓慢困难又脆弱，也导致他们更容易出现心理健康问题，出现“城市边缘人人格”。

二、流动儿童的自我归因不当

归因是个体在完成一件事情后，对自己成功或失败原因的分析。研究发现，流动儿童的自我归因往往存在一些问题。他们往往看不到自己的长处和优势，只看到自己的劣势和缺点。当他们取得成功时，他们也会不自信地认为是运气等偶然的因素使然；而当失败时，他们往往归结为是自己智力低、能力差。这些不当的归因，使得流动儿童缺乏获得成功的积极努力，也导致他们更容易出现学习问题。

三、流动儿童的自尊水平低

自尊是个体对自我价值的判断，表达了个体对自己所持的总体态度。以往研究表明，低自尊者更倾向于采用“压抑”“逃避”和“退缩”的应对方式，从而产生孤独、抑郁等消极心理感受，影响个体的环境适应和心理健康水平。研究发现流动儿童的自尊水平低于非流动儿童，男流动儿童的自尊水平又显著低于女流动儿童。流动儿童的自尊受到其身份认同、班级氛围及班级凝聚力的显著影响，流动儿童的低自尊也会影响其对学校的态度。

塑造流动儿童良好的个性

一、正确认识自我

流动儿童往往由于家庭背景和社会歧视的原因不能够正确看待自己，容易产生自卑心理。其实，正确认识自己并不断完善自己是一件很不容易的事情。自我认识是对我们自己存在状态的一种觉察，也就是认识自己的一切，包括对自我的生理状况、心理特征、自身能力以及自己与他人的关系等方面的认识。心理学家把自我区分为主观我和客观我，主观我指自己对自己的认识，如认为自己相貌好、能力强、人际关系好，或认为自己没人喜欢、不聪明等。而客观我是指“我”实际上是个什么样的人。如果我们的主观我与客观我相符相合，就会产生积极、肯定的情感体验，表现为自尊自爱、自立自强；如果我们不能正确认识自己，把自己看得太高就会变得狂妄自大、自命不凡，容不得他人任何的批评，而一旦碰到失败就可能使主观我坍塌，自轻自贱；而将自己看得太低则会产生各种消极、否定的情感体验，学习和生活打不起精神，觉得自己一无是处，从而自怜自卑、自怨自艾。那么，怎样才能获得对自我的正确认识呢？

（一）与他人比较

将自我与周围人进行比较，是了解自己的一个重要途径。对于流动儿童来说，主要是与同龄人比较，同龄人之间有很多相似之处，可以互相交流和沟通，同时互相了解得也比较透彻。但是比较不是目的，重要的是通过比较来正确认识自己。其实，流动儿童身上有很多优点，比如质朴、热爱劳动、善良等。

（二）与自己比较

对每个人来说，这是一条更重要的途径，人们可以更多地通过与自己的比较来认识自己。不管在一个群体中的位置如何，如果流动儿童相对于自己的过去是在进步，那就值得庆贺。

（三）自我反省

流动儿童经常思考“我是个什么样的人”“我的理想是什么，打算怎样实现”“我打算怎样生活”“我的优势和不足在哪里”等类似的问题，有助于增强自我认识。通过这样的自我反省，能够更深刻地认识自己，对心灵真正有所触动，同时不断形成一套正确的自我评价标准，从而更好地在认识自我的基础上塑造自我。

二、培养自信、自尊、自强的个性

拥有自信、自尊、自强等方面的良好心理品质是一个人幸福生活的基础，是事业成功的关键因素。对于流动儿童来说，主动塑造自己自信、自尊、自强的个性，不仅能够更好地适应城市生活，而且也可以为自己未来的幸福人生打下基础。

（一）培养自信的个性

自信是一个人相信自己的能力的心理状态，即相信自己有能力实现既定目标的心理倾向。拥有自信不仅是心理健康的一种表现，而且也是学习、事业成功的有利心理条件。做一个自信的学生，就要对自己的能力充满信心，能够全面客观地评价自己、认识自己、接受自己。首先，要使流动儿童认识到自己的能力。能力是多方面的，不仅体现在学习上，也体现在其他方面，充分挖掘生活中的任何成功经验都会使流动儿童增强信心。其次，得到他人的欣赏与认同也会增强流动儿童的信心。有时流动儿童对自己没有把握，得到父母、老师等重要他人的认可，可以帮助他们确认自己。最后，发挥流动儿童的能力，承担一定的责任，使其认识到自身的价值，能够进一步巩固流动儿童的自信心。

（二）培养自尊的个性

自尊是一种自己尊重自己并期望受到他人尊重的心理。为了维护自己的良好形象，人们不仅需要在容貌和衣着上修饰自己，还要在行为上约束自己，同时不允许别人歧视与侮辱，甚至自己做了好事、取得了好成绩就希望受到他人的肯定或尊重等，这些都是自尊的表现。一般来说，自尊心比较强的人，会认为自己是一个有价值的人，并感到自己值得别人尊重，比较能够接受个人的不足之处。

（三）培养自强的个性

自强是一种永远向上、奋发进取的精神。自强对流动儿童健康成长、成就事业具有强大的推动力。自强的主要表现就是在困难面前不低头、不丧气；自尊自爱，不卑不亢；勇于开拓，积极进取；志存高远，执着追求；等等。自强是一个人实现自我价值的必备品质。在竞争激烈的社会中，不可能总依赖于他人，只有自强才能最终实现自己的理想。

三、学会战胜挫折

人们在日常生活中遇到的许多事情，如工作和学习问题，以及家庭和人际交往问题等，都存在着各种各样的矛盾和冲突，大到家庭变故的遭遇，小到他人不经意的一句话，如果不能很好地应付和解决，都会导致挫折感。挫折就是由于妨碍达到目标的现实或想象的阻力而产生的心理状态。面对挫折，如果不能较好地处理和调节自己，其消极后果会远远大于挫折本身对生活带来的不良影响。

（一）正确认识和分析困难与挫折

困难和挫折是组成生活原味的重要部分。对此，流动儿童要有一种达观的态度，不要幻想困难和挫折永远不会光顾自己，也不要在遭遇困难和挫折时觉得自己是世界上最不幸的人。只有这样，在面对困难和挫折时，才能思想开朗，心情坦然，既然人人都会遭受困难和挫折，那么挫折本身也就没什么可怕的了。认识到挫折可能并不难，难的是面对挫折时，怎样分析和面对。面对挫折最好先进行客观冷静的分析，找出原因，然后想办法去补救或解决。

（二）采取行动战胜挫折

行动是最终战胜困难和挫折的关键一环，没有行动，困难和挫折仍会继续控制人们的生活，而不是人们来改变困难和挫折。根据行动要达到的目标不同，可以分为两种情况。一是愈挫愈勇，坚持认准的方向不放弃，直至取得成功。如果过早放弃，困难和挫折无疑已经控制了生活；如果勇往直前，那么人们会把困难和挫折变成成功的基石。二是修订目标。如果有些目标确实暂时不能达到，这时可以选取另一种可能成功的，同样也有价值的目标来代替，正所谓“东边不亮西边亮，旱路不通水路通”。两种情况有一点是相同的，即通过实际行动来面对困难和挫折。

流动儿童的社会适应问题

在流动儿童中，有的是跨省流动的，有的是跨市流动的，有的来自北方，有的来自南方。每一位流动儿童都面临着对环境的适应问题。介于城市和农村这两个群体中的流动儿童，往往在短时间内无法很好地适应城市生活。

一、缺少归属感

一部分流动儿童生活环境和学校环境经常变化，往往会使他们缺少老师的肯定和同学的接纳，尤其是在班级活动中，如果经常受到排斥和歧视，那么他们往往就会缺少归属感，缺少必要的社会支持系统。歧视在一定程度上会导致流动儿童出现两种问题。一种是使流动儿童变得退缩、不敢与人交往、不自信。心理学研究表明，被忽视、被看不起的儿童往往有更多的退缩行为。第二种是使他们更容易出现行为问题。受歧视的儿童往往对周围人甚至社会产生敌意，从而导致问题行为的出现。如果流动儿童在城市不能被平等对待，经常遭受歧视，那么从长远来看，不仅会对流动儿童本人造成心理伤害，而且也会给社会的稳定埋下隐患。此外，一部分流动儿童采取了随班就读的形式，与城市中的其他儿童在同一所公立学校，或者在同一个班级，这样虽然有利于这些儿童逐渐融入城市生活，但是在某种程度上，这也进一步导致了歧视出现的可能。尤其是在中学阶段，学生的心理敏感性增强，当班级中仅有少数流动儿童的时候，他们往往会缺乏归属感。而当缺乏学校归属感的儿童遇到学业问题时，他们也更不愿意去主动求助于老师和同学。此外，学校归属感对流动儿童的学校适应有重要影响，儿童如果能够对学校产生归属感，则他们会更快地适应新学校的生活。

二、疏离感强

疏离感是个体与社会分离，缺乏社会支持或有意义的社会联系所产生的一种情感体验。流动儿童与社区居民存在一定的疏离感，有些儿童很难融入城市的主流生活。疏离感与流动儿童的人际交往状况有密切关系。流动儿童是一个相对较为特殊的群体，他们的出身和经历决定了他们人际交往的范围和特点。流动儿童的人际交往空间较小，主要停留在家庭成员和相邻的同学之间，很少有其他方面的交往和接触。至于与城市居民的交往就更为少见。首先，这是源于他们的父母自身交往范围比较狭窄，因此在一定程度上限制了其子女的交往范围；其次，流动儿童父母工作繁忙，很少有机会带孩子去接触外面的世界，又不希望他们自己到外面去，这也在一定程度上限制了流动儿童与外界人员接触和交往的机会；再次，由于流动儿童居住范围相对狭窄和固定，与城市居民之间在居住区域上有距离和差别，同样在一定程度上限制了流动儿童的活动范围；最后，由于流动儿童很少参加课外班和兴趣班，也减少了流动儿童的交往范围。这些因素导致流动儿童出现了比较单一的交往现状，不仅不利于流动儿童开阔视野，学习社会规范和社会角色，也使得流动儿童产生了强烈的疏离感。此外，邱剑和安芹（2012）通过进一步研究发现，流动儿童的疏离感体验不存在显著性别差异，但是曾远离父母生活过的流动儿童疏离感总分以及社会疏离感和人际疏离感均显著高于一直与父母一起生活的儿童。

“文文来到这个班级之后内心一直都比较封闭，班级里的同学反映文文从来不主动和班级里的同学讲话，平日里十分害羞。每次老师点到文文回答问题时，文文常会低头不语，令老师也觉得十分为难。我电话联系了文文的爸爸，文文爸爸给我反映的是文文在家里是一个十分活泼的女孩，在以前老家的学校经常和同学们玩耍，非常外向。文文爸爸并不知道女儿进入新学校后表现会和以往不同；老师们也不知道原来生活中的文文是热情开朗的。这时候，我意识到文文在学校里反常的表现很可能是因为没有融入我们这个新班级中，缺乏对班级的归属感，从而疏远同学和老师。我找到班里的班委谈话，经过讨论，我们都觉得文文是没有感受到这个班级对她的接纳和关怀，认为班级里的同学疏远她。于是班委们认为是自己班级管理职责的疏忽，决心要帮助文文找回从前开朗的样子。班委们率先主动与文文交流，邀请文文一起去食堂吃饭，并且和她交流以前的学校生活。文文慢慢向班委们敞开心扉，分享了她以前冬天里和小伙伴去冰冻的湖面滑冰、冰钓等趣事。文文还告诉班委自己进入班级之后发现同学聊的一些游戏都是自己闻所未闻的，所以十分担心新同学们认为自己'土气'，便不敢和同学们做朋友。通过交流，班委们向文文表达了对文文以前的农村经历十分感兴趣，也十分佩服文文掌握的许多生活技能。在这样的主动沟通下，文文很快感受到了来自同学们的温暖与接纳，渐渐融入了班级里。”（一位初中班主任的工作日记）

我们不难发现，原本缺乏归属感的文文虽然在行为上表现出对班级的疏离和退缩，但文文内心里仍然是渴望和其他同伴玩耍的。文文社交上的退缩一方面是由于文文比较担心其他同学对她的不接纳或者歧视，也担心自己的主动遭到同学们的拒绝；另一方面也与文文的沟通技巧有关，在社交上选择被动社交而无法主动建立友谊。文文在班级里发言时的害羞也与文文过度担心他人对自己的口音会有歧视有关。当文文感受到来自班级的温暖和接纳时，归属感将得到提升。

三、有自卑感

所谓自卑，是指个人由于某些生理缺陷或者心理缺陷及其他原因而产生轻视自己，以及认为自己在某个方面或其他方面不如他人的负性情绪体验。中小学生的自卑感主要体现在身体外貌、学习成绩、生活习惯以及性格能力上。流动儿童在小学阶段体验到的更多是学业自卑感，到了中学更多体验到的是生活自卑感和社交自卑感。导致流动儿童产生自卑心理的原因是多方面的。处于小学阶段的流动儿童更多的是因为学习动机单一和学习压力较大而产生的学业自卑感。很大一部分流动儿童之所以好好读书，更多是出于对父母的感恩，以及对考上大学、改变命运的渴望。流动儿童重视学习成绩，很容易依据学习成绩形成对自己的自我评价，这使得小学阶段的流动儿童在自我评价方面形成偏差，认为只要学习好，那就是一好百好，倘若学习不理想，那就是一无是处了。而流动儿童进入城市学习需要经历一段学习上的“追赶期”，在与城市儿童的学业竞争中，很容易遇到挫折，这进一步加强了他们的自卑感。进入中学阶段的流动儿童对自己的经济情况有了更深刻的了解，在与城市儿童的经济情况做比较之后，流动儿童更容易产生生活自卑感。并且一些来自社会对他们设立的“农民工子弟班”以及“外来务工人员子女”的称呼更是给流动儿童贴上了标签。这些流动儿童意识到自己与城市群体是不同的，更容易形成低人一等的想法，从而产生了自卑。

四、社会融合程度差

流动儿童的研究是诸多学科关注的问题，社会学研究者从社会融合的角度考查了流动儿童的社会适应问题。社会融合是指流动儿童纳入（或流入）人口迁入地后逐步接受与适应迁入地的社会文化，以此构建良性互动交往，并最终形成相互认可，相互“渗透、交融”“互惠、互补”。一般来说，社会融合包括经济融合、文化适应、社会适应、结构融合和身份认同五个维度，对于流动儿童的社会融合研究一般不包括经济融合。相关研究发现，总体上，流动儿童与城市社会的融合处于困境之中，其身份认定模糊；家长的社会融合状况影响儿童的社会融合，公立学校儿童的社会融合好于打工子弟学校的流动儿童的社会融合状况。生活在夹缝中的流动儿童，如果不能很好地融合到新的社会环境中，将会对他们的心理发展产生多方面的负面影响。研究发现，流动儿童的身份认同直接影响他们健康人格的形成，并在一定程度上阻碍了他们与城市的融合。因此，使流动儿童更快、更好地适应城市生活，改善流动儿童的心理问题，让他们在新的环境下真正融入城市生活，对于他们的健康成长是非常重要的。

提升流动儿童社会适应性的策略

一、养成良好习惯，提高自身的文明素养

美国心理学家詹姆斯曾说："播下一个行动，收获一种习惯；播下一种习惯，收获一种性格；播下一种性格，收获一种命运。"可见，习惯对个人的发展十分重要。习惯一小步，成就一大步。因此，培养流动儿童的良好习惯不仅会使其获得同学和老师的喜爱与接纳，提高其适应集体和社会的能力，而且也会帮助其在未来获得成功。良好的习惯包括很多内容，如学习习惯、卫生习惯、行为习惯等。习惯的养成越早越好，越早也越容易。从流动儿童自身来讲，要从小树立起养成良好习惯的意识，主动培养自己的良好习惯。同时，注意自己的言谈举止，提高自己的文明素养，对于流动儿童主动适应社会也是十分重要的。

二、开发潜能，提高自身能力

由于一些流动儿童经常受到其他同伴、老师的歧视，他们有时也会自暴自弃。实际上，每个人都有自己的优势和潜能，流动儿童要充分发掘自身的潜能，提高自己多方面的能力。未来社会需要的是全面发展的高素质人才，因此，要想适应未来社会的要求，流动儿童就要不断充实自己，不断提高自身的能力。比如，为了适应社会，流动儿童要不断提高自身的学习能力。学习不仅是指要把课堂内的知识掌握好，更重要的是学会学习，具有学习的能力。未来的社会是终身学习的社会，流动儿童要想更好地适应社会的要求，就要不断提高自己综合分析问题、解决问题的能力。

三、扩大自己的生活和交往范围

大部分流动儿童生活和交往的范围比较有限，有些虽然身处城市，但对于城市的了解并不多，这种情况十分不利于他们适应和融入未来的社会。因此，流动儿童要主动扩大自己的生活和交往范围，打开自己的视野，使自己对城市生活更加了解。此外，扩大生活和交往范围可以让流动儿童接触更多的人和事，可以增强流动儿童对社会事件的判断力以及社会责任感。但要注意的是，流动儿童扩大了生活范围，有时也会接触一些不良同伴，养成一些不良习惯，如上网成瘾等。可见，社会环境对流动儿童的影响是多方面的，既有积极的影响，也有消极的影响。在城市中可以见多识广，变得自信、大胆；但同时，思想容易变得复杂，社会化过早，容易染上一些不良习惯等，因此需要老师和家长加以正确的引导。

四、设立正确的人生目标

流动儿童在适应社会的过程中，要为自己设立一个正确的人生目标，从而不至于在未来的社会中迷失自我。目标对于个体的适应与发展具有非常重要的作用。当人们没有目标时，就会感到迷茫和空虚；当目标过低时，就会缺乏动力；目标过高时，又会因为达不到目的而失望。很多适应困难都与目标确定不当有关。流动儿童要更好地适应未来的社会，就要为自己确立一个合乎实际的人生目标。首先，应当根据自身条件和未来社会的发展要求，为自己设立一个远期目标。其次，要为自己设立一个近期目标，即为了实现远期目标现在应该做什么。流动儿童在设立目标的时候，要充分考虑自己的实际情况，如个性特点、能力以及具备的条件等。当有了合适的人生目标并为之奋斗的时候，流动儿童就会有行动的方向和动力了，他们可能就不会特别在意别人的歧视和讥讽，就会更加充满信心与活力地去生活和学习了。

五、培养自强自立的人格特点

为了适应未来社会的发展，流动儿童要培养自己的独立和自强精神，培养独立思考和独立处理问题的能力。流动儿童不可能永远依赖父母和他人的关爱，日常生活的很多挫折、矛盾和人际关系将来都需要他们独自面对，而这种独立处理问题和矛盾的能力不是与生俱来的，需要在生活的实践中去培养、去锻炼。因此，流动儿童要多去尝试、多去实践，以锻炼自己的独立性。自强、自立会使流动儿童拥有更多的自信和勇气，也会使他们拥有应对各种环境和社会变化的能力。

链接:

心态，即心理态度。简单地说，心态就是性格和态度的统一，态度是心态反应的表现化。心态有两种，即积极心态和消极心态。比如，杯子里有半杯水，有的人会说：“哎，只有半杯水了！”而有的人则说：“啊，还有半杯水呢！”这是两种截然不同的心态，前者是悲观的消极心态，后者是乐观的积极心态。有什么样的心态，就决定了你对事情采取什么样的态度。所以人们通过你的态度能够看到你的心态。正如美国石油大王洛克菲勒(J.D.Rockefeller)给他儿子信中提到的“天堂和地狱比邻”的比喻，在信中，他告诫自己的儿子：“如果你视工作为一种乐趣，人生就是天堂；如果你视工作为一种义务，人生就是地狱！”同样地，与其把问题当成痛苦和折磨，不如尝试着快乐地解决，同样一件事情，当你换一种心态面对的时候，也许情形就发生了反转，有了天壤之别的变化。美国心理学家经过长期研究证明，拥有积极乐观的心态，能够妥善地应对烦恼。下面是几种积极的心态。

1.乐观的心态

乐观的心态是指无论在什么情况下(即使状况很糟糕)都能保持良好的状态，相信不好的事情总会过去，自己能够应对当前的问题和困难。积极情绪较多的个体，容易对事情采取乐观的心态。比如，有些人虽然身患重病，但仍然乐观地与病魔相抗争，最终战胜了疾病。在某种程度上，这种乐观的心态可以提高我们人体的机体免疫力。

2.自信的心态

自信是相信自己能够应对并且处理好问题，对自己有信心。当我们开始从事某项活动时，很可能缺乏信心，因为此刻我们缺乏经验，不知道这次活动能否成功。一旦我们成功，下次面临相同或者相似的境况，我们就能够坦然面对，对自己充满信心。所以自信的心态通常建立在成功的经验之上。

3.平和的心态

这种心态是一种至高的人生境界，能够做到面对金钱和诱惑时不为所动，宠辱不惊，是一种豁达和坦然。一般来说，经历丰富的人和出家人容易达到这种心态，因为他们已经经历了人生的波动起伏，已经把人生看穿，知道了自己存在的意义。

4.感恩的心态

感恩周围的一切，包括坎坷、困难以及我们的竞争对手。事物不是孤立存在的，没有周围的一切，就没有我们的存在，所以我们要以感恩的心态对待周围的人和事，谢谢他们在我们成长的道路上给予的帮助和支持。

综上所述，一个人的心态如何，可以影响他的整个人生。消极心态是心灵的毒药，容易导致我们萎靡不振，不仅会让我们排斥成功和机会，也会让我们不断地排斥快乐和健康，甚至会毁掉一个人的一切。相反，具有良好心态的人，在生活中面对喜怒哀乐时，能够泰然处之，沉着应付，做到宠辱不惊，临危不乱；碰到高兴的事情，不会欣喜若狂、手舞足蹈，忘乎所以；遇到烦心的事情，不会牢骚满腹、心情沮丧、萎靡不振。积极的心态是保持最佳精神状态、拥有健康心理的法宝。

第 10 章

流动儿童的心理行为问题

如果要在教育工作者中做一个采访，请你分享在接触流动儿童的经历中，对流动儿童有着什么样较为深刻的印象？我想阅读本书的你，脑海里会浮现出一张张童真的、可爱的小脸蛋。流动儿童身上的乐观、纯真、善良等品质会涌现心头。当然，也会有一些行为问题随之跃然心间。

你可能会听见以下的这些回答：

1. 个人卫生行为习惯较差
2. 破坏公共财物
3. 不讲究公共卫生、不爱护生活环境
4. 法律意识淡薄
5. 不遵守公共秩序
6. 城市的主人翁意识淡薄
7. 说话用语不文明
8. 缺乏遵守纪律的自觉性
9. 容易自卑

……

在流动儿童中，无论是跨省流动还是跨市流动，无论是来自北方还是南方，教育工作者大多会对流动儿童形成上述的印象。介于城市和农村这两个群体之间的流动儿童往往无法在短时间内适应新城市的生活，从而会出现上述心理行为问题。这些问题影响着人口流入地的本地居民对流动儿童的印象和评价，也进一步地影响着流动儿童与本地居民的人际关系。在流动儿童的基础教育中，改善和解决流动儿童的心理行为问题是教育的首要工作之一。

什么是心理行为问题?

上述教育工作者所描述的这些印象都属于流动儿童的心理行为问题。心理行为问题的含义非常广泛，指个体一切不适应行为与心理状态，即对自己、他人或环境中事物不利的心理与行为，在一定情况下被视为没有价值的心理与行为。在我国中小学生中，儿童青少年常存在着不同程度的心理行为问题，常见的包括如厌学、逃学、偷窃、说谎、作弊、自私、任性、退缩、焦虑等种种外显和内在的心理行为问题。我国流动儿童内、外化行为问题的自我报告率均高于城市儿童。

这可能是由于流动人口来到城市，要不断为生计奔波，因此他们在繁忙的工作之余常常无暇顾及孩子。有些家长虽然有时间管教孩子，但是他们经常寄希望于“知识改变命运”。因此，这些家长往往只关心孩子的学习，而对其他方面不闻不问，导致缺失了塑造孩子良好行为的教育。同时，对于流动儿童来说，他们经常要面对各方面成长的任务和不断变化的环境带来的压力。他们要适应新的生活环境，他们要面对城里人可能有的歧视，所以他们经常会有焦虑、抑郁和迷茫的内部心理问题，也经常会出现打架、斗殴、逃学等外部行为问题。

心理行为问题大致可分为两类，一类是对自己、他人或环境中事物不利的行为问题；一类是对自己、他人或环境中事物不利的心理状态。

流动儿童的行为问题

一、流动儿童的意外事故多

流动儿童常发生多种意外伤害事故，发生类型主要包括交通意外事故、溺水事故、意外跌落事故、烫伤、火灾、触电、意外中毒等。据调查，发生在流动儿童身上的交通意外事故远远高于城市儿童。造成流动儿童更容易发生意外事故的原因有以下几点。

（1）居住地原因：流动儿童随父母来到城市后，居住在城乡接合部的居多。这些地方的交通状况和安全措施往往不是很好。

（2）时间原因：流动儿童意外事故多发生在6月—9月。这个时期正处于暑假，不必到校学习的流动儿童更多是在家中休息或是外出游玩。而流动儿童对于陌生城市的不熟悉也导致他们对安全隐患缺乏了解。此外，流动儿童即使暑期放假时间也很少有机会与父母去游乐场所，也很少有机会去参加各种兴趣班和补习班，因此假期他们往往会选择与同伴外出游玩。这导致在假期生活中发生意外事故的概率增加。从父母一方面来看，由于流动儿童的父母工作较忙，疏于对流动儿童的管教，即使他们愿意花费时间管教，但流动儿童的父母对于预防儿童意外伤害的知识了解较少，导致对流动儿童的安全教育不足。另一方面，从流动儿童自身来看，其自我保护意识较弱。作为学校教育工作者，应当对此行为问题加大教育干预。学校可联合社区为流动儿童制作通俗易懂、图文并茂以及集知识性和趣味性的宣传画或宣传册对流动儿童进行安全教育。学校也可以通过《致家长一封信》对流动儿童的家长进行安全教育知识的普及，引导流动儿童父母加强对孩子的安全教育。

二、流动儿童的卫生行为习惯

相较于城市儿童，流动儿童的卫生行为习惯要差一些。导致流动儿童卫生行为习惯差的原因包括两方面：一方面，由于流动儿童的父母工作繁忙，文化水平低，导致家庭教育中缺失对孩子的卫生教育和卫生监督，这使得流动儿童卫生意识较薄弱；另一方面，流动儿童大多来自一些农村地区，农村地区的卫生条件相较于城市要差一些，流动儿童在农村生活所遵守的卫生要求较低，这使得他们进入城市难以适应新的卫生要求。

因此，一些流动儿童刚刚来到城市的时候没有养成良好的卫生习惯。

比如，不知道勤剪指甲、勤洗澡等。这样不仅不利于他们个人的健康成长，也会使他们更不容易受到同学的欢迎。因此，养成良好的卫生习惯也是开展流动儿童健康工作的主要内容。要让流动儿童养成饭前便后洗手、勤剪指甲、勤洗澡、勤换衣、早晚洗脸刷牙等良好的卫生习惯。当流动儿童以整洁、干净的形象出现在校园里，就会拥有和城市儿童一样良好的精神面貌，这更有利于减少他们与城市儿童的差异，更有利于融入学校生活。并且当流动儿童以整洁、干净的形象出现在城市儿童面前时，他们的自尊心和自信心就会得到提升，也会更加受到同学的喜爱。

培养良好的行为习惯会让流动儿童终身受益；良好的卫生习惯需要一定时间逐渐养成。多数流动儿童所在的学校改善流动儿童的卫生行为习惯可以从两个方面做学校工作。

一方面建立学校卫生行为习惯的规章制度。将饭前便后洗手、勤剪指甲、勤洗澡、勤换衣、早晚洗脸刷牙等良好的卫生习惯纳入学生日常行为规范。学校可以通过组织学生在班会课上学习《学生日常行为规范》强调其重要性。

另一方面营造讲究卫生的校园风气。

1. 树立榜样：公示仪容仪表符合学校卫生标准的学生照片并进行嘉奖。例如长度合适、造型干练的发型，长度合适、清洁干净的指甲，以及干净整洁的着装等。

2. 张贴卫生标语：例如在洗手池张贴“人人洗手，大家健康，大家洗手，文明风尚”等卫生标语。

3. 安置正容镜：在学校进门大厅安置一面镜子，让学生来检查自己的仪容、仪表。

三、流动儿童的社会公德行为

社会公德是指存在于社会群体中间的道德，是生活在社会中的人们为了整个群体的利益而约定俗成的行为规范，用于约束人们应该做什么，不应该做什么。只有遵守社会公德的行为才能维系社会公共生活以及人与人之间的和谐相处。有的流动儿童不适应新环境的社会公德。教育工作者需帮助流动儿童熟悉约定俗成的社会规范，包括文明礼貌、助人为乐、爱护公物、保护环境和遵纪守法等。学校培养流动儿童的社会公德所采用的方法与塑造卫生习惯的方法相似。

1. 树立榜样：宣扬好人好事、评选并表彰美德少年等。

2. 张贴社会公德标语。

爱护公物："损坏的是公物，诋毁的是品德。"

保护环境：" 校园美如画，受益你我他。"

爱护植物："我是有生命的躯干，你是有德行的贤君。"

维护公共秩序："脚步轻轻，靠右慢行。上下楼梯，相互礼让。"

文明礼貌："你的轻声细语是对大家的尊重。"

3. 组织校园活动

认知心理学有一个经典的理论叫作认知失调理论，是指如果一个人自己的行为与自己的态度发生矛盾，就会出现认知失调，而为了使自己的态度与行为保持一致，自己的态度将会有所改变。简而言之，教师想要培养流动儿童的社会公德态度，就可以通过活动使他们不得不产生社会公德行为。这时，新行为与原有的不符合社会公德的态度相矛盾，就会出现认知失调，而为了使态度与行为一致，儿童就会改变不符合公德的态度，形成社会公德。利用这个理论，如果我们想要改变流动儿童破坏校园环境的旧态度，形成爱护校园环境的新态度，那么需要让他们必须参与活动并做出保护校园环境的新行为。

例如，教育工作者可以组织学生开展"打扫校园卫生，捡拾校园垃圾"的活动，让学生产生擦拭校园公物、清洁地面、捡拾垃圾的新行为。当他们的新行为与他们以往的旧态度相矛盾时会引起认知失调，为了缓解认知失调他们会形成与新行为一致的爱护环境的新态度。此外，教育工作者还可以让流动儿童轮流承担维护校园环境的角色。比如设立"督察部""环保小卫士"等，担当这些角色的同学在督促其他同学要爱护环境的同时也会形成与管理相一致的态度——爱护环境。

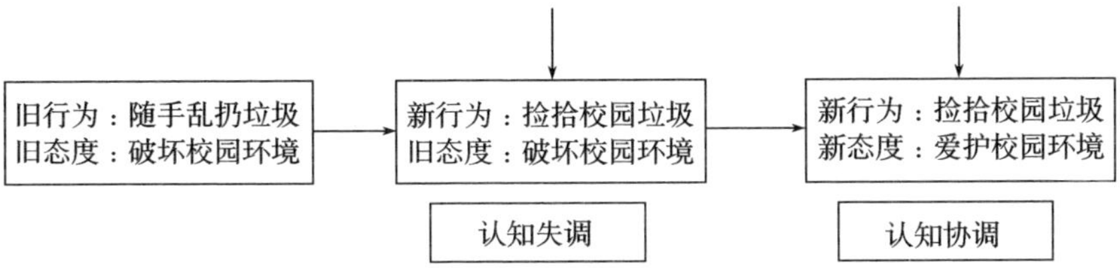

图　认知失调理论的应用

【有趣小实验】

在一项国外研究中，参与实验的对象是一些大学生。这些大学生在实验中将被告知一个有争议的话题：是否要增加大学学费。先进行针对这个话题的观点调查，挑选出持反对观点（反对增加大学学费）的大学生。在接下来的实验中，这些被挑选的大学生将被分成两个实验组参与对照实验。两组大学生都要去听相同的演讲，并且演讲者都持赞同观点（支持增加大学学费）。不同的是第一组大学生听到的言论来自于自己学校的同学（内群体），而第二组大学生听到的言论来自于其他大学的学生（外群体）。

结果发现，第一组大学生在听完同校同学发表演讲之后变得不再那么坚持自己原本的观点，原本所持的“反对增加大学学费”的态度有所减弱。而第二组大学生在听完其他大学的学生演讲之后并没有怎么改变自己的态度。那么为什么第一组的大学生态度会发生变化呢？之所以同校同学发表的演讲能够发挥巨大说服作用使得他们原本的态度得以改变，是因为当一个人发现自己的态度与内群体成员（自己学校的同学）的态度不一致时，便会体验到认知失调，为了保持与内群体成员的一致，他的态度将会有所改变。

我们在教育中可以利用这个研究结果。演讲是一个在学校里便于组织开展的活动，相较于说教，演讲活动使得学生的参与度提高并且更能起到良好的教育作用。教育工作者如果想要提高流动儿童的社会公德，可以安排令同学们喜爱和信服的学生发表提倡社会公德的演讲。例如，组织一场《公德的力量》的演讲，选拔优秀的流动儿童发表演讲，这会使得其他流动儿童也会形成与该演讲者一致的态度。

四、流动儿童的违纪行为

（一）课堂违纪行为

流动儿童的违纪行为更多的是表现在违反学校纪律方面。流动儿童可能出现违反课堂纪律的行为，比如迟到、上课说闲话、上课睡觉、上课下座位、搞恶作剧等。流动儿童课堂违纪的行为背后有多种可能的原因。首先，可能是由于流动儿童早期在农村得到的教育资源相对城市较为落后，进入城市对学业竞争感到吃力。在学业上听不懂、学不会带来的挫败感使得孩子在课堂上表现不佳。其次，通常课堂违纪的流动儿童在班级中没有找到自己的位置，学业成就水平难以获得老师和同学们的认可，也没有找到更合适有效的方式获得老师和同学对自己的认可与欣赏。为了获得老师和同学的注意，他们可能会故意制造一些事端。最后，也可能是因为流动儿童缺乏归属感，一些不擅长社交并且不擅长融入新集体的流动儿童则有可能不知道如何成为班级中的一员。当感受到班级成员对自己的疏离或排斥时，集体生活的受挫使得他难以建立对集体的归属感。此时流动儿童会不在意班级荣誉，甚至不遵守班级规则。

流动儿童的违纪行为不仅影响其自身的学业和人际交往，而且也会干扰其他同学的正常学习和生活。因此，流动儿童的学校心理健康教育辅导老师也要帮助流动儿童减少其违纪行为。首先，老师可以给流动儿童制定明确的课堂规则和秩序，让其了解哪些是自己在课堂上可以做的，哪些是自己在课堂上不能做的。其次，老师要敏感于学生的需要，创造一个尊重学生需要的校园环境，让学生合理的心理需要如归属感、自尊等能够在班级中得到满足。最后，老师要培养学生的社会认知技能，比如如何正确处理冲突与挫折情境。

（二）攻击性违纪行为

除此之外，流动儿童还常出现带有攻击性的打架行为。为什么流动儿童会出现更多的攻击行为呢？一部分心理学家认为多次受挫是引起攻击性行为的主要原因之一。流动儿童相对于城市儿童在生活中遇见的挫折要更多。流动儿童会面临新环境适应不良的挫折、社会不公平的挫折、学业竞争力较弱的挫折、家庭情感关注的挫折和人际交往的挫折，这些挫折使得流动儿童的攻击性相较于城市儿童高。另一方面原因是流动儿童的攻击行为是习得的。

【有趣小实验】

心理学家班杜拉（A.Bandura）曾做过这样一个研究，让儿童分别观察两名成人，一名表现出攻击行为，另一名不表现出攻击行为。随后在没有榜样出现的新情境中对儿童进行测试，结果发现表现出攻击行为的儿童都会模仿成人做出类似的攻击行为。

所以，如果在学校心理健康教育中发现流动儿童在学校的违纪行为更多是表现出攻击性行为，可以去了解流动儿童的家庭情况以及亲子关系，也许他的攻击行为是来自于家庭中的模仿。如果流动儿童有家暴经历，那么需要从家庭教育方面对流动儿童的家庭进行干预，以减少流动儿童对家长攻击性行为的学习。

五、流动儿童的违法犯罪行为

据调查，近年来流动人口在青少年犯罪案件中所占比例呈不断上升趋势。特别是近年来，流动儿童和青少年犯罪比例激增，他们的犯罪行为主要集中在抢劫、故意杀人、故意伤害、寻衅滋事和强奸等暴力犯罪方面，以共同犯罪为主，较集中于过度追求物质享受，犯罪时盲目性较强。这些流动人口犯罪率上升的背后有着以下方面的原因。（1）流动儿童正处在身心发展时期，心理尚未成熟，还未能形成成熟的是非观。他们难以正确判断什么该做、什么不该做以及做了之后的后果是什么。（2）流动儿童容易受到社会因素的影响。当流动儿童在社会适应过程中受到外界不恰当的刺激，例如受到歧视和社会不公平待遇时，他们的心理防线往往十分脆弱，更容易产生心理失衡现象。当心理出现失衡时，很容易导致他们人格扭曲，形成反社会心理，因此，流动儿童的这种失衡心理状态很容易诱发他们进行犯罪活动。（3）另有一部分流动儿童由于过早失学，使得他们缺少学校提供的法律教育和基本道德规范约束。（4）有些流动儿童未到法定年龄就进入了劳动力市场，他们成了第二代打工流动人口。这部分儿童由于缺乏社会阅历和经验，往往不能适应工作场所的要求，不仅经常会与他人产生人际关系矛盾，而且有时还进行偷盗、抢劫等违法犯罪活动。（5）流动人口的聚居地往往在城市边缘地带，情况十分复杂，社会环境恶劣，打架斗殴时常发生，赌博之风盛行。耳濡目染这些现象，流动儿童也容易受到负面道德认知的影响，做出一些类似的行为。（6）专家认为，还有一个重要的原因就是他们很难获得对城市的“文化认同”并存在社会融入问题。这些“二代移民”相比于父辈，更喜欢做横向比较，在比较中他们感受到了强烈的不公平感，导致了自卑、怨恨等心理的产生。

流动儿童的违法犯罪行为能否得到控制，不仅关系到其自身健康发展，也关系到整个社会的安定团结。因此，为了减少流动儿童的违法犯罪行为，学校教育可从以下方面着手。（1）学校需给予流动儿童普法教育，开展法律讲堂等形式让流动儿童知法、懂法、守法。（2）需要引导流动儿童接受道德教育，明确什么事该做、可为，什么事不该做、不可为。（3）学校还需通过提高其社会融入度提高他们的文化认同。（4）学校可为流动儿童开设心理健康课，帮助他们重建认知，改变不合理信念，以及学会正确应对社会不公平感，加强自信。

减少流动儿童心理行为问题的措施

一、减少歧视，用爱温暖流动儿童

针对流动儿童的研究已经发现，对歧视的知觉容易导致流动儿童产生更多的社会适应问题。虽然，社会上大多数人都能较为公平、公正地看待流动儿童，党和政府也在积极为流动儿童的健康成长提供越来越好的政策和条件，但是我们同时也看到，还有一些人对流动儿童冷眼相待。而对于敏感的流动儿童来说，一个冷漠的眼神、一句不屑的言语都可能伤害到他们。因此，为了提高流动儿童的心理健康，应在全社会倡导减少歧视，体现人与人之间的平等。当流动儿童在生活和学习上出现困难时，我们要伸出温暖的双手，帮助他们走出困境。爱是一种无声的语言，当流动儿童感受到爱的温暖时，他们就会更加愿意接纳和融入城市生活了，也会减少对城市的敌对态度。在这方面，深圳市关工委开展了各种文化活动来为流动儿童营造关爱、和谐的社会成长环境。比如，他们举办的“外来务工文化节工程”“关爱外来劳务家庭儿童”等活动，深受外来建设者及其子女的欢迎 。

二、关注流动儿童心理健康问题，增加社会支持

由于一些流动儿童从小没有养成良好的行为习惯，他们有时会受到同伴排斥，有时也会被误认为其品德不好。其实，流动儿童的一些问题有时不是品德问题，而是心理问题。比如，有一名流动儿童经常打人，同学们都很讨厌他。可是通过老师的了解，发现他这样做的目的是为了引起同学们对他的关注。因为他每到一个新环境后，都不知道如何与同学交往，但是又渴望被同学们关注，所以才做出了上述行为。此外，还有一些流动儿童会因为适应不良而带来孤独感、焦虑感增强等心理问题，甚至有些儿童还会因为受到歧视而出现严重的心理异常。但是人们经常以为这些儿童仅仅是有些内向，还没有适应新环境，并未就流动儿童的心理健康给予特别的关注。实际上，由于流动儿童特殊的家庭背景，他们比一般孩子更加敏感、脆弱，更容易出现心理问题，学校、家庭和社会应该更加关心和关爱这些稚嫩的花朵。诸多的研究都已经发现，社会支持在维护流动儿童心理健康方面具有不可替代的作用。在同样的情境下，获得更多社会支持的人，将会有更强的心理承受能力，身心也更健康。因此，我们要多关爱身边的流动儿童，给他们更多的社会支持。给流动儿童的社会支持可以是情感上的和物质上的，也可以是信息方面的、满足自尊方面的以及社会网络方面的。

三、发挥社区功能，提高流动儿童健康水平

流动儿童的家庭大多居住在城乡接合部，与自己的亲戚、朋友和老乡居住在一起，形成了独特的流动家庭社区。作为组成生活的基本单元，组织良好的社区具有重要的意义。为了促进流动儿童融入城市社会，应当考虑如何发挥这些社区的作用，增加流动儿童的家庭外社会资本，从而为流

动儿童提供良好的成长环境。流动儿童社区可以建立一些活动室或者工作站，组织流动儿童开展一些有意义的活动。同时，也可以以政府为督导，依托社区单位，建立家庭教育社区指导中心，及时为流动人口指导解决教育其子女过程中遇到的难点和盲点。政府应该帮助社区引进一批优秀社区工作者，定期组织开展家庭教育主题内容培训，为社区内缺乏家庭教育观念和技能的流动人口提供帮助和指导。社区也可以为流动人口开设技能培训，提高流动人口的文化素质、道德水平以及教育子女的能力，为流动儿童更好地接受家庭教育做好保障。同时，流动人口的所在社区也可以创建和谐、多元、包容的生活氛围，这有助于流动人口对流入地社区的认知与融入。比如，政府可以组织一些联谊、聚会等活动，增进流动人口与城市居民之间的了解，尽可能减少城市社会中对流动人口的歧视，增强流动人口对本地的归属感。同时，这也可以帮助他们扩展自身的社会关系网络，扩大社会生活空间，进而提高流动儿童的人际交往技能。

四、加大社会舆论对流动人口的正面宣传

随着经济社会的发展，大量流动人口背井离乡来到城市，这不仅解决了他们自己的生存问题，而且还为城市建设做出了巨大贡献。但是城市中的许多人并未意识到流动人口的贡献，甚至还会对其采取歧视的态度，这严重影响了流动人口和城市定居人口之间的沟通和交流，也容易使流动人口产生对城市人口的敌意。实际上，流动儿童自身也有很多美德值得社会公众学习，比如，吃苦耐劳、勤劳简朴、勇于进取、体谅父母、独立性强等。这些优秀的品质也可以通过与城市儿童接触，影响和教育城市儿童。因此，社会舆论应加大对流动人口的正面宣传，增加公众对流动人口及流动儿童的了解，倡导宽容接纳的精神，对所有人都应当一视同仁，减少公众对流动人口的误解和排斥。

五、发挥公益组织和社会工作者的作用，改善流动儿童成长环境

改善流动儿童的成长环境，增强并提高流动儿童的心理健康水平，也可以通过充分发挥公益组织和社会工作者的作用来进行。目前，我国流动

儿童的数量越来越多，很多公益组织开设了各种关爱项目，旨在改善流动儿童的健康状况、教育质量和社会融入水平，一些热心的社会工作者和志愿者也积极加入其中，为改善流动儿童的成长环境做出了无私奉献。这些项目的实施和志愿者的热心参与可以更好地帮助流动儿童健康快乐地成长，也有助于鼓励全社会的人来关心和关注流动儿童。

六、构建家庭、学校和社会“三位一体”的心理健康服务体系

为了让流动儿童更好地融入城市社会，减少对城市人的敌意，提高流动儿童的心理健康水平，学校、社会和家庭应共同做出努力。虽然，学校在提高流动儿童心理健康方面有着独特的优势，发挥着越来越重要的作用，但是如果没有家长的配合，没有良好的社会环境，学校心理健康教育的效果也将难如人意。因此，对处于不利处境的流动儿童来说，建立一套完整的家庭、学校和社会“三位一体”的心理健康服务体系至关重要。虽然，从目前的情况来看，我国大部分城市本身还不具备发展三位一体教育体系的充分条件，这种体系在一些发展中的大城市如上海、杭州等已经初具规模但还不完善，三向沟通和教育互动机制并不灵活。但我们仍然可以通过各项措施加以干预，如社会除了为流动儿童提供更优良的学习和生活环境外，更应为他们提供更多参与社会活动的机会；在部分由政府组织的大型社会活动中应该规定流动儿童参与的比例；学校可以为家长开办家长学校、家教咨询热线等，以不断提高家庭教育的整体水平。在学校、家庭和社会三位一体的体系中，占主导地位的是学校，学校教师应从实际出发，创造性地采取各种有成效的方式，把经常与家庭、社会联系列入学校的工作计划，并不断总结经验，使家庭教育和社会教育为学校教育服务，共同发挥学校教育的作用。

【案例 1】

（一）基本情况介绍

燕子是一个外表可爱的初三女生。父亲去另一个城市“找活”，自己随着母亲来到城里。母亲经营一家窗帘店，生意一般。燕子家里还有三个弟弟妹妹，自己在家中排行老大。由于家中孩子较多，家庭经济情况较为

拮据。妈妈经营店面比较忙碌，照顾不来弟弟妹妹，于是照顾弟妹的压力便落在她身上。母亲小学文化水平，缺少家庭教育知识，更加不了解处在青春期的燕子出现的心理变化。燕子在初三下学期出现了严重的焦虑情绪，并且出现了情绪低落等表现。燕子感觉到生活和学业的压力繁重，难以支撑，出现了不愿回家的行为，放学回到家感觉到非常痛苦，而且情绪低落。燕子在学校的学习成绩名列前茅，但母亲认为读书无用，要求燕子初中毕业后打工赚钱，来抚养弟弟妹妹。相比之下，燕子发现同班的好朋友小美经常提及自己回家后母亲是如何为自己精心准备营养的晚饭，是如何关怀自己在学校里过得开不开心，是如何鼓励自己好好学习、冲刺理想高中。由此，燕子讨厌妈妈，甚至说起过："我有这个妈妈还不如没有。"燕子不愿意放弃读书，觉得按照妈妈的想法的生活毫无意义，甚至出现了生命毫无意义的念头。

（二）问题分析

燕子所面临的生活境况与大多数城市同龄人不同。在与同学的生活对比之下，我们不难发现燕子的生活充满着精神负担和学业压力，而大多数同龄人还是被父母照顾的温室的花朵。燕子在对比的过程中产生了一种命运的不公平感，由于拮据的经济情况和自己在家庭中的境遇令燕子产生了自己不如其他同学的自卑体验。自卑感对燕子的心理健康水平有着严重的影响。首先，这种自卑影响了燕子的情绪，燕子感到悲伤、失落。其次，自卑感也影响着燕子对父母的看法。燕子通过对母亲和其他同学的父母进行比较，认为母亲的行为是不爱自己的、自己是不值得被爱的。第三点，燕子体验到了低自我价值感。燕子会很容易怀疑"是不是自己不够好""是不是自己的问题"，所以自己得不到和别的同学一样的家庭待遇。最后，由于燕子在学习上花费巨大努力取得了优异成绩却仍然无法满足自己想继续接受教育的渴望，而产生了一种无力感。

（三）心理辅导过程及效果

燕子长期的委屈、难过、失落等负面情绪累积在初三这个压力较大的时期爆发，花费了较长的辅导时间得以宣泄和释放。心理辅导员首先鼓励燕子用言语的方式将自己的情绪倾诉出来，并对燕子的情绪进行共情和无条件接纳，在这个过程中心理辅导员充分表达了对燕子的感受的理解。

当燕子的情绪得到缓解并与建立了辅导员比较信任的关系之后，辅导员围绕燕子为什么不愿意回家，以及家里的什么部分让自己感受到情绪低落和痛苦进行讨论，帮助燕子梳理了自己对家庭负担的消极感受。在这个过程中，辅导员对燕子一直以来为家庭所付出的努力辛苦表示欣赏和认可，将其视为燕子所具有的美好精神品质——担当、责任心、会照顾人、细心、贴心等，让燕子意识到自己在此过程中所锻炼出来的能力，学会自我认可。这样燕子能够意识到苦难给自己所带来的另一面则是收获。

然后辅导员引导燕子觉察自己是如何判断自己眼里的母亲相比其他母亲来说是不爱孩子的。心理辅导员帮助燕子梳理这个过程中的不合理认知（以偏概全、糟糕至极、完美主义），让燕子了解到母亲的一些行为所发生时的迫不得已的情境，帮助燕子理解母亲的感受。并且辅导员引导燕子看到母亲对自己的例外情况。比如，母亲所表现出的对自己关爱的行为和话语。此时，辅导员引导燕子客观、全面地评价母亲。不能由于母亲的一部分消极行为而否定母亲另一部分的积极行为。

最后，辅导员还需引导燕子对未来做规划。燕子之后是要选择继续读书还是选择就业打工，要由燕子理清了自己对未来的规划以及侧重点之后自己做出决定。但是可以通过生命线教育让燕子意识到当下所遇见的困境仅是人生的前六分之一，生命后六分之五的精彩还是未知的、有待经历和体验的。培养燕子对未来抱有希望和积极期待的观念，增加度过眼下难关的勇气。如果条件允许且经燕子同意的情况下，心理辅导员也可以与燕子母亲交流，帮助燕子母亲理解到燕子所处的困惑，增进她们之间的彼此了解。

（四）案例引申

在学校心理健康教育工作中，为了缓解流动儿童的自卑感，可以通过引导流动儿童正确认识挫折的心理健康教育而达到效果。要让流动儿童认识到挫折是个人生活的组成部分，每个人都有可能经受挫折，但是挫折并不可怕，关键是看我们如何战胜挫折。罗曼·罗兰说过：“痛苦这把犁刀一方面割破了你的心，另一方面掘出了生命的新的水源。”学校教育工作者可以通过一些具体实例的介绍，让流动儿童认识到生活中的挫折和磨难既能给人带来痛苦，也能使人变得坚强起来。

该案例中燕子的自卑感源于与同龄城市的儿童对比而感受到的受挫感。由于流动儿童的挫折感一部分是源于家庭背景等因素，他们可能会因此对家庭感到悲观和失望。这不仅不利于建立良好的亲子关系，也不利于流动儿童自身的健康成长。所以，学校心理健康教育要教会孩子树立积极乐观的生活态度。告诉孩子不能因为目前的状况就对未来失去信心，要相信通过自己的努力奋斗，终将摆脱困境、走向成功。

流动儿童与城市儿童相比，也有自身的优势，比如真诚淳朴、热爱劳动、乐于助人，有些流动儿童还有体育特长。但很多从事流动儿童教育的工作者似乎更关注孩子哪些方面比别的孩子差，而对孩子的这些优点往往视而不见。实际上，充分发扬流动儿童身上的这些优点，提高其自信心，正是战胜自卑感的一个好方法。因此，在日常生活中，教师应尽可能挖掘孩子身上的优点，让其充分体验到自己成功的快乐，这样时间长了就会让其对战胜自卑更有信心，也会知难而进。

【案例 2】

（一）基本情况介绍

小刚跟随着打工的父母从一个偏远农村来到省会城市，并且进入了一所公办学校，就读初一年级。在进入班级之后，他看见了与过去读书的学校不同的干净整洁的教室、从未见过的多媒体教学设备，还有拥有许多书籍的图书角。他兴奋且又不安着，觉得自己和这里的一切格格不入，又十分担心自己能否适应这个新环境。结果，令他恐惧的事情发生了。英语老师带着课本走进教室，开口说的竟然是英语。在农村的小学从未上过英语课的小刚感觉到心跳紧张。看着同学们和英语老师的对话，小刚就在心里默默地念着："老师千万不要提问我。"结果英语老师就用英文提议大家给自己起一个英文名字，并且用英语向大家介绍一下自己。小刚紧张而又不安的表现，最终以"hello，我……我……我不会说英语"而告终。在班级中，英语的学习从此就是小刚的噩梦。半学期过去了，小刚在英语课上成为一上课就趴着睡觉的违纪学生，对于老师的评价也不再在意了。英语老师也只好以只要他睡觉不打扰别人为由睁一只眼闭一只眼了。

（二）问题分析

在流动儿童的学校心理健康教育中，像小刚这样学习吃力从而失去了学习的信心和兴趣的同学其实是比较多的。在对这样的个案情况做分析时，需先了解几个方面的问题再做判断。

1. 小刚在课堂上出现的违纪行为是只发生在英语课还是发生在大多数课堂上。如果是只发生在英语课上，说明小刚的违纪行为源于因挫折的打击而产生的消极应对方式。如果是发生在大多课堂上，小刚可能面临的是学业困难，这包括学习兴趣、学习动机、学习能力、学习方法、学习信心等方面。

2. 小刚除了学习之外的表现怎么样，在班级中的存在感是否强？与大多数同学的人际关系是否融洽？是否在学校结交到朋友？和老师、班主任的交流频率高不高？如果在这些方面的表现也不尽如人意，说明小刚面临的可能还有新环境适应不良等问题，缺乏人际交往能力导致缺乏人际支持，对于集体的融入感和归属感较弱。

3. 小刚对于自己的评价如何？如果评价过于负面，难以说出自己的优点、认为自己一无是处，可能面临着自我认识有偏差、自卑、低自尊的问题。

4. 小刚在学习之外是否有兴趣爱好和特长？如果小刚表现出对一切都不感兴趣，要长期密切关注小刚的情绪变化，以预防小刚出现抑郁情绪。如果小刚有兴趣爱好和特长，这也可以作为重建小刚价值感和意义感的突破口。

（三）心理辅导过程

心理辅导先围绕着问题分析中的 4 个方面了解小刚的情况，明确小刚的违纪行为的心理原因才能找到改善其违纪行为问题的有效方法。

1. 情绪的宣泄：宣泄新环境适应不良过程中产生的负面情绪。例如，小刚进入新环境过程中感受到的孤独感、无助感、失落感等负面情绪在倾诉中得以释放。

2. 自我认识的觉察：了解小刚在进入新环境之后是怎样看待自己的，看待自己的过程中有没有存在不合理的地方。心理辅导员帮助小刚挖掘出内心里的不合理信念（以偏概全、糟糕至极、完美主义等），并探讨这些不合理信念对小刚的学习生活带来了什么样的影响。

3. 重建自我认识：心理辅导员帮助小刚全面、客观、积极地评价自己，以动态的眼光看待自己的成长、相信自己的努力所换来的收获，并且还可以挖掘出自己的长处、兴趣爱好等作为自我形象的经营。

4. 挖掘资源：心理辅导员引导小刚回顾过往的挫折经历中是否有过类似学习英语受挫的经历但结果上是成功克服了挫折的例外情境，然后探讨在这种例外的成功经历中小刚曾经使用了什么样的方法和思路才得以成功的。小刚在这些过往成功经历中所使用的方法就是他身上所具备的能力和资源。例如，在过往面临一些挫折时自己是如何应对的，有哪些方法起到过良好效果，这些方法是否也适用于现在面对当下的挫折。

5. 重建信心：心理辅导员应给予小刚无条件的积极关注，以及给予小刚情感的支持。对于小刚做得好的地方给予认可，如果结果本身并不好，从过程中寻求可以值得认可的特点给予小刚认可，相信小刚可以有改变发生。

6. 教会学生面临人际冲突：当小刚与同学无法取得一致意见并出现人际冲突时，学会运用以下八种方式来处理问题。

（1）分享（我们一起来做）；

（2）轮换（这回按照你的方法做，下回按照我的方法做）；

（3）妥协（有所失必有所得）；

（4）概率（投掷硬币来决定）；

（5）外援（请教老师或同学）；

（6）推迟（等双方冷静下来再解决）；

（7）回避（双方保留不同意见，彼此尊重）；

（8）幽默（以夸大或幽默方式予以化解）。

7. 协同帮助：在学校心理健康教育工作中，有一个比心理辅导更有优势的方面是学校开展的心理健康教育可以联合学生的任课老师、班主任、同学一起来协助流动儿童成长。例如，在小刚的案例中，我们可以跟任课老师沟通，让老师给予小刚一些简单问题的提问，保证小刚可以回答出来并且给予一个进步的表扬。并且在小刚的学业困难问题中，可以邀请英语老师鼓励小刚从简单的基础知识学习，通过先降低要求帮助小刚掌握基础知识之后，再慢慢提高学习要求。为了让小刚能够有机会学好简单基础知识，班级里组织了“结对子”互帮活动。小刚也拥有了一位擅长英语的“结对子”同学为小刚耐心指导英语。除此之外，班主任还可以在班级中开展一些活动，给予小刚展示自己特长的机会。通过展示特长，增加小刚在班级中的存在感，找到自己在班级中的位置。小刚从任课老师、班主任和同学带给他的帮助中，感受到了这个大家庭的温暖，更加能够融入这个大家庭。

（四）效果

在小刚的案例中，通过心理辅导的过程小刚了解到自己对于挫折采取了逃避的方式（上课睡觉），并且这种方式不利于自己（消极堕落）。小刚还了解到在新环境的受挫使得自己对自己的认识非常消极，以英语成绩单一方面判断自己是一个没有学习能力的笨学生（以偏概全）。小刚还意识到自己过去“认为在班级里自己没有朋友是因为自己是流动儿童所以同学们看不起自己”的想法是不客观的。抱持的这种想法和认识阻碍了小刚与同学之间的人际交往，从而增加了小刚人际交往的阻力。通过心理辅导，小刚学习到了如何与同学缓解人际冲突的 8 个技巧，这使得他的人际交往技巧得到提高。心理辅导过程中，老师发现小刚比较擅长体育。班主任与体育老师商量之后给了小刚体育课代表的职务。小刚在体育课上的表现越来越好，一次 1000 米体测之后，发现小刚的成绩非常有潜力成为一名体育特长生。从此，小刚进入了学校的体育训练队，成了一名体育特长生。在运动的过程中，他找到了属于自己的才能，并且在全市运动会上为学校取得了非常不错的成绩。班级里的同学也非常认可小刚的体育成就。

（五）案例点评

类似小刚这样的流动儿童个案，首先需要的是心理辅导员能够打开他的心扉，让他愿意交谈。在交谈的过程允许流动儿童来访者情感的表达和宣泄，一个面对成长问题的流动儿童总会有一些负面情绪需要宣泄。当情绪得以宣泄之后，再以拥有的良好咨询关系为前提去探讨这些课堂违纪行为的原因，通过提问、引导来推进流动儿童对自己的了解。找到原因之后，除了推动流动儿童改变之外还可以邀请班主任、任课老师帮助流动儿童重新体验到成就感，而成就感可以帮助流动儿童重新找到兴趣和信心。也可以通过教会一些人际交往技巧提高流动儿童与同学、老师、父母的人际关系，从而使其获得人际支持。